住房和城乡建设领域"十四五"热点培训教材

装配式桥梁设计与建造

蔡勋文　任志平　主编

中国建筑工业出版社

图书在版编目（CIP）数据

装配式桥梁设计与建造/蔡勋文，任志平主编．—北京：中国建筑工业出版社，2021.11
住房和城乡建设领域"十四五"热点培训教材
ISBN 978-7-112-26672-2

Ⅰ.①装… Ⅱ.①蔡…②任… Ⅲ.①装配式梁桥-桥梁设计-教材②装配式梁桥-桥梁施工-教材 Ⅳ.①U44

中国版本图书馆 CIP 数据核字（2021）第 208437 号

本书对装配式桥梁选型、设计、施工等一系列问题进行概述，并主要介绍了装配式桥梁在现实项目中应用、施工中经验总结、发展趋势及形式、科技创新点及可研究方向等。

本书共 10 章，以装配式桥梁的建设思路为主要编制思路并进行了详细叙述。第 1 章总则，主要对装配式桥梁的应用前景、应用价值进行了描述；第 2 章材料，装配式桥梁材料有一定的特殊性，对不同主要材料进行了详细要求；第 3 章桥梁设计，主要对施工图设计、结构验算方面进行阐述；第 4～7 章主要对桥梁深化设计、构件制作、构件运输、构件安装等进行了详细的描述，为本书主要编制内容；第 8～9 章介绍装配式桥梁的质量检查及验收要求与安全保证措施；第 10 章讲述装配式桥梁的潜在研究方向。

本书可为装配式建筑设计、施工、监理、咨询等土木工程相关人员提供参考和借鉴，也可作为院校师生的参考资料。

责任编辑：司　汉　李　阳
责任校对：张　颖

住房和城乡建设领域"十四五"热点培训教材
装配式桥梁设计与建造
蔡勋文　任志平　主编

*

中国建筑工业出版社出版、发行(北京海淀三里河路 9 号)
各地新华书店、建筑书店经销
北京鸿文瀚海文化传媒有限公司制版
北京中科印刷有限公司印刷

*

开本：787 毫米×1092 毫米　1/16　印张：15¼　字数：371 千字
2021 年 12 月第一版　　2021 年 12 月第一次印刷
定价：**52.00** 元
ISBN 978-7-112-26672-2
(38098)

版权所有　翻印必究
如有印装质量问题，可寄本社图书出版中心退换
(邮政编码　100037)

本书编委会

主　　任：宋　芃
副主任：孙志凌
主　　编：蔡勋文　任志平
副主编：黄　浩　陈　云　蔡友刚
编　　委：张　艳　张吉佩　戴　超　杜福祥
　　　　　张　勇　曾赛堂　白　琚　陈　双
　　　　　任　俊　宜中渠　赵　磊　薛　超
　　　　　谢春祥　戢　瑞　李　滇

前　言

　　发展装配式建筑是建造方式的重大变革，是推进供给侧结构性改革和新型城镇化发展的重要举措，有利于节约资源、减少施工污染、提升劳动生产效率和质量安全水平，有利于促进建筑业与信息化工业化深度融合、培育新产业新动能、推动化解过剩产能。大力发展装配式建筑是绿色、循环与低碳发展的必然要求，是提高绿色建筑和节能建筑建造水平的重要手段，并对实现建筑产业规模发展、延伸产业链条、促进绿色发展具有重要意义。

　　本书主要依托成都市三环路扩能提升工程（蓝天立交节点改造工程）项目进行编制。本项目施工内容为机场高速改为跨线桥，新建高架桥跨越三环路底层及三环路主线跨线桥。机场高速跨线桥为双向四车道，与机场高速车道保持一致，同时在尽量利用原有蓝天立交匝道的基础上，对各匝道进行改造加高或加长，实现与三环路互通。项目下部结构采用装配式圆柱墩及装配式盖梁，上部结构主要由预制小箱梁、钢混叠合梁组成。

　　本项目的主要亮点为：西南地区第1片多墩柱预制盖梁应用；西南地区第1片多段盖梁吊装后连接技术应用，西南地区第1根预制圆形墩柱应用；项目总体装配率达到90%以上；项目在建筑设计、结构设计等方面均有大量突破与创新。项目中应用了预制墩柱、预制盖梁、预制小箱梁、钢箱梁、预制桥面叠合板、预制防撞墙等多种装配式施工内容，做到了绿色施工、安全耐久、节能环保、节约工期等优点。

　　本书是结合了项目特点和编者多年的施工经验，通过全体建设者的努力研究和实践的基础上，总结提炼编制而成。因技术运用不广泛，故编者提出自身的拙见，以便各位读者探讨。

　　在编制前期，中建三局集团有限公司成立编委会专家组和编制组，启动全书的编制工作。本书承蒙公司领导、专家组及技术部的帮助和大力支持，在编制过程中参考、引用了大量文献资料和施工案例等，在此一并表示衷心的感谢！

目 录

第1章 总则 ··· 1
   1.1 应用前景 ·· 2
   1.2 应用价值 ·· 3

第2章 材料 ··· 5
   2.1 一般规定 ·· 5
   2.2 混凝土 ·· 5
   2.3 钢筋 ·· 5
   2.4 预应力筋及锚具 ·· 5
   2.5 砂浆垫层 ·· 6
   2.6 灌浆料 ·· 6
   2.7 灌浆连接套筒 ·· 7
   2.8 金属波纹管 ·· 7
   2.9 环氧胶粘剂 ·· 7

第3章 桥梁设计 ··· 9
   3.1 施工图设计 ·· 9
   3.2 结构验算 ·· 12
   3.3 装配式桥梁优势 ·· 15

第4章 桥梁深化设计 ··· 23
   4.1 构件深化 ·· 23
   4.2 模板深化设计 ·· 37
   4.3 定位装置深化设计 ·· 47

第5章 构件制作 ··· 53
   5.1 墩柱制作 ·· 53
   5.2 盖梁制作 ·· 59
   5.3 小箱梁制作 ·· 62

  5.4 钢箱梁制作 ··· 79

第6章 构件运输 ··· 115
  6.1 下部结构构件运输 ··· 115
  6.2 上部混凝土结构构件运输 ·· 121
  6.3 上部钢箱梁运输 ··· 123

第7章 构件安装 ··· 126
  7.1 下部结构构件安装 ··· 126
  7.2 上部混凝土结构构件安装 ·· 168
  7.3 上部钢结构安装 ··· 191
  7.4 附属设施构件安装 ··· 213

第8章 质量检查及验收 ··· 217
  8.1 混凝土结构 ··· 217
  8.2 钢结构 ··· 223

第9章 安全保证措施 ··· 231
  9.1 安全目标 ··· 231
  9.2 安全管理 ··· 231
  9.3 安全生产管理制度 ··· 232
  9.4 职业健康安全目标 ··· 232
  9.5 不同危险源预防及保障措施 ·· 233

第10章 潜在研究方向 ··· 236
  10.1 节点连接技术研究 ··· 236
  10.2 拼装设备技术研究 ··· 236
  10.3 结构分析研究 ··· 236
  10.4 空心盖梁研究 ··· 237
  10.5 钢混叠合梁连接研究 ··· 237
  10.6 连接位置试验检测方法研究 ··· 237
  10.7 预制桥梁吊装施工技术研究 ··· 237

参考文献 ··· 238

第 1 章

总 则

　　预制拼装混凝土主梁技术是在第二次世界大战后逐渐发展起来的，经过近百年的发展，节段间接缝的剪力键构造、高精度预制、体外预应力技术和施工工艺的发展，使得混凝土主梁预制拼装的施工技术日趋成熟。

　　1. 装配式桥梁国外发展史

　　1946 年，法国桥梁工程师率先采用预制的混凝土节段对桥梁进行分段施工，该方法用于混凝土预应力桥梁的施工中。

　　1978 年，美国第一座采用预制拼装桥墩技术建造的典型桥例——Linn Cove 高架桥。

　　1994 年，日本对桥梁的预制墩柱拼装施工技术进行了第一阶段的研究。

　　2007 年，日本开展了新型预制阶段拼装桥墩的研究，并提出三种新型桥墩构造形式。

　　2. 装配式桥梁国内发展史

　　1965 年，河南五陵卫河桥首次采用主梁预制悬臂拼装施工技术建造，经过多年发展，主梁的预制类型主要有：1）空心板梁、T 梁配合湿接缝；2）主梁整孔架设施；3）主梁节段悬臂拼装或逐孔整体架设；4）预制桥面板等。

　　我国于 20 世纪 90 年代初开始了预制拼装桥墩的研究，北京积水潭桥试验工程中的五座桥梁为承插式预制钢筋混凝土墩。近年来在东海大桥、杭州湾跨海大桥、上海长江大桥等跨海、跨江长大桥梁工程中都采用节段拼装桥墩的施工方案，其下部结构墩身为采用钢筋焊接或搭接并采用湿接缝连接构造的预制节段拼装施工技术，主梁采用大吨位整体吊装技术施工，这些技术的采用确保了大桥顺利建成。

　　装配式桥梁西南地区发展：

　　（1）2017 年，成都市三环路扩能提升工程，羊犀立交、凤凰立交装配式桥梁施工成为西南地区首例。

　　（2）2019 年，成都市三环路扩能提升工程，蓝天立交采用装配式圆柱墩、多墩柱盖梁装配式施工，拉开了全国首例装配式圆柱墩施工及西南地区首次装配式多墩柱盖梁施工序幕。

　　3. 目前国内发展前景

　　目前国内常用的桥梁施工方法是在施工现场采用支架现浇法施工，但在施工现场采用支架现浇法施工具有劳动力需求大、施工工期长、安全文明施工管理难度大、质量不容易控制、对周边交通影响大的特点。随着社会的发展，国家对环境保护的要求越来越高，且劳动力明显下降，特别在城市桥梁施工时长时间占道、封道对周边居民的出行势必造成不便，此外，为减少施工期间对社会的影响，政府、业主等对施工工期的要求越来越高，施工企业施工工期压力大。为克服以上困难，寻求一种桥梁快速建造的施工方法变得很有必要。

近几年，国内已开始尝试预制桥梁施工技术来改变传统的桥梁施工方法。预制拼装桥梁施工技术是将桩基、承台、墩柱、盖梁及上部结构在工业化工厂批量预制，然后运至施工现场进行拼装完成，较传统的施工方法具有施工速度快、环境污染小、质量容易保证、劳动力需求少的特点。

本书主要围绕成都市三环路扩能提升工程项目进行分析编制。

1.1 应用前景

目前我国桥梁施工多数采用支架现浇法施工，对周边交通环境影响大、施工工期长、质量不容易控制、安全文明施工管理难度大、钢盖梁造价高、后期维护难度大。

预制拼装桥梁施工方法是将承台（桥台）、墩柱、盖梁、上部结构等在工业化工厂批量预制，然后运至施工现场进行拼装，较传统的施工方法具有施工速度快、环境污染小、质量容易保证、劳动力需求少等特点，施工时不仅无需长时间占道、封道，而且缩短了施工工期，大大减少了对周围交通环境和居民生活环境的干扰。

1. 高性能混凝土桥梁

随着社会经济的发展、城市交通需求的增加、美观要求的重视及科技的进步，人们对桥梁建设的要求不断提高，故增加混凝土的强度至关重要。20世纪70年代末，就出现了强度超过60MPa的高强度混凝土和高性能混凝土，截至目前已出现强度超过120MPa的高强度混凝土和高性能混凝土。

2. 城市市政桥梁

城市高架或轨道交通高架等工程因线形单一、长度较长、施工周期短等因素，非常适合采用工厂化生产预制节段，并由专用设备进行现场拼装的方法施工。在桥梁建造过程中，随着预制工程数量的增加，预制生产成本可以得到充分的摊销，工程造价会极大降低，并低于现浇方法的施工成本，而且工厂化生产的桥梁构件质量更好控制。大型施工设备技术的提升，为大型桥梁构件拼装提供必要的支持，通过采用架桥机等专用设备施工，可以大大缓解结构施工期间对城市交通的压力。完成拼装的区段可立即开放其投影线下方的空间，既可用于道路工程施工，也可向社会交通开放。

3. 桥梁墩柱、盖梁及桩基预制技术应用

桥梁的墩柱、盖梁在工业化工厂批量预制拼装的形式则较多应用在跨越山谷、江海河流的施工中，随着城市交通压力增大，预制立柱节段技术正在向城市高架转化。预制拼装桥梁施工技术是将墩柱、盖梁在工业化工厂批量预制，可以大大提高机械化施工，减少施工现场作业，减少安全隐患。同时对环境保护有着极强的推进作用。

桥梁预制加工施工技术应用，前期主要是针对制作加工时所需要的各类设备设施、场地等进行研究，形成具备预制加工的初步硬件条件。后期加工过程中主要对模板的通用设计、构件的施工质量尤其是混凝土表观质量的控制、现场构件成品保护等技术进行研究，形成一整套生产加工技术体系。真正意义上的全预制城市桥梁的出现指日可待。

4. 国家相关政策

国家相关政策指导，使得装配式建筑发展具有广阔前景。近几年，国家提出了很多相关政策，鼓励装配式可持续建筑的发展，还特别专项设置了产业化技术指标和体系化技术，为大量、快速地建设城市桥梁提供切实有效的保障，从根本上全面推进了绿色建筑行动。在国家大力提倡节能减排的政策下，随着相关政策标准的不断完善，我国建筑业正向着绿色建筑和建筑产业现代化发展转型，作为建筑产业化重要载体的装配式建筑将进入新的发展时期。2016年《政府工作报告》中强调，积极推广绿色建筑和建材，大力发展钢结构和装配式建筑，提高建筑工程标准和质量。2016年《关于进一步加强城市规划建设管理工作的若干意见》中也提出，发展新型建造方式，加大政策支持力度，力争用10年左右时间，使装配式建筑占新建建筑的比例达到30%。全国各地地方均出具相关政策扶持装配式建筑施工。

1.2 应用价值

通过新技术的应用，在提高施工的工作效率，保证施工质量的同时，也必将产生大量的经济效益，无论是经济效益和社会效益都是值得积极推广的，工程建设者们应不遗余力地推广建筑业新技术，为建筑业新技术应用起到关键作用。但装配式桥梁应用条件是否成熟，如何对预制拼装桥梁进行深化，如何进行批量预制，如何对预埋钢筋和预埋套筒进行精准定位，如何吊装拼装，是实现预制拼装桥梁施工技术的关键，通过对本书的编制主要来解决以上技术难题，并优化和解决各项技术的发展现状和存在的问题，为后续施工同类型工程积累和总结宝贵的经验，同时形成一套完整、可行、高效的施工技术，助力桥梁快速建造技术的发展。装配式桥梁的施工技术已经非常成熟，但预制拼装桥墩盖梁的施工技术尚处于起步阶段，国内大吨位盖梁、需施加预应力盖梁与其拼装式墩柱综合受力及作业工况可借鉴的案例较少，预制拼装桥梁施工技术相对于传统的桥梁施工技术是一次大的改革与创新。

预制构件有较多优点：第一，能显著提高施工质量。装配式构件是在工厂里预制的，能最大限度实现规范化制作，使结构品质更加稳定。第二，有利于加快工程进度。效率即回报，装配式建筑比传统方式的进度快50%左右。第三，有利于文明施工、安全管理。传统作业现场有大量的工人，现在把大量工地作业移到工厂，现场只需留小部分工人就可以，从而大大减少了现场安全事故发生率。第四，有利于环境保护、节约资源。现场原始现浇作业极少，不扰民。此外，钢模板等重复利用率提高，垃圾、损耗、节能都能减少一半以上。

而在预制构架施工过程中，也会面临部分问题。施工前，预制构件的生产与现场施工进度是否匹配；施工过程中，预制构件施工在吊装过程中存在吊车倾覆、吊物坠落等风险；施工中，各构件需定位精确，否则可能会出现无法拼装的情况；吊装完成后，预制拼装湿接缝的处理需重视，否则会出现裂纹；以上均为预制构件施工中的重点。

因此，施工前，现场施工进度计划、工厂构件生产计划、构件运输计划三者应协调一致。开工前，应将预制构件需求计划及运输相关事宜协商好，如：装车顺序、车载数量，吊装进度计划、装车所需时间、从构件厂到施工现场所需时间、需求计划、到货周期等，以到构件的需求与施工现场的进度相匹配。

吊装前，准备工作应完善，吊装方案完善且已经审批，吊装的主吊机械齐备，并且运转状态良好。各专业人员配备齐全，熟悉本专业的操作规程，并要求取得相应的职业资格证书。确保相关人员已接受技术交底，且了解本次施工作业流程及施工范围。现场指挥要了解施工机械的工况性能，合理布置机械位置，减少起吊时间和吊装过程中的操作频率。吊装前，应了解气候条件，避免在恶劣气候条件下吊装。吊装前，还应对现场情况及构件进行精确的测量，并且施工测量出吊装位置，以确保构件连接处相互吻合。

第 2 章

材 料

2.1 一般规定

预制拼装桥墩生产及安装中使用的材料、构配件，应符合设计文件及现行标准的规定。对采购的原材料、辅料、零部件及外协加工项目应进行质量验收，验收时应要求供应商提供产品出厂合格证和质量检验报告，水泥、钢筋等应按相关标准要求进行取样复检。

2.2 混凝土

1. 混凝土应按设计要求，宜采用高性能混凝土。
2. 相邻预制构件间（湿接段）浇筑的混凝土应采取减少混凝土裂缝的措施。
3. 高性能混凝土除满足现行国家标准《公路桥涵施工技术规范》JTG/T 3650—2020 第 6.15 节规定外，原材料具体性能指标还应符合附录 A 的规定。
4. 超高性能混凝土（UHPC）应符合现行国家标准《活性粉末混凝土》GB/T 31387—2015 的规定。

2.3 钢筋

1. 主要受力非预应力钢筋应采用 HRB400 级及以上热轧钢筋。
2. 钢筋应具有出厂质量证明书和试验报告单，进场时除应检查其外观和标识外，尚应按批抽取试件进行力学性能检验，检验合格后方可使用。
3. 钢筋的表面应洁净、无损伤，钢筋应平直、无局部弯折，主要受力钢筋端头切断后应磨平，钢筋存放时应采取防护措施，防止钢筋锈蚀和污染。

2.4 预应力筋及锚具

1. 预制拼装桥墩中采用的预应力筋宜采用预应力钢绞线，也可采用热轧、轧后余热处理或热处理的精轧螺纹钢。
2. 无粘结或有粘结预应力筋—锚具组装件的锚固性能，应符合相关规范要求。

3. 新型预应力筋——锚具组装件应经过有资质检测单位试验检测，并出具相应的检测报告。

2.5 砂浆垫层

1. 不同类型构件拼接缝间的砂浆垫层，应采用高强度无收缩砂浆，高强度无收缩砂浆的性能指标应符合法律法规及相关规范要求。

2. 不同类型构件拼接缝间的垫层砂浆，应采用高强度无收缩砂浆，28d抗压强度应不小于60MPa，并应高出被连接构件强度等级的一个等级（7MPa），28d竖向膨胀率应控制在0.02%~0.10%。

3. 砂浆垫层宜选用强度较高、级配良好的中砂（天然砂、河沙或机制砂），细度模数应不小于2.6，含泥量不应大于1%，不能出现泥块等杂物。

4. 垫层砂浆宜采用早强型，初凝时间不宜小于2h。

2.6 灌浆料

1. 灌浆连接套筒或灌浆金属波纹管中使用的灌浆料除满足现行行业标准《钢筋连接用套筒灌浆料》JG/T 408—2019 的规定外，具体的技术指标还应符合《成都市预制拼装桥墩设计导则》的规定。

2. 灌浆料进场时生产厂家应提供产品合格证、使用说明书和产品质量检测报告。

3. 灌浆连接套筒或灌浆金属波纹管中使用的高强度无收缩水泥灌浆料的技术指标应符合设计要求，并应符合表2-1的相关规定。注：

（1）高强度、早强、和易性好、低收缩性水泥灌浆料拌合物试件制作及标准养护条件应符合现行国家标准《水泥胶砂强度检验方法（ISO法）》GB/T 17671—1999 的规定。

（2）高强度无收缩水泥灌浆料拌合物拌合用水应符合现行行业标准《混凝土用水标准（附条文说明）》JGJ 63—2006 的有关规定，宜采用生活饮用水。

高强度无收缩水泥灌浆料技术指标　　　　表2-1

检测项目		性能指标	检验方法
流动性	初始	≥300mm	《水泥基灌浆材料应用技术规范》GB/T 50448—2015
	30min	≥260mm	
抗压强度	1d	≥35MPa	
	3d	≥60MPa	
	28d	≥100MPa	
竖向自由膨胀率	24h与3h差值	0.02%~0.50%	
氯离子含量		≤0.03%	《混凝土外加剂匀质性试验方法》GB/T 8077—2012
泌水率		0	《普通混凝土拌合物性能试验方法标准》GB/T 50080—2016

4. 高强度无收缩水泥灌浆料宜采用配套灌浆掺合料，规格不宜大于每袋25kg。

5. 高强度无收缩水泥灌浆料应在干燥条件下存放，未开封包装前有效存放时间不得大于3个月，开封包装后应立即使用，如有剩余应作废弃处理。

6. 预应力孔道压浆材料性能应符合现行行业标准《公路钢筋混凝土及预应力混凝土桥涵设计规范》JTG 3362—2018的规定。

2.7　灌浆连接套筒

1. 灌浆套筒应符合现行行业标准《钢筋连接用灌浆套筒》JG/T 398—2019的有关规定。

2. 灌浆连接套筒与高强度无收缩水泥灌浆料组合体系性能应符合现行国家标准《钢筋机械连接技术规程》JGJ 107—2016中Ⅰ级连接接头要求，且接头试件实测抗拉强度应不小于被连接钢筋的实际拉断强度，当无专门要求时，接头的抗疲劳应力幅限值不应小于现行国家标准《混凝土结构设计规范（2015年版）》GB 50010—2010中普通钢筋疲劳应力幅限值的80%。

3. 灌浆连接套筒与高强度无收缩水泥灌浆料组合体系性能应由具有资质的第三方独立检验机构试验检测，并出具相应型式试验的合格报告。

4. 与灌浆连接套筒相关的附属配件建议应由同一家厂商提供，包括止浆塞、压浆管、出浆管、定位销等，确保产品的使用性能。

5. 灌浆连接套筒在储存和运输过程中应采取防护措施，如采用装箱、软质包装等措施，防止雨淋、锈蚀、沾污和损伤。

6. 灌浆连接套筒在预制构件生产单位内安装前，应抽取灌浆套筒检验外观质量、标识和尺寸偏差，并对连接接头进行抗拉强度检验，检验方法及要求应符合《钢筋套筒灌浆连接应用技术规程》JGJ 355—2015的相关规定。

注：（1）灌浆连接套筒与钢筋连接用套筒灌浆料拌合物组合体系性能应符合现行国家行业标准《钢筋机械连接技术规程》JGJ 107—2016中Ⅰ级连接接头的规定，接头试件实测抗拉强度不应小于被连接钢筋的抗拉强度标准值。

（2）灌浆连接套筒与钢筋连接用套筒灌浆料拌合物组合体系性能应经过具有相应资质的质检机构试验检测，并检验合格。

2.8　金属波纹管

1. 波纹管应为圆形不锈钢波纹管。

2. 金属波纹管下端应设置压浆口连接压浆管，上端应设置出浆口连接出浆管或直接由端部出浆；压浆口下缘与端部净距应大于20mm。

3. 金属波纹管在储存和运输过程中应采取防护措施，防止雨淋、锈蚀、沾污和损伤，使用时不得出现磕碰、生锈等现象。

2.9　环氧胶粘剂

1. 同类构件之间环氧胶粘剂初步固化时间不应小于1h，在规定的两面涂抹厚度条件下，构件拼接边缘应有均匀的挤出量，并仅有滴挂而无流淌现象。

2. 环氧胶粘剂抗压强度标准值应符合设计及规范的规定。

3. 环氧树脂胶粘剂应符合表2-2的规定，应有抗老化、抗碳化、抗强腐蚀性的功能，对于特殊型结构胶的技术要求由供需双方商定。

环氧树脂胶主要性能要求　　　　　　　　　　　　　表2-2

	性能项目		性能要求	试验方法标准
物理性能	可施胶时间(min)		≥20	GB/T 7123
	可粘结时间(min)		≥60，且≤240	GB/T 12954
	固化速度（低限温度条件）	12小时抗压强度(MPa)	≥40	GB/T 17671
		24小时抗压强度(MPa)	≥60	
		7天抗压强度(MPa)	≥80	
	压缩弹性模量(MPa)	瞬时	≥8000	
		1小时	≥6000	
	在结构立面上无流挂现象的涂胶层厚度(mm)		≥3	GB/T 13477
	不挥发物含量(固体含量)(%)		≥99	GB/T 2793
	吸水率(高限温度条件)(%)		≤0.5%	GB/T 1034
	水中溶解率(高限温度条件)(%)		≤0.1%	
	高限温度条件固化的热变形温度(℃)	0℃≤适用温度<10℃	45	GB/T 2793
		10℃≤适用温度<30℃	50	
		30℃≤适用温度<60℃	60	
	伸长率(%)		≥1.0	GB/T 2567
	抗压强度(MPa)		≥80	GB/T 17671
	钢-钢拉伸抗剪强度标准值(MPa)		≥14	GB/T 7124
	与混凝土的正拉粘结强度(MPa)		≥3.0，且为混凝土内聚破坏	GB 50550 附录E
化学性能	耐湿热老化能力	50℃温度、95%相对湿度的环境条件下老化90d后，常温条件下钢-钢拉伸抗剪强度降低率	≤10%	GB 50728
	盐雾作用	5%氯化钠溶液、喷雾压力0.08MPa、试验温度(35±2)℃、每0.5h喷雾一次、每次0.5h，作用持续时间90d，到期钢-钢拉伸抗剪强度降低率	≤5%，且不得有裂纹或脱胶	
	耐海水浸泡作用(仅用于水下结构胶)	海水或人造海水；试验温度(35±2)℃；浸泡时间：90d；到期进行钢对钢拉伸抗剪强度降低率	≤7%，且不得有裂纹或脱胶	
长期使用性能	耐疲劳应力作用能力，200万次		试件不破坏	
	耐长期应力作用能力		试件不破坏	

第 3 章

桥梁设计

3.1 施工图设计

3.1.1 设计流程

桥梁构造物设置时紧密结合构造物所处的地形、地质、水文等条件，按下述原则设置：根据路线平纵面，桥位处地形、地质条件，并综合考虑施工工期，结构的标准化和系列化，施工的规模化和工厂化要求，以确保工程质量，加快建设速度，按照"技术上可行，经济上合理"的原则进行桥梁设计。桥梁施工图设计应该符合图3-1的相关流程。

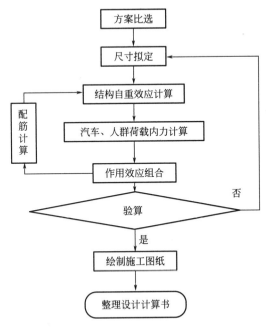

图 3-1 施工图设计流程图

1."预可""工可"阶段

"预可""工可"即为：预可行性研究报告和工程可行性研究报告的编制。该阶段着重研究建桥的必要性和宏观经济上的合理性。研究制订技术标准，提出多个桥型方案，并估算造价，基本落实资金来源和投资回报等问题。

我国桥梁设计程序，分为前期工作及设计阶段。前期工作包括编制预可行性研究报告和可行性研究报告。设计阶段按"三阶段设计"进行，即初步设计、技术设计与施工设计。

预可行性研究报告与可行性研究报告均属建设的前期工作。预可行性研究报告是在工程可行的基础上，着重研究建设上的必要性和经济上的合理性；可行性研究报告则是在预可行性研究报告审批后，在必要性和合理性得到确认的基础上，着重研究工程上的和投资上的可行性。

这两个阶段的研究都是为科学地进行项目决策提供依据，避免盲目性及带来的严重后果。这两个阶段的文件应包括以下主要内容：

（1）工程必要性论证，评估桥梁建设在国民经济中的作用。

（2）工程可行性论证，首先是选择好桥位，其次是确定桥梁的建设规模，同时还要解决好桥梁与河道、航运、城市规划以及已有设施（通称"外部条件"）的关系。

（3）经济可行性论证，主要包括造价及回报问题和资金来源及偿还问题。

2. 方案设计

方案设计分为：初步设计、技术设计和施工设计。

（1）初步设计

按照基本建设程序为使工程取得预期的经济效益或目的而编制的第一阶段设计工作文件。该设计文件应阐明拟建工程技术上的可行性和经济上的合理性，要对建设中的一切基本问题作出初步确定。内容一般应包括：设计依据、设计指导思想、建设规模、技术标准、设计方案、主要工程数量和材料设备供应、征地拆迁面积、主要技术经济指标、建设程序和期限、总概算等方面的图纸和文字说明。该设计根据批准的计划任务书编制。

（2）技术设计

技术设计是基本建设工程设计分为三阶段设计时的中间阶段的设计文件。它是在已批准的初步设计的基础上，通过详细的调查、测量和计算而进行的。其内容主要为协调编制拟建工程中有关工程项目的图纸、说明书和概算等。经过审批的技术设计文件，是进行施工图设计及订购各种主要材料、设备的依据，且为基本建设拨款（或贷款）和对拨款的使用情况进行监督的基本文件。

（3）施工设计

施工设计又称为施工图设计，是设计部门根据鉴定批准的三阶段设计的技术设计，或两阶段设计的扩大初步设计或一阶段设计的设计任务书，所编制的设计文件。此文件应提供为施工所必须的图纸、材料数量表及有关说明。与前一设计阶段比较，设计图的设计和绘制应有更加详细的、具体的细部构造和尺寸、用料和设备等图纸的设计和计算工作，其主要内容有平面图、立面图、剖面图及结构、构造的详图，工程设计计算书，工程数量表等。施工图设计一般应全面贯彻技术设计或扩大初步设计的各项技术要求。除上级指定需要审查者外，一般均不需再审批，可直接交付施工部门据以施工，设计部门必须保证设计文件质量。同时施工图文件也是安排材料和设备、加工制造非标准设备、编制施工图预算和决算的依据。

3.1.2 结构选型原则

1. 上部结构选型原则

（1）结构形式采用原则

根据地方相关标准化施工相关要求，结合业主及总体组的要求，项目桥梁规模大小，根据质量控制、方便施工、节省模板、节约经济、结合施工周期等因素，选择施工工艺成熟、吊装方便、后场加工较为统一等结构。

（2）不同墩高下桥梁跨径选择原则

桥梁跨径组成选择与诸多因素有关，需根据桥位所处地形、地貌情况以及是否通航等情况综合考虑，在满足以上因素的基础上还应满足跨径安全、经济、美观的要求。其中经济性是其中的一个主要因素，是评价桥梁方案是否合理的重要指标。桥梁跨径组成的经济性就是使桥梁上、下部以及基础的总造价达到最低。做同精度的方案比较、确定最优方案。

2. 下部结构形式选择原则

桥墩形式选择应结合具体桥梁的地形、地质特点、施工场地和施工组织以及前后桥梁的设计方案等因素，注重全桥墩台设计的形式呼应，一座桥梁范围内的桥墩尽量采用相同的结构形式。

3.1.3 设计注意事项

1. 桥位的选择避开对抗震不利地段，桥型方案的选择及构造设计充分考虑抗震要求，并考虑便于震后的维修。桥位选择必须路桥综合考虑，既要考虑到路线的顺接和线形指标，又要充分考虑水文、地质、地形、河道等，特别是对路线走向、线形指标有较大影响的大桥，在不影响路线总体走向的前提下对不同河段的不同桥位连同路线方案一起进行比选，以得出最佳的桥位及最优路线方案。

2. 桥梁结构形式的采用，应根据本地区的自然条件、材料来源、地基情况、施工特点和使用要求，遵循"安全、适用、经济、美观"的原则，并考虑因地制宜、便于施工、就地取材和养护等因素，进行综合考虑。桥型选择应采用技术先进、结构合理，造价低廉，施工条件成熟、受力明确的桥型方案；重视对周围人文、景观环境的协调性，同时应考虑结构的耐久性。

3. 跨越主要河流、等级道路和重要水利设施时设置桥梁结构物；桥位在服从路线走向的前提下，需考虑桥梁跨越处河道、沟渠的排洪、引水的要求。

4. 注重桥梁景观：桥型选择及布设除考虑结构本身的合理性与安全性外，还应注重与自然景观相协调，与当地的民族风情相协调。

5. 采用标准跨径：尽量采用预制安装标准化结构，力求方便施工，缩短工期，降低造价。

6. 注重经济比较：注重高跨比的比选，无特殊要求时尽量采用经济跨径。

7. 考虑施工条件：桥梁方案选择时，应充分考虑自然条件、材料供应、地质情况、施工场地、施工工艺及工期等，避免设计与施工脱节。

8. 在跨越深沟时，根据沟底纵坡、填土高度、工程地质条件及环保、美观等因素具体分析，一般当填土高度大于15m、沟底地质条件不良或沟底纵坡较陡、路基放坡侵占沟下游构造物或主河道而设置路基挡墙不合理时，选择采用桥梁跨越。

9. 注意桥头接线应有良好的地形条件和较短的运营里程，同时尽量减少拆迁，以降低造价。

10. 布孔主要根据地形条件、泄洪要求、经济合理、施工方便的原则，尽量采用结构简单、造价低且便于工厂化预制生产且后期方便维护的结构形式。

3.2 结构验算

3.2.1 设计依据及规范

1. 《城市桥梁设计规范（2019年版）》CJJ 11—2011。
2. 《公路桥涵设计通用规范》JTG D60—2015。
3. 《公路钢筋混凝土及预应力混凝土桥涵设计规范》JTG 3362—2018。
4. 《城市桥梁抗震设计规范》CJJ 166—2011。
5. 《公路工程混凝土结构耐久性设计规范》JTG/T 3310—2019。
6. 其他相关规范和标准。
7. 本验算主要以蓝天立交盖梁进行验算。

3.2.2 主要材料及其力学性能

1. 混凝土：盖梁预应力混凝土采用 C50；压弯弹性模量 $E=3.45\times10^4$ MPa；剪切弹性模量 $G=1.38\times10^4$ MPa；泊松比 $V_c=0.2$；抗压强度标准值 $f_{ck}=32.4$ MPa；抗拉强度标准值 $f_{tk}=2.65$ MPa；热膨胀系数 0.00001/℃。

2. 普通钢筋：采用 HRB400 钢筋；弹性模量 $E=2.0\times10^5$ MPa；抗拉强度设计值 330MPa；抗压强度设计值 380MPa。

3. 预应力体系：采用 φ_s15.2 高强度低松弛钢绞线；弹性模量 $E=1.95\times10^5$ MPa；泊松比 $n_c=0.3$；抗拉强度准值 1860MPa；抗拉强度设计值 $f_{pk}=1260$ MPa；抗压强度设计值 390MPa。低松弛钢绞线松弛率：0.03，一端锚具回缩：6mm；预应力管道采用塑料波纹管，$\mu=0.15$，$K=0.0015$。

3.2.3 荷载组合以及结构总体控制要求

1. 荷载组合

根据《公路桥涵设计通用规范》JTG D60—2015，荷载组合说明见表 3-1～表 3-5 的相关规定。

荷载组合的总体原则　　　　　表 3-1

荷载		基本组合		作用频遇组合效应	作用准永久组合效应	弹性段组
		对结构承载力不利时	对结构承载力有利时			
永久作用	盖梁自重	1.2	1.0	1.0	1.0	1.0
	二期恒载	1.2	1.0	1.0	1.0	1.0
	预加力	1.2	1.0	1.0	1.0	1.0
	混凝土收缩和徐变	1.0	1.0	1.0	1.0	1.0
	基础变位	0.5	0.5	1.0	1.0	1.0

续表

荷载		基本组合		作用频遇组合效应	作用准永久组合效应	弹性段组
		对结构承载力不利时	对结构承载力有利时			
可变作用	汽车荷载	1.4	1.4	0.7	0.4	1.0
	汽车冲击力	1.4	1.4	0.7	0.4	1.0
	整体升降温作用	1.4	1.4	0.8	0.8	1.0
		1.12	1.12	-	-	-

荷载组合的总体原则　　　　　　　　　　　表 3-2

荷载		组合1	组合2	组合3	组合4	组合5	组合6	组合7	组合8
永久作用	盖梁自重	1.2	1.2	1.2	1.2	1.0	1.0	1.0	1.0
	二期恒载	1.2	1.2	1.2	1.2	1.0	1.0	1.0	1.0
	预加力	1.2	1.2	1.2	1.2	1.0	1.0	1.0	1.0
	混凝土收缩和徐变	1.0	1.0	1.0	1.0	1.0	1.0	1.0	1.0
	基础变位	0.5	0.5	0.5	0.5	0.5	0.5	0.5	0.5
可变作用	汽车荷载	-	1.4	-	1.4	-	1.4	-	1.4
	汽车冲击力	-	1.4	-	1.4	-	1.4	-	1.4
	整体升降温作用	-	-	1.4	1.12	-	-	1.4	1.12

作用频遇组合效应　　　　　　　　　　　表 3-3

荷载		组合1	组合2	组合3	组合4
永久作用	盖梁自重	1.0	1.0	1.0	1.0
	二期恒载	1.0	1.0	1.0	1.0
	预加力	1.0	1.0	1.0	1.0
	混凝土收缩和徐变	1.0	1.0	1.0	1.0
	基础变位	1.0	1.0	1.0	1.0
可变作用	汽车荷载	-	0.7	-	0.7
	汽车冲击力	-	0.7	-	0.7
	整体升降温作用	-	-	0.8	0.8

作用准永久组合效应　　　　　　　　　　　表 3-4

荷载		组合1	组合2	组合3	组合4
永久作用	盖梁自重	1.0	1.0	1.0	1.0
	二期恒载	1.0	1.0	1.0	1.0
	预加力	1.0	1.0	1.0	1.0
	混凝土收缩和徐变	1.0	1.0	1.0	1.0
	基础变位	0	0	0	0

续表

荷载		组合1	组合2	组合3	组合4
可变作用	汽车荷载	-	0.4	-	0.4
	汽车冲击力	-	0.4	-	0.4

弹性阶段组合　　　　　　　　　　　　　　　　表3-5

荷载		组合1	组合2	组合3	组合4
永久作用	盖梁自重	1.0	1.0	1.0	1.0
	二期恒载	1.0	1.0	1.0	1.0
	预加力	1.0	1.0	1.0	1.0
	混凝土收缩和徐变	1.0	1.0	1.0	1.0
	基础变位	1.0	1.0	1.0	1.0
可变作用	汽车荷载	-	1.0	-	1.0
	汽车冲击力	-	1.0	-	1.0
	整体升降温作用	-	-	1.0	-

2. 计算一般规定

采用极限状态设计，进行承载能力极限状态和正常使用极限状态计算，同时满足构造规定和工艺要求。

盖梁刚度计算时取截面全毛断面，强度计算按相应的毛截面计算。

3. 承载能力验算

（1）正截面抗弯承载力应符合下列规定：

$$g_0 M_d + \gamma_0 M_p \leqslant R \tag{3-1}$$

构件承载力设计值 R 按《公路钢筋混凝土及预应力混凝土桥涵设计规范》JTG 3362—2018 第5.2.2条、第5.2.3条、第5.2.5条相关规定计算。

（2）斜截面抗剪承载力应符合下列规定：

$$g_0 V_d + \gamma_d V_p \leqslant V_{cs} + V_{sb} + V_{pb} \tag{3-2}$$

同时应满足《公路钢筋混凝土及预应力混凝土桥涵设计规范》JTG 3362—2018 第5.2.9条对抗剪截面几何尺寸的要求。

4. 抗裂验算与应力控制

（1）主梁正截面抗裂验算按 A 类预应力混凝土构件控制，

即作用频遇组合效应下：

$$\sigma_{st} - \sigma_{pc} \leqslant 0.7 f_{tk} \tag{3-3}$$

作用准长久组合效应下：

$$\sigma_{lt} - \sigma_{pc} \leqslant 0 \tag{3-4}$$

同时应满足《公路钢筋混凝土及预应力混凝土桥涵设计规范》JTG 3362—2018 第9.1.12条对部分预应力混凝土受弯构件中普通受拉钢筋的相关要求。

（2）斜截面抗裂验算

按 A 类预应力混凝土现场浇筑构件控制，

即作用频遇组合效应下：

$$\sigma_{tp} \leqslant 0.5 f_{tk} \qquad (3-5)$$

（3）持久状态应力控制：

作用效应组合涉及：恒载＋预加力＋收缩及徐变＋基础变位＋汽车自重＋温度

混凝土的正截面最大压应力：

$$\sigma_{kc} + \sigma_{pt} \leqslant 0.5 f_{ck} \qquad (3-6)$$

预应力钢筋的最大拉应力：

$$\sigma_{pe} + \sigma_{p} \leqslant 0.65 f_{pk} \qquad (3-7)$$

混凝土的最大主压应力：

$$\sigma_{cp} \leqslant 0.6 f_{ck} \qquad (3-8)$$

（4）短暂状态应力控制：结构构件在预应力和构件自重等施工荷载作用下截面边缘混凝土法向应力应满足：

压应力：

$$\sigma'_{cc} \leqslant 0.8 f'_{ck} \qquad (3-9)$$

拉应力：

$$\sigma'_{et} \leqslant 0.7 f'_{tk} \qquad (3-10)$$

注：以上公式中的 f'_{ck} 和 f'_{tk} 为制造、运输、安装阶段混凝土的抗压强度和抗拉强度标准值，$f'_{ck}=0.90 f_{tk}$ 和 $f'_{tk}=0.90 f_{tk}$。

5. 变形验算

使用阶段挠度计算考虑荷载长期效应影响，挠度长期增长系数 $h_q=1.43$；主梁竖向最大挠度 $\leqslant 1-600L$，L 为计算跨径。

3.2.4 计算模型和考虑因素

1. 计算模型

用有限元程序进行二维平面分析，模型杆件采用梁单元模拟；单元截面按设计断面输入，保证其竖向刚度及横断面面积。

2. 施工过程模拟

按照"现浇盖梁→拉预应力钢束、预应力管道压浆→架设上部结构→桥面铺装、护栏施工→设定徐变天数"的施工步骤，对各施工阶段进行模拟。

3. 预应力作用

在计算中，考虑预应力张拉锚固、压浆和混凝土形成组合截面的过程；预应力损失同步计入。

4. 混凝土徐变、收缩

根据结构施工步骤，按混凝土加载龄期和荷载变化过程分别考虑徐变、收缩影响。

计算采用上部结构的车道荷载支座反力施加在盖梁上。

3.3 装配式桥梁优势

与传统现浇方法相比，缩短现场工期50％以上，降低施工期内交通影响60％以上，减少现场工人80％以上，具有很高的社会与环境效益。主要对以下几个点做相关分析对比：

3.3.1 快速化施工

通过对已建和在建的装配式桥梁总结，预制拼装技术可有效缩短现场施工工期。工期对比图如图3-2所示。其中预制墩柱每台班可安装3～4根，预制盖梁每台班可安装2～3个，预制小箱梁每台班可安装6～8片。

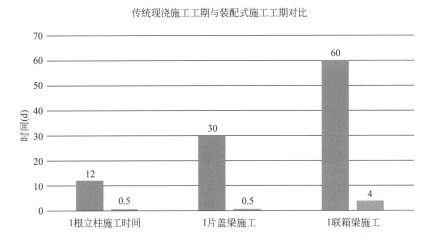

图3-2 工期对比图

3.3.2 降低对交通的影响

在城市内，由于白天交通繁忙，而晚上0：00点到凌晨5：00就进入城市休眠期，如图3-3所示，根据这个特殊情况，全预制拼装桥梁就能很好地利用这个时间段，白天不进行施工，晚上进行吊装工作，确保了城市的正常运行，最大限度地减少了对城市的干扰，吊装的速度越快，高架桥梁的建成时间就会越短，就会更快投入使用，大大降低交通的影响。

图3-3 交通影响对比

3.3.3 绿色环保

全预制拼装桥梁的绿色环保主要体现在：节能、节地、节水、节材料；减少噪声；减少粉尘，对缓解城市雾霾有一定的作用。

常规的桥梁建设全部在现场完成，而全预制拼装桥梁将桥梁的上部结构和下部结构的主要构件均在工厂或预制厂内加工完成，预制场内有固定的场所、先进的设备、熟练的产业工人：

(1) 可以远离城市中心，具备达到绿色环保的要求。

(2) 固定的场地不需要搬迁，可以供应整个城市的建设。

(3) 先进的加工设备可以节约材料，节约能源。

(4) 钢筋加工从室外移到室内，可以减少噪声，减少灰尘。

(5) 熟练的产业工人可以控制材料、节约能源、减少人员的误操作。

(6) 预制场地可以远离城市中心，减少对周围环境的噪声干扰、缓解雾霾。

3.3.4 提高工程质量

预制桥梁为工厂化集中制作，由专业施工人员现场拼装，相比常规桥梁施工方法，全预制拼装工艺解决了现场施工存在的各种质量通病，极大地提升了工程质量。

(1) 采用固定的全自动设备，钢筋弯配及断料精度更高，提高了加工精度。

(2) 焊接采用 CO_2 气体保护焊，焊接强度更高，质量比普通的焊条焊接更可靠。

(3) 采用高精度定位胎架，钢筋绑扎尺寸更精确，卧式支模、钢筋笼及模板整体翻转工艺，钢筋保护层得到了有效控制，提高了整体合格率。施工质量对比如图 3-4 所示。

图 3-4 施工质量对比（一）

图 3-4　施工质量对比（二）

(4) 固定的产业工人可以很好地控制和减少原材料的损耗,更好地控制构件的外观质量。

(5) 在预制场内设置搅拌站,混凝土运输更有保障,减少道路拥堵导致混凝土的质量问题。

3.3.5 连接方式选择

如何快速有效地进行预制构件的连接是下部结构预制拼装关键技术,连接构造是核心问题。目前国内外采用的墩柱的预制拼装技术大致有以下几种:

1. 采用有粘结后张预应力筋连接构造

有粘结后张预应力筋连接构造往往配合砂浆垫层或环氧胶接缝构造实现节段预制桥墩的建造,有粘结后张预应力筋连接构造如图 3-5 所示。方案中的预应力筋可采用钢绞线或精轧螺纹钢等高强度钢筋。该构造特点是预应力筋通过接缝,实际工程应用较多,设计理论和计算分析以及施工技术经验成熟;不足是墩身造价相对传统现浇混凝土桥墩要高许多,同时现场施工需对预应力筋进行张拉、灌浆等操作,施工工艺复杂,施工时间较长。

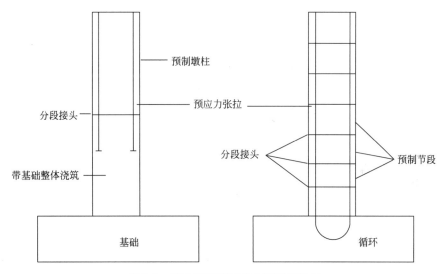

图 3-5 有粘结后张预应力筋连接构造

2. 灌浆套筒连接

预制墩身节段通过灌浆连接套筒连接伸出的钢筋,预制拼装桥墩和灌浆连接套筒连接构造如图 3-6 所示,墩身与盖梁、承台之间的接触面宜采用砂浆垫层,墩身节段之间采用环氧胶接缝构造形式。构造特点是施工精度要求较高,现场施工所需时间短,同时也不需要张拉预应力筋,现场工作量显著减小,其正常使用条件下的力学性能与传统现浇混凝土桥墩类似,因此具有一定的经济优越性。从国外应用经验看,低地震区域已开始广泛应用,高地震危险区域的应用和科学研究还在进行中。

3. 灌浆金属波纹管连接

该连接构造常用于墩身与承台或墩身与盖梁的连接,预制墩身通过预埋于盖梁或承台内的灌浆金属波纹管连接墩身内伸出的钢筋,灌浆金属波纹管连接如图 3-7 所示,在墩身与盖梁或承台之间的接触面宜采用砂浆垫层,墩身节段之间采用环氧胶接缝构造。该构造

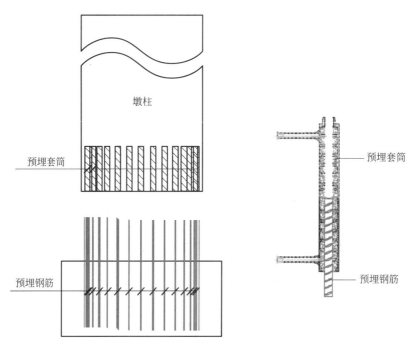

图 3-6 预制拼装桥墩和灌浆连接套筒连接构造

图 3-7 灌浆金属波纹管连接

现场施工时间短,但需要满足纵筋足够的锚固长度,其力学性能与传统现浇混凝土桥墩类似。目前国外已有少数桥梁使用这种连接构造进行施工,高地震危险区域内应用较少,其抗震性能如何目前仍在研究中。

4. 插槽式连接

插槽式连接构造如图 3-8 所示,已在一些桥梁工程中得到应用,主要用于墩身与盖梁、桩与承台处的连接,与灌浆套筒、金属波纹管等相比,所需施工公差可以大一些,现场需要浇筑一定的混凝土,施工工期得不到有效保障。插槽式、承插式墩柱拼装如图 3-9 所示。

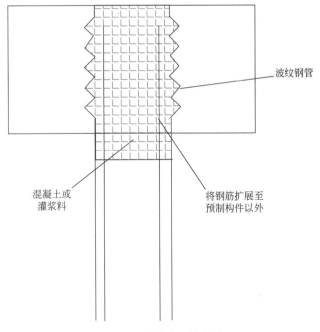

图 3-8 插槽式连接构造

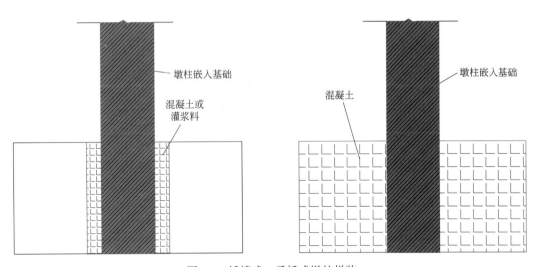

图 3-9 插槽式、承插式墩柱拼装

5．钢筋焊接或搭接并采用湿接缝

预制拼装桥墩预先伸出一定数量的钢筋以便与相邻构件预留钢筋搭接，需设临时支撑，钢筋连接部位需通过后浇混凝土（湿接缝）方式连接，这也是目前国内采用较多的节段拼装桥墩的设计思路。采用该构造建造桥墩，力学性能往往与传统现浇混凝土桥墩类似，但湿接缝的存在会增加施工时间和现场钢筋搭接、浇筑的作业量，从快速施工角度考虑，该方案存在一定不足。

6．承插式连接

承插式接缝连接构造是将预制墩身插入基础对应的预留孔内，插入长度一般为墩身截面尺寸的1.2~1.5倍,底部铺设一定厚度的砂浆,周围用半干硬性混凝土填充。优点是施工工序简单,现场作业量少;不足是接缝处的力学行为如何,特别是抗震性能如何,尚需进一步研究。国内北京积水潭桥采用该连接构造建造。

此外,近年来国内外一些研究人员还提出其他一些类型的预制墩身节段连接构造,如增设耗能钢筋连接构造、混合式连接构造等,但由于种种条件限制,目前仍处于学术研究阶段。

由表3-6可知,灌浆套筒连接属于干接头的形式,现场施工所需时间短,同时也不需要张拉预应力筋,现场工作量显著减小,其正常使用条件下的力学性能与传统现浇混凝土桥墩类似,受力可靠,满足低烈度地区使用。目前在国内外已有多个应用实例。

各种预制拼装连接方式综合性能对比(同现浇混凝土模式相比) 表3-6

连接构造类型	有粘结预应力筋	套筒	波纹管	湿接缝	插槽式	承插式
抗震性能	稍逊	稍逊	相当	相当	略低	略低
耐久性	相当	相当	略低	相当	相当	略好
可检查性	相当	相当	相当	相当	相当	相当
对精度要求	高	高	高	低	略低	低
施工速度	较慢	非常快	非常快	慢	较慢	快

第 4 章

桥梁深化设计

4.1 构件深化

成都市三环路蓝天立交项目受场地影响,桥梁总宽度 23～38m 不等,现场打围区域宽度为 25～41m 不等,场地局限较大。

对于盖梁深化设计主要深化以下几个方面:

1. 节段划分

根据现场实际情况有效地调整盖梁分段长度,现场盖梁深化后采用自平衡满足现场作业条件。

若采用盖梁整体吊装方法,最大盖梁长度 38m,高 2.2m,宽 2m,总重量达到 420t,对吊装场地要求较为严格,且需采用两台 650t 履带吊进行吊装(根据目前吊车市场,同型号两台 650t 履带吊同时进场,市场很难满足),蓝天立交工业化预制场位于成都市新津区,距离施工现场约 60km,大吨位运输对线路道路、桥梁存在较大安全隐患,通过深化设计对大盖梁进行分段预制现场拼接的施工工艺,最大节段保证在长度 25m 内,总重量不超过 260t 进行控制。

2. 预应力深化设计

根据施工图纸设计预应力与预埋套筒(套管直径 8cm,长度 80cm)存在冲突,立柱与盖梁通过灌浆套筒连接,套筒在盖梁中预埋时有预埋钢筋深入盖梁顶部 5cm 处,盖梁中预应力布置与盖梁预埋钢筋位置冲突,且无法通过常规现浇时"钢筋和预应力冲突时,钢筋避让"原则来解决这一问题。悬挑处最下层应力钢束高度仅约 60cm,穿越套筒区,位置冲突且间距狭窄无法避让。通过三维建模,预应力复核对预应力进行调整。

3. 盖梁悬挑调整及墩间距调整

通过调整盖梁悬挑长度,满足自平衡条件,有利于减少湿接缝长度,做到尽可能满足后场加工条件,同时统一墩间距后对定型钢膜使用规格有较大优化空间。

通过深化设计为项目建设节约了大量的施工胎架、节约大量的场地硬化面积、节约大量施工围挡的安拆费用、节约大吨位吊车的租赁费用等,科学合理、有效,在确保安全的前提下,完成施工任务,为复杂条件下装配式施工积累经验。

4.1.1 盖梁节段深化

装配式盖梁节段考虑到运输线路、预应力情况、吊装后架体占道等情况,对盖梁深化从以下几个方面进行研究:

1. 盖梁分段设计

设计最大盖梁长度 38m,高 2.2m,宽 2m,总质量达 420t,对于运输存在较大的隐患,蓝天立交工业化预制场位于成都市新津区,距离施工现场约 60km,大吨位运输对线路道路、桥梁(共计 23 座)存在较大安全隐患,通过深化设计对大盖梁进行分段预制现场拼接的施工工艺,最大节段保证在长度 25m,总重量不超过 260t 进行控制。

选择运输线路的基本原则:

(1)运输路程尽量简短。预制场与蓝天立交距离较远,应尽量减少绕行,保证运输路程简短,减少运输成本。

(2)考虑大型运输车辆转弯半径。预制盖梁体积较大,设计最大盖梁长 38m,高 2.2m,宽 2m,采用大型运输车辆时转弯半径较大,因此沿线道路需满足大型运输车辆最小转弯半径的要求。

(3)考虑沿线桥梁承载能力。预制盖梁质量较大,设计最大盖梁总质量达 420t,沿线共有 23 座桥梁,应保证其中承载能力最低的桥梁其极限承载能力能够满足承载力要求。

(4)尽量选择夜间运输。为减小盖梁运输途中对交通的影响以及对周边居民的影响,运输应尽量安排在交通流量小的时段,因此应尽量选择夜间运输。

(5)尽量沿大件路或主干道运输。为减少运输途中对路面的破坏,运输路线应尽量选择主干道路,因此应尽量选择路面承载能力高的大件路或主干道。

对于分段后的小节段设计给出湿接缝位置,通过计算单柱盖梁一侧截面积为 8.433m²,另一侧截面积为 10.087m²,通过优化调整湿接缝位置,对两侧截面积误差控制在 0.4 倍墩柱直径范围内,调整后截面积为 9.851m²、10.087m²,达到自平衡要求,深化盖梁节段图如图 4-1 所示,为施工现场节约大量硬化面积及架体,起到降本增效的作用。

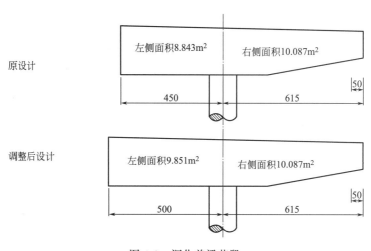

图 4-1 深化盖梁节段

2. 调整悬挑及开档

盖梁 Z11、Z12、Z13、Z15、Z17、Z19、Z20、Z21、Z22、Z23、Z24、Z25、Z26、Z27、Z28，此 15 片盖梁由于处于桥梁渐变段，该处盖梁悬挑及墩柱间距尺寸各不一样，采用后场预制对模板投入损耗较大，且现场定位装置尺寸较为复杂，对施工难度较大，为确保施工工期、施工经济合理，通过优化调整将现有 15 片盖梁调整为 5 个尺寸类别，盖梁尺寸调整后对比如图 4-2 所示，且调节段为标准调节段，为项目节约模板拼装时间及现场定位装置装配时间，真正意义解决浪费，确保工期。

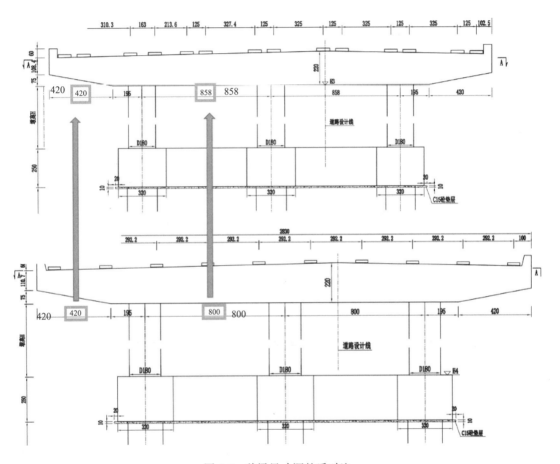

图 4-2 盖梁尺寸调整后对比

4.1.2 盖梁预应力施工

1. 盖梁预应力钢筋束与盖梁预埋钢筋位置冲突

（1）立柱与盖梁通过灌浆套筒连接，柱顶钢筋与盖梁连接方式如图 4-3 所示，套筒在盖梁中预埋时有预埋钢筋深入盖梁顶部 5cm 处，盖梁中预应力布置与盖梁预埋钢筋位置冲突，且无法通过常规现浇时"钢筋和预应力冲突时，钢筋避让"原则来解决这一问题。经过多次多角度试验，若割除预埋钢筋对结构稳定性有较大的影响，通过建模计算调整预应力。盖梁中连接套筒（钢筋）与波纹管平面放样图如图 4-4 所示。

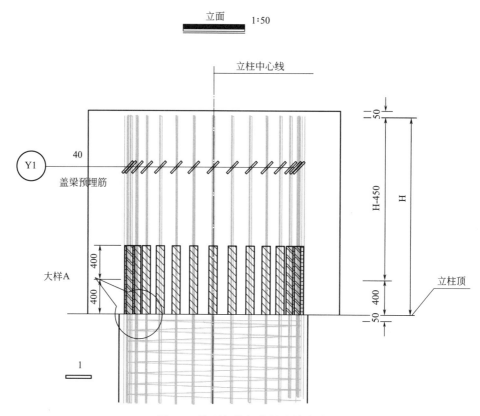

图 4-3 柱顶钢筋与盖梁连接方式

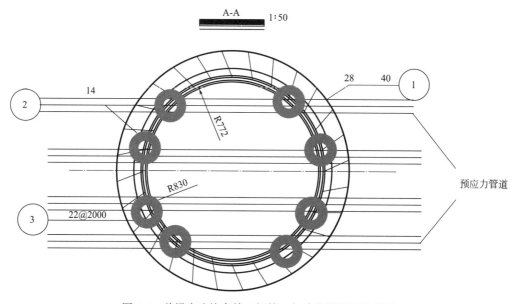

图 4-4 盖梁中连接套筒（钢筋）与波纹管平面放样图

通过三维模型模拟，会出现类似如图 4-5 钢筋与盖梁预应力冲突情况发生，通过预应力调整解决相关问题，调整前后对比图如图 4-6 所示。

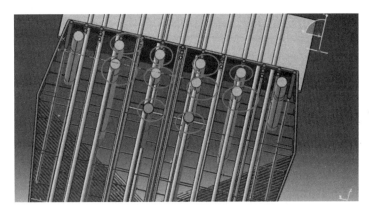

图 4-5 典型盖梁预应力布置图

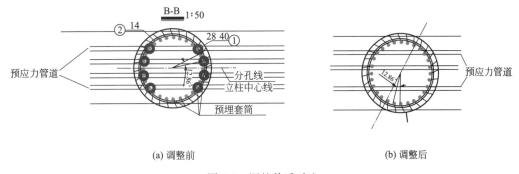

图 4-6 调整前后对比

（2）盖梁 Z12、Z13、Z15、Z17、Z19、Z20、Z25、Z26、Z27、Z28 预应力钢束在悬挑处最下层钢束高度仅 60 多厘米，盖梁钢筋束与套筒钢筋冲突如图 4-7 所示，穿越套筒区，位置冲突且间距狭窄无法避让，通过深化设计将钢束高度调整到 90cm，盖梁钢筋束调整后位置图如图 4-8 所示，满足施工及结构稳定性。

2. 关于预制构件预应力施工

蓝天立交盖梁预应力施工，结合施工现场盖梁按照一次落架的施工方法采用平面杆系理论进行计算，根据荷载组合要求的内容进行内力、应力、极限承载力计算，按 A 类预应力混凝土构件验算结构在施工阶段、使用阶段应力、极限承载力及整体刚度是否符合规范要求。主线段 38m 分匝道桥墩构造、主线 38m 变宽桥墩构造及主线 38m 桥墩构造可归为一类，以计算最不利的主线 38m 桥墩为整座桥梁预制盖梁进行分析。施工阶段应力验算：

按照《公路桥涵施工技术规范》JTG/T 3650—2020 第 6.1.3 条规定，钢丝、钢绞线的张拉控制应力值 $\sigma_{con} \leq 0.75 f_{pk}$，故允许值为 $0.75 f_{pk} = 0.75 \times 1860 = 1395 \text{MPa}$。表 4-1 为钢绞线的张拉控制应力，可见，所有预应力束的张拉控制应力均满足要求。

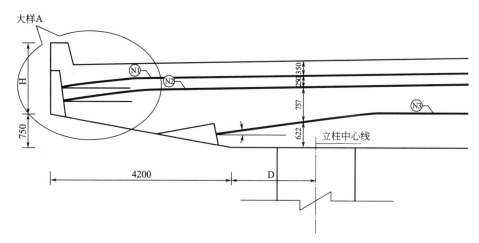

图 4-7　盖梁钢筋束与套筒钢筋冲突

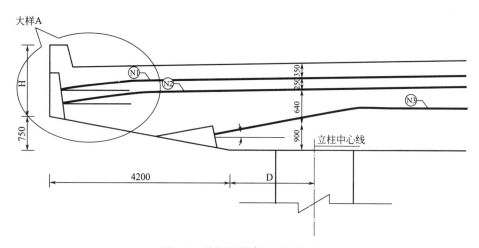

图 4-8　盖梁钢筋束调整后位置

钢绞线张拉控制应力表　　　　　　　　　表 4-1

钢束号	钢束束数	编束根数	张拉控制应力(MPa)
1	3	15	$1.4×10^3$
2	3	15	$1.4×10^3$
3	3	15	$1.4×10^3$
4	2	15	$1.4×10^3$
5	2	15	$1.4×10^3$
6	2	15	$1.4×10^3$

按照《公路桥涵施工技术规范》JTG/T 3650—2020 第 7.2.8 条规定，在预应力和构件自重等施工荷载作用下截面边缘混凝土的法向应力应符合下列规定：压应力 $\sigma_{cct}\leqslant 0.70f'_{ck}$，拉应力 $\sigma_{ctt}\leqslant 0.70f'_{tk}$。本桥施工时混凝土强度已达到标准强度的 100%，故压应力允许值 $0.70f'_{ck}=0.70×32.4=22.68$MPa，拉应力允许值 $0.70f'_{tk}=0.70×2.65=$

1.855MPa。表 4-2 为施工阶段混凝土的最大、最小正应力,可见,施工阶段混凝土应力满足要求。

施工阶段混凝土正应力表(MPa) 表 4-2

施工阶段号	上缘最大	上缘最小	下缘最大	下缘最小
1	0.383	−1.07	1.05	−0.395
2	11.3	-9.36×10^{-2}	8.1	-2.63×10^{-2}
3	8.29	−0.124	7.35	-3.57×10^{-2}
4	13.9	−0.198	12.4	-5.42×10^{-2}
5	12.8	−0.804	10.7	−0.361

根据预应力计算值可以分析所得,在混凝土达到 100%的基础上预应力张拉对混凝土结构满足规范及设计要求。

根据数据分析由于预制盖梁上缘正应力较大,预应力混凝土施工要求混凝土强度达到 100%才可以对盖梁进行张拉,但是达到 100%张拉盖梁等强时间较长,需占用大量的后场台座及底模,根据深化预应力受力分析预应力张拉分为两次张拉,第一次张拉 60%钢束拉至 100%,盖梁预应力调整后张拉顺序图如图 4-9 所示,然后运输至现场进行吊装作业,等小箱梁及钢混叠合梁架设完成后,对剩余第二批钢束进行张拉,后整体封锚。钢梁现场吊装如图 4-10 所示,满足现场施工需求及工期进度,有效节约后场加工场地及模板。

4.1.3 盖梁深化施工

与深化前图纸对比,减少场内硬化面积 50%,减少施工围挡安拆费用约 40%,减少吊车费用约 50%,对于运输道路及桥梁安全隐患较大程度降低,对社会影响降到最低,具有较高的社会效益及成本效益,在确保施工质量及工期的前提下,施工经济合理。

目前预制拼装桥梁施工技术尚处于起步阶段,相关技术尚不成熟,很多工作都需要在前期深化设计中考虑周详。

盖梁的拼装分为两部分,第一部分为盖梁与立柱的拼接(采用灌浆套筒),第二部分为盖梁自身节段的拼装。装配式盖梁施工流程示意如图 4-11 所示。

1. 盖梁与立柱拼装

盖梁与立柱之间的拼装采用灌浆套筒,灌浆套筒示意如图 4-12 所示,在柱顶接缝位置上设置调节垫块,精确调整好标高和位置后进行柱顶坐浆、灌浆连接。盖梁安装过程中,盖梁的轴线、坡度和垂直度控制是保证质量的关键,根据设计要求,将在接缝处设置 2cm 的钢垫块,同时在就位前对盖梁的就位轴线和高程进行精确测设,实施控制。盖梁安装过程中采用缆风绳作为防偏移措施,灌浆套筒连接示意如图 4-13 所示。当拼装时气温低于 5℃时,应对高强度无收缩水泥灌浆料进行保温,温度应不低于 10℃且不高于 40℃;同时应对拌合所需的水进行加热,温度应不低于 30℃且不高于 65℃;拌合灌浆料成品工作温度应不低于 10℃。盖梁现浇段采用型钢支架且四周设有围栏,预应力张拉平台可结合结构特点设计加工吊篮平台。

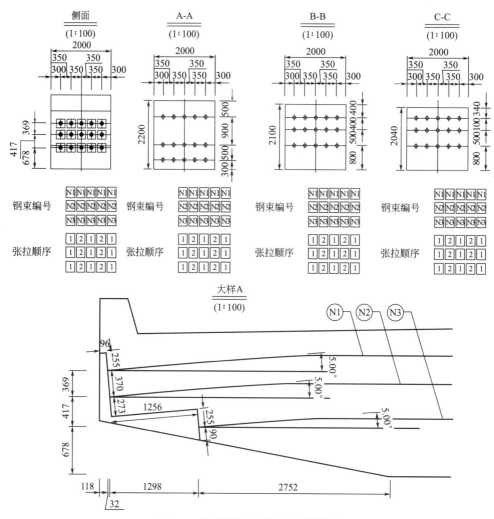

图 4-9 盖梁预应力调整后张拉顺序

图 4-10 钢梁现场吊装

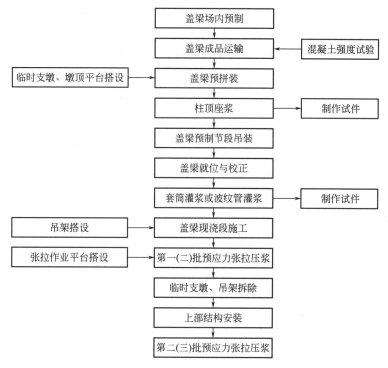

图 4-11 装配式盖梁施工流程示意

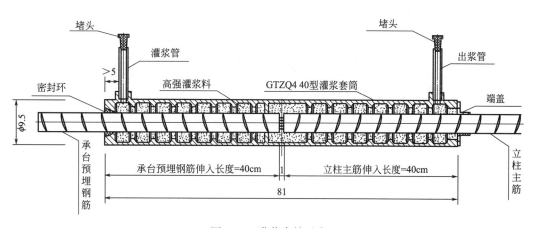

图 4-12 灌浆套筒示意

2. 盖梁湿接缝拼装

盖梁节段间拼装采用预留湿接缝拼装工艺，长盖梁分段吊装如图 4-14 所示，在两侧节段拼接锚固后，利用直臂式登高车和起重吊装设备，在已拼装节段上吊设模架和作业平台，连接接缝处盖梁主筋，安装盖梁箍筋、预应力波纹管，采用泵车或吊车料斗浇筑湿接缝混凝土，长盖梁分段吊装后湿接缝施工如图 4-15 所示，长盖梁设计图纸如图 4-16 所示。湿接缝混凝土养护达到设计强度后，利用登高车和起重机配合施工，按照设计要求分步骤分批次张拉盖梁预应力和管道压浆，盖梁连接成整体，长盖梁设计图纸深化后节段如图 4-17 所示。

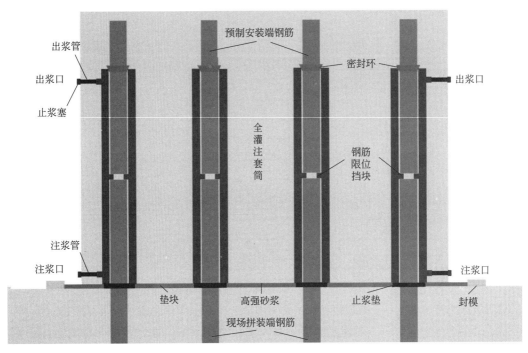

图 4-13 灌浆套筒连接示意

图 4-14 长盖梁分段吊装

图 4-15 长盖梁分段吊装后湿接缝施工

4.1.4 盖梁湿接缝施工

盖梁现浇段施工工艺流程为：预制盖梁拼装→底模安装→绑扎钢筋→侧模安装→混凝土浇筑→拆模→混凝土养护。

1. 底模安装

蓝天立交预制盖梁现浇段采用吊模支撑体系，整个支撑系统由底模、侧模、上横梁、下横梁、底模吊架杆、上横梁定位杆、模板对拉杆组成，其中底模长度 4.5m，宽度 2.3m，与侧模通过 M20 螺栓连接，侧模高 2.7m，宽度 1.7m，钢模板面板厚度 6mm，吊耳采用 20mm 厚钢板制成，加强板采用 12mm 厚钢板制成。上横梁采用双 36b 槽钢，单根

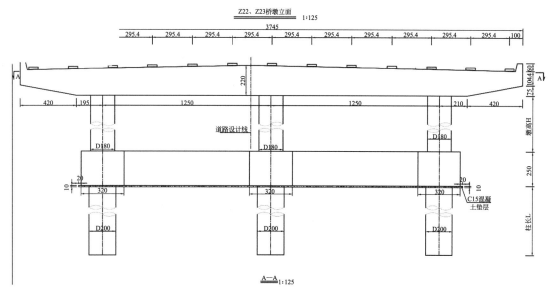

图 4-16 长盖梁设计图纸

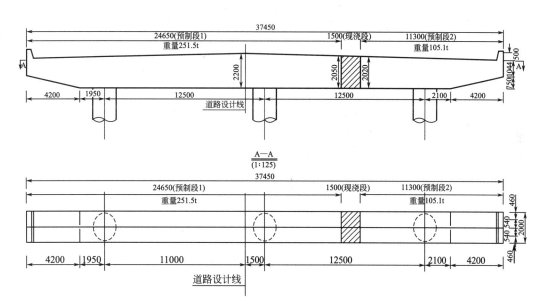

图 4-17 长盖梁设计图纸深化后节段

长度 4.5m，下横梁采用双 25b 槽钢组焊而成，单根长度 2.3m，在场内加工时已与底模连接成整体，底模吊架杆采用 $\phi36\times4000$mm 精轧螺纹钢，每套 4 根，配 16 颗螺母。上横梁定位杆采用 $\phi36\times2400$mm 精轧螺纹钢，每套 2 根，配 8 颗螺母。模板对拉杆采用 $\phi20\times3000$mm 精轧螺纹钢，每套 4 根，配 8 颗螺母。模板安装示意如图 4-18 所示。

湿接缝模板如图 4-19 所示，底模安装时，先在预制盖梁顶面放置上横梁，然后将底模架吊杆穿进底模板，拧紧螺栓后，使用吊车吊至安装位置，将吊杆穿过上横梁，调整好位置后，拧紧螺栓，使底模板与预制盖梁底部紧贴，最后安装上横梁定位杆，防止后续混凝土浇

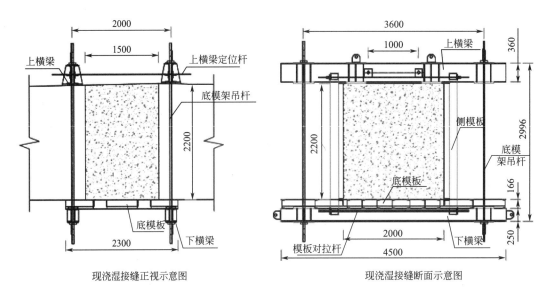

图 4-18 模板安装示意

图 4-19 现浇段模板

筑时上横梁移位。模板及钢筋安装时，施工作业人员由登高车运输至相应施工位置。

2. 钢筋施工及预埋件安装

（1）钢筋加工在指定的钢筋加工场进行。钢筋加工前，应绘制详细施工图，确定钢筋尺寸，并编制钢筋加工表，编制翻样清单。

（2）钢筋加工应在硬化的地面上进行。钢筋加工制作时，要将钢筋加工表与设计图复核，检查下料表是否有错误和遗漏，对每种钢筋要按下料表检查是否达到要求，经过这两道检查后，再按下料表放出实样，合格后方可成批制作，对于复杂钢筋应先加工胎架，在胎架上制作该类钢筋，对于存在梯度变化的钢筋，应按梯度分别加工，并归类挂牌标识长度变化范围。所有加工好的钢筋要挂牌堆放整齐有序。

（3）钢筋加工前表面应洁净、无损伤，加工前应将表面的油渍、漆皮、铁锈等清除干净,对除锈后钢筋表面有严重麻坑、斑点,已伤蚀截面的钢筋,严禁用于施工中。

(4) 钢筋下料、加工前应对钢筋下料长度、连接接头的设置等进行准确计算,避免出现主筋不必要的接长、连接长度不足、焊接接头位置不符合设计要求、弯曲角度不满足设计要求、钢筋骨架扭曲等。

(5) 未加工的钢筋原材料应平直、无局部弯折,小于12mm的钢筋均应采用调直机调直,避免加工出的半成品钢筋不满足设计及规范要求。

(6) 钢筋弯曲加工时,应按设计一次弯曲成型,不得反复弯折或调直后再进行弯折,严禁热弯成型。

(7) 成品钢筋应垫平堆放,且应分规格和品种堆放;钢筋堆放时,要保持钢筋表面洁净。

3. 钢筋安装

预制盖梁现浇段钢筋构造图如图4-20所示,现场施工如图4-21所示。

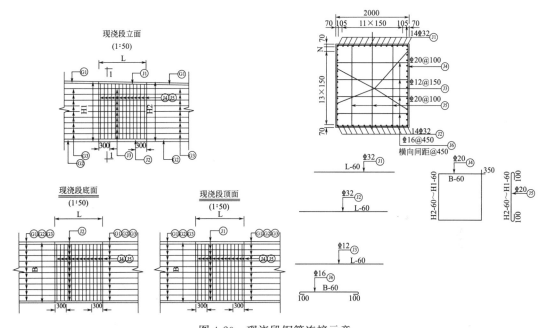

图 4-20 现浇段钢筋连接示意

在施工时要预先调整预制盖梁端头的预埋筋,保证钢筋平直及保护层满足设计要求,连接钢筋与预埋钢筋型号一致。

焊接时保证钢筋的焊接长度,现浇段钢筋与预制盖梁预留钢筋焊接应采用双面焊,焊接长度不小于5d(d表示钢筋直径),焊缝要饱满。确保位置的准确,绑扎钢筋时一定要保证水平、线形顺直、间距均匀。

为保证混凝土保护层的厚度,需在钢筋与模板间设置垫块,垫块应交错梅花状布置,不得在同一截面上,底面每平方米布置6块,侧面每平方米放置4块。盖梁保护层垫块采用等同盖梁强度的混凝土垫块,严格按要求进行设置,确保钢筋保护层厚度,对不符合施工规范要求的要进行调整。

4. 预埋件施工

在预制盖梁现浇段钢筋安装过程中,应根据预应力钢束布置图,准确定位波纹管安装

图 4-21 现浇段钢筋连接图

位置，在现浇段两端与预制盖梁预留波纹管的位置，选用波纹管接头连接，并用胶带封闭，确保在预应力张拉后压浆时不漏浆。

同时，在现浇段钢筋安装过程中，要认真对照施工图纸，确定现浇段上方是否存在垫石，若存在垫石，根据垫石钢筋构造图预埋相应钢筋。

5. 侧模安装

待盖梁现浇段钢筋安装完成并通过验收后，开始安装侧模板，采用吊车将侧模吊装至安装位置后，采用人工配合机械拧紧侧模与底模 M20 连接螺栓，并通过两端的精轧螺纹钢吊杆将底模和侧模固定，同时在侧模上下加设 $\phi 20 \times 3000$mm 对拉杆。安装示意如图 4-22 所示，安装完成效果如图 4-23 所示。

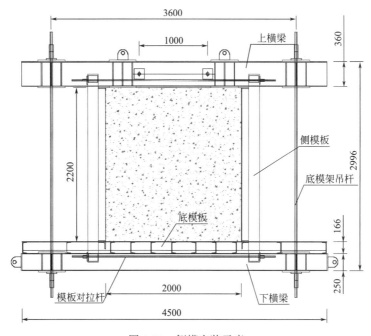

图 4-22 侧模安装示意

图 4-23 侧模安装完成图

模板安装完成后,对模板拼缝进行检查,当缝宽大于 1.5mm 时,应采用胶带或者泡沫胶对拼缝进行处理,以获得较好的混凝土表观质量。

4.2 模板深化设计

4.2.1 预制墩柱模板

1. 墩柱模板设计

为了确保预制墩柱的施工质量和安全,特选定一家技术工艺成熟、设备力量完善的模板专业加工企业,对模板进行设计加工制作。不同工程所使用的预制墩柱、盖梁模板一般由侧模和底座两部分组成,侧模与底座一般采用高强度螺栓连接,为了提高钢模板的竖向刚度,上下节模板采用精轧螺纹钢连接。

墩柱模板的结构由直径不同的圆柱(矩形)侧模和圆柱(矩形)底座组成。按墩柱高度尺寸配模,型钢模板结构图如图 4-24 所示,直径不同的墩柱制作节段高度分为 5m、2m、1m、0.5m、0.2m 等不同截断。钢模板材质说明如图 4-25 所示。

2. 墩柱模板有限元模型验算

(1) 资源说明

1) 该分析应用 Abaqus 软件进行计算。

2) 前处理用 HP 服务器 HPZ820。计算用上海超级计算机中心(SSC),如图 4-26 所示。

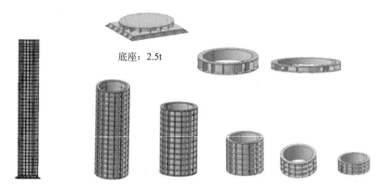

图 4-24　定型钢模板结构图

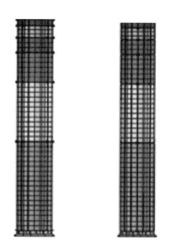

材料说明
框架：220mm×100mm×8mm板材　　材料Q235
面板材料：Q235　厚8mm
法兰板：Q235　厚20mm
螺栓规格：M24　10.9级

焊接工艺
二氧化碳保护焊：用于焊接低合金钢强度钢的焊丝有：H08Mn2SiA，H10MnSiMo，H10Mn2SiMoA

Q235材料性能说明：弹性模量（E/GPa）：200～210
泊松比（v）：0.25～0.33
抗拉强度（σ_b/MPa）：370～500
屈服强度：235MPa

图 4-25　钢模板材质说明

[CPU]	Intel E5-2670，2core，2.6GHz
[System Memory]	32GB
[Hard Disk]	2*1TB SATA
[Operating System]	Windows

[Peak Perlormance]	21Tfopa
[Computing Nodea]	65*HS23 blade nodea
[Storage Nodea]	4×3650M3 rack aerver
[Acce s slng Nocte a]	6×3650M3 rack aerver
[CPU]	Intel E5-2670.8core.2.6GHz
[Syatem Memory]	4.1GTB
[Syatem Storage]	600TB
[Archlte cture]	Cluster、40GB Infinlband
[Operating Syatem]	Windows,Linux

Server Configuration

图 4-26　计算用上海超级计算机中心（SSC）

(2) 模型说明

1) 模型前处理软件：Hyperworks。

2) 模具零件采用体单元模拟，单元基本尺寸为 20mm，最小尺寸为 5mm。螺栓采用六面体单元模拟，单元基本尺寸为 10mm。墩柱模板有限元模型如图 4-27 所示。

3) 焊接采用节点合并，不考虑焊接质量的影响。

4) 这个模具本体网格数量为 8451742 个。

5) 模型采用对称约束，故模型显示一半，以便观察。

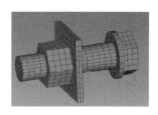

有限元模型　　　有限元模型　　　螺栓有限元模型

图 4-27　墩柱模板有限元模型

(3) 工况模拟分析

1) 工况 1：分析整个模具在翻转过程中的刚度和强度

分析模具在翻转过程中，受到钢筋笼和模具自身的重量，整个模具的应力应变，连接螺栓螺母的应力应变（模具的总重 28t、19m 高）。钢筋笼总重量先估计 20t。计算机工况 1 模拟数据如图 4-28 所示。

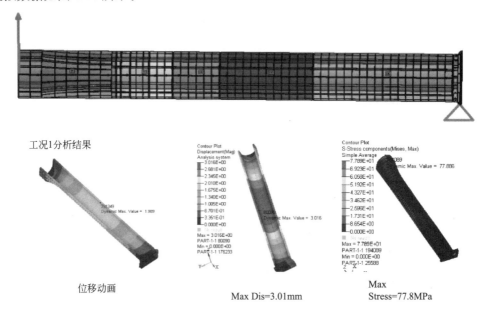

图 4-28　计算机工况 1 模拟数据

受力要求：整个模具横放，如同悬臂梁，底部 20mm 钢板一个边放置在地面，另外一段两侧的吊耳吊住模具，分析模具自身的重量和模具内壁还受到 20t 质量的均布载荷（整个内壁的长度），力的方向竖直向下，分析整个模具在这个工况下的应力应变，吊耳、20mm 钢板边的应力应变，连接螺栓螺母的应力。

约束要求：

① 底部 20mm 钢板一个边放置在地面，其他为悬空。

② 头部采用钢丝绳固定；钢丝绳的直径 28mm，单根钢丝绳可以承受 44t 质量的重力。

③ 卸扣采用起重用卸扣，卸扣的型号采用 T8，直径为 35.5mm 单个卸扣可以承受 12.5t，吊装模具时采用四个卸扣起吊。

结论：钢筋笼和模具处于平躺起吊时，整个模具的最大变形量 3.01mm，最大的应力为 77.8MPa 小于材料的屈服极限 235MPa。该工况满足设计要求。

2）工况 2：延续工况的受力和约束条件，把整个模板翻转到 45°，此时由于受力体系的力转换，除模具自身的质量外，内壁还是要受到 20t 均布载荷的力，力的方向始终向下。计算机工况 2 模拟数据如图 4-29 所示。

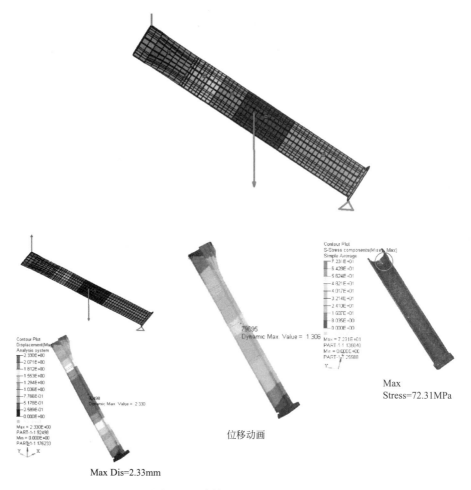

图 4-29 计算机工况 2 模拟数据

结论：模具起吊 45°时，受力条件转换到极限时，模具的最大变形只有 2.33mm，最大应力是 72.31MPa，小于 235MPa，满足设计要求。

3）工况 3：分析底座与绿色底框受到 200t 质量的力，分析底座与通用底座的应力应变。计算机工况 3 模拟数据如图 4-30 所示。

受力要求：粉红色面加载200t质量的力(均布)
约束要求：绿色底框放置在地面
材料信息：绿色底框材料为Q235

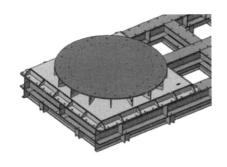
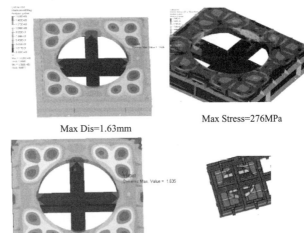

说明：由于底座受到混凝土柱子和模具重量的总和压力，混凝土总重160t、模具28t、钢筋笼、操作平台、操作人员、操作设备等，暂估200t质量的压力。

Max Dis=1.63mm　　Max Stress=276MPa

位移动画　比例放大10倍

图 4-30　计算机工况 3 模拟数据

结论：该工况时的最大应力是 276MPa，此处是底模钢板边与连接底座接触处，处于线接触，只是一个点的应力偏高（另外这个工况是 19m 高的浇筑墩柱工况来计算，实际工况只有 14m，重量不会超过 150t）。从应力云图上看整个结构受力应力是比较小的。最大变形量为 1.63mm。所以底座的结构设计满足要求。

4）工况 4：在面上，内面有一个 15mm 和 30mm 的质量块，该质量块的质量为 500kg，分析面板的受到钢筋笼保护块作用的应力应变。模拟保护层垫块对模板面的压力，检验模具面板的单点受力的状况。计算机工况 4 模拟数据如图 4-31 所示。

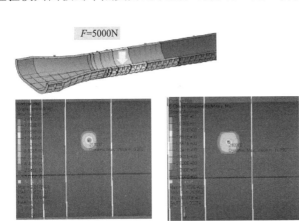

Max Dis=0.2mm　　Max Stress=11.8MPa　　位移动画

图 4-31　计算机工况 4 模拟数据

结论：该工况，变形只有 0.2mm，应力只有 11.8MPa，小于 235MPa 的材料屈服极限，该设计满足设计要求。

5）工况 5：整个模具在浇筑混凝土时的受力分析，分析整个模具的应力应变。主要是混凝土对模具的侧压力影响。计算机工况 5 模拟数据如图 4-32 所示。

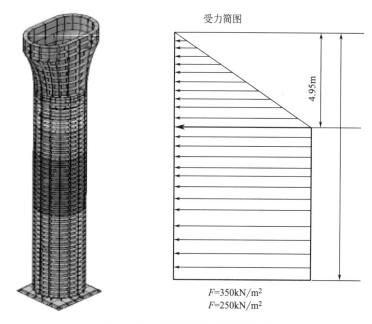

图 4-32　计算机工况 5 模拟数据

约束要求：整个模具竖直安装在绿色底座，绿色底座放置在地面，各个模板之间用螺栓螺母连接。

材料信息：面板和筋板厚度为 8mm，法兰直径为 20mm。材料为 Q235。

受力分别要计算：$F=350kN/m^2$；$F=250kN/m^2$。

说明：

① $350kN/m^2$ 是假设混凝土为液体状态。

② $250kN/m^2$ 是按照上海 S26 项目实验测试得出的自密实混凝土的侧压力。

由于实验测试值没有向国家相关部门申请鉴定，故本工况按照液体混凝土来计算侧压力，浇筑高度按照 14m 来计算。墩柱模板侧压力模拟数据如图 4-33 所示。

结论：受力最大的螺栓位于底座往上第 9 个螺栓，最大应力为 350MPa，小于 10.9 级屈服强度（900MPa）要求的 50%。面板最大的应力为 130.8MPa，小于材料的 235MPa，该设计满足强度的要求。墩柱模板位移模拟数据如图 4-34 所示。

结论：由于"喇叭口"的短边没有采用对拉杆的设计，按目前的计算，位移太大，达到了 6.19mm，应变不满足要求。

4.2.2　盖梁模板深化

1. 盖梁模板设计

根据盖梁吊装的工艺要求，对模具进行设计开发，整套模板分为侧模板、底座、工作平台三大部分。盖梁模板图如图 4-35 所示。

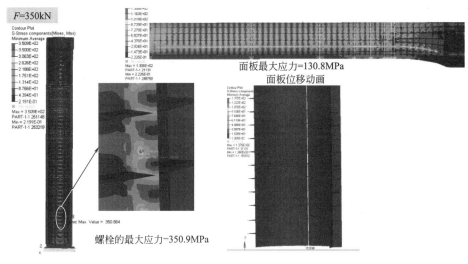

图 4-33　墩柱模板侧压力模拟数据

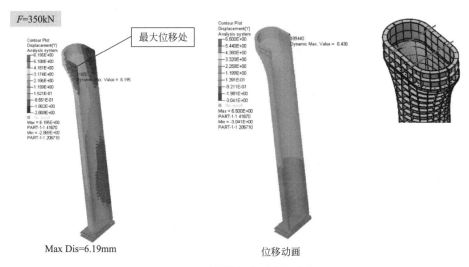

图 4-34　墩柱模板位移模拟数据

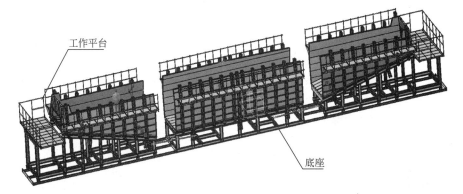

图 4-35　盖梁模板图

根据设计要求,钢模板的加工精度很高,为确保了模板的整体内外质量,选定了一家技术工艺成熟、设备力量完善的模板专业加工企业。

钢模板型材为 Q235,其他的板材均为 Q345,焊接工艺采用 CO_2 气体保护焊。面板厚度为 10mm,肋板厚度为 10mm,两个模板连接处法兰的厚度为 20mm,横肋与竖肋布置为 200mm×200mm。

2. 盖梁模板有限元模型验算

本工程中盖梁侧模板及底座计算复核采用有限元分析计算,本小节分别建模计算了侧模板的应力和变形量;盖梁钢结构底座受力计算和变形量计算;整个计算全部按照实际浇筑工艺进行模拟计算,结果全部符合设计及规范要求。

(1) 盖梁模板侧模型有限元模型说明

模型前处理软件:Hyperworks;计算软件:Nastran。

1) 骨架零件采用壳体单元模拟,单元基本尺寸为 30mm,最小尺寸为 5mm。

2) 骨架本体网格数量为 143841 个。有限元模型如图 4-36 和图 4-37 所示。

图 4-36　有限元模型(一)

图 4-37　有限元模型(二)

(2) 侧模板工况分析

工况分析条件:下端有零件拉住,两端和上端开孔处设置为固定点,模拟液体从侧模内部往外的压力（液体密度为 $2.5t/m^3$，高度为 $2.2m$）。侧模板分析模型如图 4-38 所示。

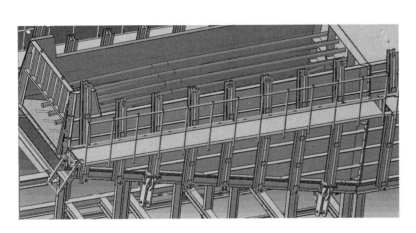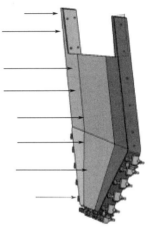

图 4-38 侧模板分析模型

分析结果：侧模强度满足要求。分析结果如图 4-39 所示。

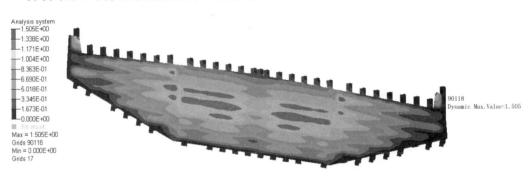

图 4-39 侧模板强度模拟分析

变形量 1.505mm，如图 4-40 所示。

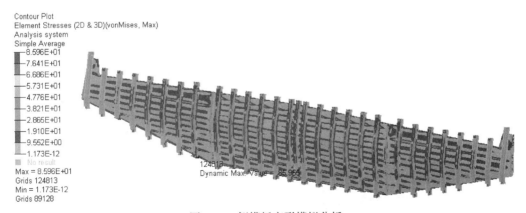

图 4-40 侧模板变形模拟分析

结论:在混凝土浇筑时,侧模的应力为86MPa、应变为1.505mm,满足侧模的刚度和强度的要求,模板符合要求。

(3)底座工况计算

材料:Q235;工艺:CO_2气体保护焊;工况条件为:底部放置地面。

底座上橘色面上承受400t质量的力(本项目最大盖梁重量250t),力的方向均布竖直向下。分析整个底座的包括底座面板的应力和应变。如图4-41所示。

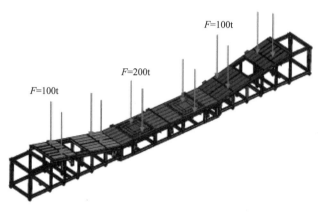

图4-41 底模工况

模型前处理软件:Hyperworks;计算软件:Nastran。

1)骨架零件采用壳体单元模拟,单元基本尺寸为30mm,最小尺寸为5mm。

2)骨架本体网格数量为368470。底模应变模拟分析如图4-42~图4-44所示。

图4-42 底模有限元分析模型

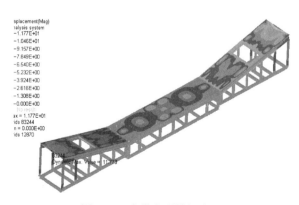

图4-43 底模变形模拟分析

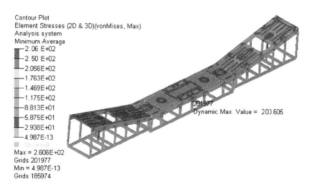

图 4-44 底模应变模拟分析

结论：在混凝土浇筑时，底模的应力为 200MPa、应变为 1.77mm，满足底模的刚度和强度的要求。最大应力小于材料的屈服极限 235MPa，所以底模设计的结构的刚度和强度满足实际要求。

4.3 定位装置深化设计

4.3.1 定位盘设计

使用辅助定位盘是适用于本工程承台预留钢筋各项要求的专用定位盘，钢筋平面定位设计如图 4-45 所示，按施工要求进行各项专项设计，并最终整合至定位盘中，实现各项预埋精度需求。其设计主要包括：钢筋平面位置设计、钢筋悬空定位设计、钢筋防倾斜设计、定位盘支撑设计、定位钢筋标高及水平调整设计、预埋钢筋方位角设计、不同墩柱间距可调设计等。

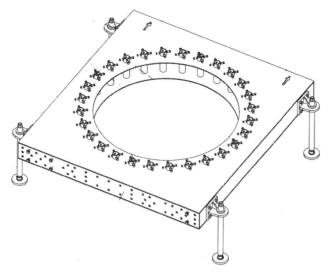

图 4-45 钢筋平面定位设计

4.3.2 钢筋平面位置设计

为保证钢筋预埋准确，能够准确对准预留套筒位置，保证墩柱安装。在进行钢筋预埋时，其间距、保护层厚度、平面位置，均按照与后场预制定位盘采用的同一套模具进行孔洞预留，预留孔洞略小于套筒直径。如套筒内径为 50mm，预留孔洞直径可以控制在 45～47mm，进一步确定精度。钢筋平面位置设计如图 4-46 所示。

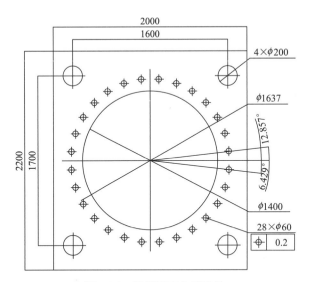

图 4-46　钢筋平面位置设计

4.3.3　钢筋悬空定位设计

拟预埋钢筋一般距离垫层高度为 10cm 左右，钢筋预埋时，一般处于悬空状态，若焊接在承台钢筋上，难以保证钢筋位置准确，且在后续混凝土施工时可能由于承台钢筋移位或变形，导致预埋钢筋不准确。本定位盘中，采用在预埋顶部设置四个螺栓孔，通过螺栓对拧紧后固定钢筋，实现钢筋悬空定位，钢筋悬空定位设计如图 4-47 所示。

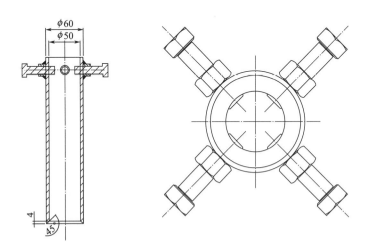

图 4-47　钢筋悬空定位设计

4.3.4　钢筋防倾斜设计

不同于传统预埋钢筋仅设置一个预留孔，预制装配施工对钢筋垂直度要求较高，否则会影响后续墩柱安装垂直度,为保证垂直度符合设计要求,定位盘设计为双层,双层间距约 20cm,双层之间钢筋预留位置采用内径比钢筋直径大 2～3mm 的钢管,防止钢筋在混凝土浇筑时受到扰动,进而在预留孔处发生转动,导致钢筋垂直度不满足设计要求。钢筋防倾斜设计如图 4-48 和图 4-49 所示。

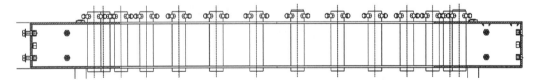

图 4-48 钢筋防倾斜设计

图 4-49 钢筋防倾斜实例

4.3.5 定位盘支撑设计

所用定位盘支撑共分为两个阶段。

第一阶段为钢筋预埋前精准定位及调平阶段,此阶段内,定位盘支撑采用四个竖向可调立柱来实现,可调立柱固定于承台顶部钢筋上,在平面定位完成后,通过立柱上的螺旋调节装置,对定位盘标高进行微调。同时为保证预留钢筋长度统一,标高调整后需对定位盘水平度进行调整。第一阶段支撑设计如图 4-50、图 4-51 所示。

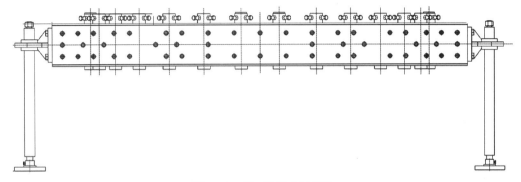

图 4-50 第一阶段支撑设计

图 4-51 第一阶段支撑设计实例

第二阶段为钢筋预埋后,需将可调立柱收起,避免浇筑进入混凝土节段。此阶段支撑采用四根预埋钢筋,在钢筋下方通过可调垫块、可调支架配合上部封头设计,实现定位盘竖向支撑。第二阶段支撑设计如图 4-52 所示。

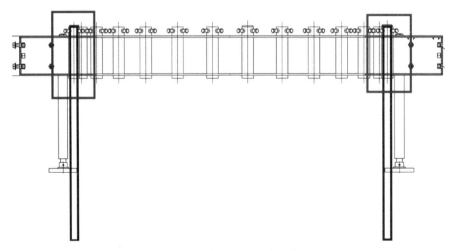

图 4-52 第二阶段支撑设计

4.3.6 钢筋标高及水平调整设计

预留钢筋的长度、标高及是否统一,会对墩柱安装造成极大的影响。钢筋标高及水平调整设计如图 4-53 所示,应保证钢筋的外露长度准确及统一。本工法所使用定位盘采取竖向螺旋可调立柱。

4.3.7 预埋钢筋方位角设计

方位角主要为防止墩柱发生旋转,进而影响上部盖梁及梁体施工和安装。采用明确第一根钢筋的位置的方式,实现对方位角的控制。预埋钢筋方位角设计如图 4-54、图 4-55 所示。

第4章 桥梁深化设计

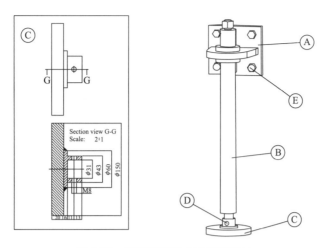

图 4-53 钢筋标高及水平调整设计

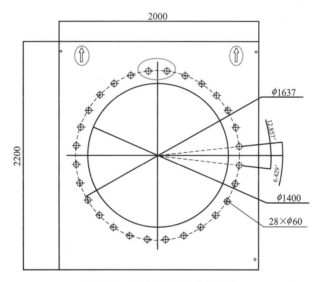

图 4-54 预埋钢筋方位角设计

图 4-55 预埋钢筋方位角实例

4.3.8 不同墩柱间距可调设计

此设计是通过设置两根有不同间距的孔洞，实现两个定位盘之间不同间距的控制，避免因单个定位盘分别安装造成的累计误差，从而影响上部预制盖梁的安装。不同墩柱间距可调节设计如图 4-56、图 4-57 所示。

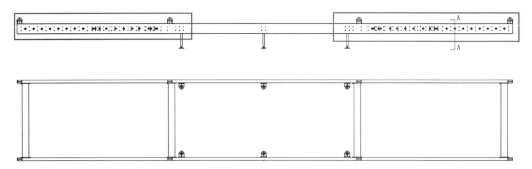

图 4-56 不同墩柱间距可调节设计

图 4-57 不同墩柱间距可调节实例

第 5 章

构件制作

装配式墩柱盖梁后场预制技术中关于模板工程、钢筋工程、预应力工程的施工与预制箱梁 5.2 节内容类似，预制墩柱、预制盖梁中关于钢筋加工、混凝土加工养护、预应力等均在 5.2 节讲述。图 5-1 为装配式构件后场实景图片。

图 5-1 装配式构件后场

5.1 墩柱制作

预制立柱在工厂内生产主要分为：钢筋笼绑扎、钢筋笼入模、混凝土浇筑、拆模养护、出厂检测五个阶段，在工厂内进行流水线作业生产。立柱预制受场地布置、机械设备性能、材料特性等因素影响，采用"卧式绑扎、立式浇筑"施工方法。工艺流程如图 5-2 所示。

立柱钢筋笼全部在加工棚内加工成型，钢筋绑扎采用定型胎架进行绑扎的工艺，墩柱钢筋笼胎架如图 5-3 所示，绑扎完成后用龙门吊吊运到立柱预制区进行预制。墩柱钢筋笼主筋定位安装如图 5-4 所示。墩柱主筋安装完成后，需对墩柱钢筋笼主筋定位盘进行安装，再对钢筋笼箍筋进行安装，钢筋笼安装完成后，需吊离胎架，如图 5-5～图 5-7 所示。

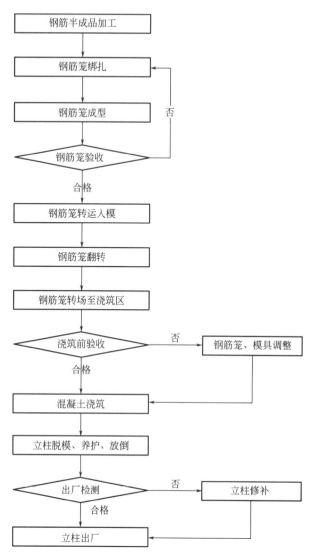

图 5-2 墩柱生产工艺流程

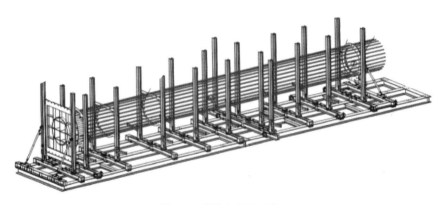

图 5-3 墩柱钢筋笼胎架

 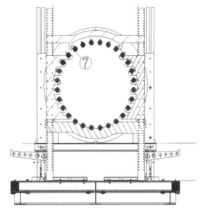 

图 5-4 墩柱钢筋笼主筋定位安装

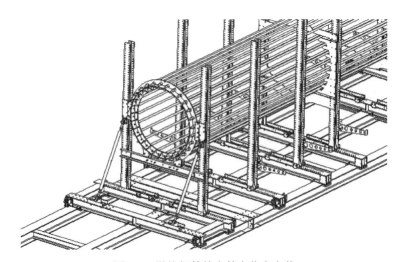

图 5-5 墩柱钢筋笼主筋定位盘安装

图 5-6 墩柱钢筋笼箍筋安装

图 5-7 墩柱钢筋笼起吊

立柱钢筋绑扎完成后，采用钢筋棚内的龙门吊运输到钢筋笼翻转区，然后采用棚外的龙门吊对钢筋笼进行翻转，将其自立，再垂直运输到预制台座上，采用龙门吊套上立柱钢模板进行混凝土的浇筑施工。浇筑墩柱模板如图 5-8～图 5-12 所示。

图 5-8 墩柱底模安装

图 5-9 墩柱钢筋笼安放

第 5 章 构件制作

图 5-10 墩柱合模

图 5-11 墩柱合模后翻转

墩柱在预制完成后采用龙门吊（根据最大起重重量确定龙门吊的型号）运输到存放区，当需要出运时，将立柱从存放区运输到放倒区进行放倒，放倒完成后采用吊具结合吊带将立柱水平吊装到运输车辆上，再运输到施工现场。安装完成效果如图 5-13 所示。

图 5-12 放至浇筑平台进行浇筑

图 5-13 安装完成效果

5.2 盖梁制作

预制盖梁在工厂内生产主要分为：钢筋笼绑扎、钢筋笼入模、混凝土浇筑、拆模养护、出厂检测五个阶段，在工厂内进行流水线作业生产。盖梁预制受运输条件、模具工装、机械设备性能、材料特性等因素影响，采用钢筋笼整体绑扎，然后吊装入模浇筑的施工方法。本项目主线盖梁为分段预制，采用现场湿接的施工工艺，对截面控制容错率较高，分段盖梁部分在同一台座上分别预制。装配式承台与桥台后场与盖梁施工相同，不对其进行单独编制。由于装配式承台与桥台制作方法与预制盖梁相类似，不做重复说明。施工工艺流程如图 5-14 所示。

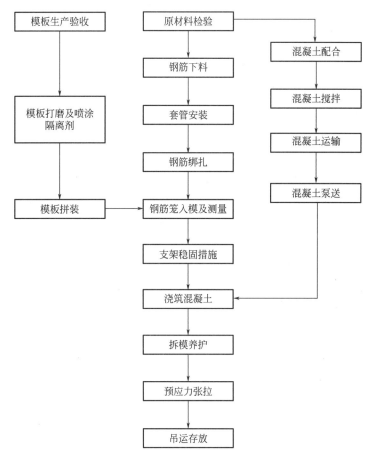

图 5-14 预制盖梁施工工艺流程图

盖梁钢筋笼胎架在拼装前，要对其各个部件进行验收复测，尤其是套筒定位板及定位框架、挂片开槽位置更需精确测量。拼装过程要求胎架底座安装水平，精度控制在±2mm以内；各支架安装要求位置精确状态垂直，精度控制在±2mm以内。胎架安装完成后，要对各支架整体测量保证每个框架在同一条线上，防止主筋安装时产生弯扭。装配式盖梁生产如图 5-15～图 5-20 所示。建成后效果如图 5-21 所示。

图 5-15 预制盖梁钢筋笼绑扎胎架

图 5-16 预制盖梁钢筋笼绑扎

图 5-17 预制盖梁钢筋笼吊装

图 5-18　预制盖梁模板施工

图 5-19　预制盖梁养护

图 5-20　预制盖梁运输进场

图 5-21 预制盖梁吊装后效果

5.3 小箱梁制作

5.3.1 工艺流程

预制小箱梁施工工艺流程如图 5-22 所示。

5.3.2 施工准备

1. 技术准备

（1）审核施工图纸以及设计变更文件，领会设计意图，熟悉桥梁相关主要材料的规格、种类、性能、数量等。

（2）复核桥梁平、纵断面标高以及梁体结构尺寸、预留孔位置、预埋件位置等是否满足设计功能，梁长、梁编号是否与墩距相符。

（3）复核制梁台座尺寸是否正确，底板模板四边是否顺直，台座之间距离是否满足模

第 5 章 构件制作

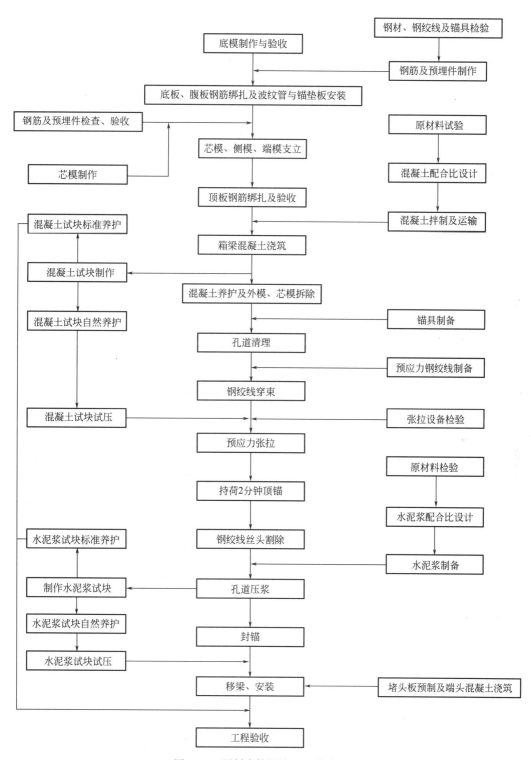

图 5-22 预制小箱梁施工工艺流程图

板安装及施工要求,台座底板预拱度是否符合要求。

(4) 绘制模板及钢筋安装胎膜结构图并对厂家进行交底,审核模板制造厂家的模板加工图。

(5) 编制施工方案,并要求完成审批手续;完成技术交底及培训。

(6) 考察商品混凝土供应商关于砂、石材料及混凝土生产能力,完成梁体、管道压浆等设计配合比设计及验证。

(7) 完成分部分项工程开工手续的办理。

(8) 钢筋加工大样图绘制,各种安全标识标牌设置,施工机械机具安全操作规程的编制及培训。

(9) 样板工程施工方案的编制及审批。

2. 现场准备

(1) 完成预制梁场建设方案的编制及建设。

(2) 完成桥梁架设施工期间梁体运输线路的规划。

3. 材料准备

所有材料进场前均需检验其材质,并有相关合格证明及检验报告,经检查合格后方能使用。

(1) 钢筋

钢筋统一在钢筋加工厂加工成半成品后运至作业点拼装,其技术条件必须符合《钢筋混凝土用钢 第1部分:热轧光圆钢筋》GB/T 1499.1—2017 和《钢筋混凝土用钢 第2部分:热轧带肋钢筋》GB/T 1499.2—2018 的规定。

(2) 商品混凝土

混凝土由商品混凝土站提供,且需经报审合格,采用混凝土罐车运至桥位各作业点,然后利用重力将混凝土排进料斗进行浇筑。

(3) 钢绞线

采用符合《预应力混凝土用钢绞线》GB/T 5224—2014 规定的低松弛高强度钢绞线,其抗拉强度标准值 $f_{pk}=1860MPa$,弹性模量 $E_p=1.95\times10^5MPa$,松弛率 $\rho=0.045$,松弛系数 $\zeta=0.3$,公称直径 $d=15.2mm$。预应力钢绞线经采购进场后,应做抗拉强度、延伸率、弹性模量试验复检。

(4) 波纹管

预应力管道采用镀锌金属波纹管、塑料波纹管等,其性能和质量应符合现行行业标准的规定。

4. 人员机械准备

(1) 完成拟进场机械的性能、规格、型号及使用年限的核查。

(2) 完成施工人员安全培训及安全教育。

5. 临水临电

(1) 桥梁加工场配置施工用电需根据实际用电量计算确定变压器型号(需计算用电富余量),若加工厂变压器不满足需申请加大。

(2) 施工用水采用就近自来水或检测合格的河道水、地表水等。

5.3.3 台座清理

施工前,须清除底模表面污物、杂物,使用刨光机进行打磨、除锈、刨光后,均匀涂刷隔离剂。底模板如有缺损或变形时,须及时进行修补找平处理,以免影响预制梁体底面平整度。

5.3.4 测量放线

测量仪器在使用前应经有资质的计量检定机构进行检定,严格执行多人复核制度,最大限度地防止出现错误。

梁体中线、边线、梁高、梁长以及预埋件位置测量放线由测量人员采用相对坐标法使用全站仪进行精准施放,施放完成须进行复测,以确保梁体预制完成后几何尺寸满足设计及规范要求。

5.3.5 钢筋制作及安装

(1)钢筋制作

应满足第4.1.4小节中第2点相关要求。

(2)钢筋安装

1)顶板和腹板钢筋在钢筋胎架上绑扎成型后,再整体吊装至制梁台座。在钢筋安装前,考虑钢筋的穿插就位的顺序,即:底板筋→腹板交接处的箍筋(图5-23)→纵向钢筋→腹板的构造钢筋(图5-24)→顶板钢筋(图5-25),以及与模板相互配合,以减少安装困难。并且为了保证梁体钢筋绑扎位置准确,在钢筋绑扎前,在底模板表面和钢筋胎架使用记号笔将主筋、箍筋、横隔板、梁端模板和变截面位置准确地标画,钢筋绑扎过程中,其轴线与此线对齐。

图 5-23 腹板钢筋绑扎

2)钢筋安装时先按设计尺寸摆放主筋,再依次绑扎竖向矩形箍筋、锥形箍筋,再次绑扎横向箍筋的连接筋,连接筋与箍筋必须垂直,与梁座底面应该平行,而且绑扎顺序从

图 5-24　腹板钢筋吊装

图 5-25　顶板钢筋绑扎及吊装

跨中向两头依次绑扎进行。为保证钢筋骨架稳定，必须沿梁方向架设一定数量的"人"字形支撑。入模的钢筋骨架，钢筋位置准确，符合图纸及规范要求，骨架绑扎牢固，不歪斜变形，绑扎后的扎丝尾端应压入骨架内部。钢筋绑扎时，须注意各种预埋钢筋、钢板等预埋件。

3) 梁底和腹板钢筋与模板间呈"梅花形"均匀支设 C50 混凝土垫块，横向成排，纵向成列，垫块数量应不小于 4 个/m²。以保证梁体钢筋保护层厚度符合设计及规范要求。

4) 预制梁各跨边梁、中梁横隔板及顶板湿接缝钢筋外露长度须一致，并在同一水平面上，其加工尺寸及绑扎位置须符合设计及规范要求。

5) 钢筋绑扎时，为提高钢筋骨架的整体稳定性和刚度，在梁体钢筋骨架两侧采用钢管支设斜撑，必要时拉设倒链稳固。

6) 钢筋焊接前必须进行试焊，试焊合格后方可正式施焊。

7) 钢筋采用电弧焊焊接时，两钢筋搭接端部预先折向一侧，使两结合钢筋轴线一致。钢筋接头采用双面焊时，焊缝长度不得小于 $5d$，单面焊时不得小于 $10d$，电弧焊缝所需长度按焊缝厚度 h 不小于 $0.3d$，焊缝宽度 b 不小于 $0.8d$。

8) 部分钢筋位置冲突时，可适当调整钢筋形状，严禁随意切割，应遵循"普通钢筋让预应力钢筋，次要钢筋让主要钢筋"的原则。

9) 钢筋各绑扎点均需绑扎牢固，绑扎完成后，绑扎头折向结构内侧，严禁朝外。受力钢筋的焊接接头要错开布置（同截面接头面积的最大百分率不得大于50%，相邻钢筋两接头间距离不得小于 $35d$，d 为钢筋直径）。

10) 梁底预埋钢板与梁底平行，当梁纵坡大于1‰时，梁底钢板应根据纵坡进行调整。架设后与梁顶预埋钢板纵桥向两侧满焊，焊缝质量应满足规范要求。

11) 钢筋绑扎完成后，需经项目经理部质量人员自检后报监理工程师验收合格后，钢筋位置允许偏差见表5-1，方可进行模板支设施工。

钢筋位置允许偏差 表 5-1

检查项目		允许偏差(mm)
受力钢筋间距	两排以上排距	±5
	同排（梁、板、拱肋及拱上建筑）	±10
箍筋、横向水平钢筋、螺旋筋间距		±10
钢筋骨架尺寸	长	±10
	宽、高或直径	±5
弯起钢筋位置		±20
保护层厚度	梁、板、拱肋及拱上建筑	±5

5.3.6 波纹管安装

(1) 波纹管搬运与堆放

1) 波纹管外观应清洁，内外表面无油污，无引起锈蚀的附着物，无孔洞和不规则的折皱，咬口无开裂、无脱扣。

2) 波纹管搬运时应轻拿轻放，不得抛甩或在地上拖拉，吊装时不得以一根绳索在当中拦腰捆扎起吊。

3) 波纹管在室外保管时间不宜过长，不得直接堆放在地面，并应采取有效的措施防止雨露和各种腐蚀气体的影响。

(2) 波纹管安装（由于塑料波纹管易损坏，主要以镀锌金属波纹管为主）

1) 预制梁波纹管采用镀锌金属波纹管，波纹管直径根据钢束及孔道进行对应。波纹管的连接采用配套的接头波纹管。接头管的长度为300～400mm，其两端用密封胶带封裹。

2) 安装时，事先按设计图中预应力筋的曲线坐标在箍筋上定出曲线位置，固定时应采用定位钢筋支托，定位筋直线间距为100cm、曲线段间距为50cm，定位筋焊在箍筋上，箍筋底部应垫实。波纹管固定后用铁丝扎牢，以防浇筑混凝土时波纹管上浮而引起严重的质量事故。

3)波纹管安装就位过程中,应尽量避免反复弯曲,以防管壁开裂。同时,还应防止电焊火花破坏管壁。

4)波纹管安装后,检查其位置、曲线形状是否符合设计要求,波纹管安装实测项目和标准按照表5-2的规定。波纹管的固定是否牢靠(图5-26),接头是否完好,管壁有无破损等。如有破损,应及时用粘胶带修补,以防止水泥浆进入。

波纹管安装实测项目和标准　　　　　　　表5-2

检查项目		规定值或允许偏差	检查方法和频率
管道坐标(mm)	梁长方向	±30	尺量:每构件抽查30%的管道。每个曲线段测3点,直线段每10m测1点,锚固点及连接点全部检测
	梁宽方向	±10	
	梁高方向	±10	
管道间距(mm)	同排	±10	尺量:每构件抽查30%的管道。测2个断面
	上下层	±10	

图5-26　波纹管固定

(3)安装注意事项

1)波纹管下料前须仔细进行外观质量检查,确认无锈蚀、油污、撞击、压痕、裂缝等影响孔道质量缺陷后,方可进行使用。

2)在管道连接处所使用波纹管连接套长度不得小于30cm(两端各套接15cm),连接套管内径比连接管道外径大,连接后将连接区域40cm范围使用胶带缠裹严密牢固。波纹管与锚垫板喇叭口处缝隙须塞堵严密,防止混凝土浇筑时出现漏浆现象,影响梁体张拉端混凝土质量。

3)锚垫板板面、螺旋钢筋形心与预应力孔道中心线须垂直,各孔道预应力钢束弯起角度须符合设计要求。

4)锚垫板安装位置、角度须符合设计要求,与预制梁端模板须固定稳固,压浆孔位于锚垫板上部。

5.3.7 模板安装

预制梁模板采用组合大块钢模板，模板须具有一定的刚度和强度，模板设计及加工应满足：接缝严密、不漏浆、构件的形状尺寸和相互位置正确、模板构造简单、支装方便，在实施过程中不变形、不破坏、不倒塌。

1. 立模

模板用打磨机打磨，油刷子均匀涂刷隔离剂，涂刷均匀，确保梁片色泽一致，表面光洁。模板打磨隔离剂如图 5-27 所示，模板与模板接触缝要用胶条夹垫，确保稳固，以防止漏浆。立模前，在台座两侧把横隔板的位置、侧模的底线用红油漆标出。模板在使用时，要对每片模板进行检验，如超出偏差，应及时修理，修理后及时进行复检，合格后方可使用。

图 5-27 模板打磨隔离剂

（1）模板试拼装合格后，才能进行正式安装。拼装侧模时，用龙门吊把侧模各块模板吊到所要制梁的制作台位旁，按设计图进行组装。先拼侧模，后拼堵头模板。拼侧模时，从中间往两边进行，先用对拉螺杆将模板基本固定好，拼完后对边模的水平、接缝进一步调整，位置准确后固定对拉螺杆。

（2）小箱梁内模的安装位置要准确，固定应牢固、可靠，在台座基础两侧每 2m 设置预埋钢筋地锚，内膜上需设置压杆，防止浇筑混凝土时，内模上浮。

2. 校模

模板安装完毕后，要把两端堵头模板精确定位，模板安装允许偏差值应该满足表 5-3 的要求，用垂球和角尺检查腹板的宽。侧模与端模应连接牢靠，不得有间隙，特别注意端模的垂直度和中端隔板的位置。为了保护模板方便拆模，模板与混凝土的接触面，使用前应认真涂刷隔离剂。各紧固件要拧紧、拉紧（但不可过量，防止模板变形），在混凝土浇筑成型时，质检员、施工班组要及时检查模板的变化，发现问题及时纠正。

模板安装允许偏差值表　　　　表 5-3

序号	项目	允许偏差(mm)
1	模板标高	±10
2	模板内部尺寸	±20
3	轴线偏差	10
4	模板相邻两块高低差	2
5	模板表面平整	5

3. 模板施工注意事项

(1) 钢模外侧均应喷刷防锈漆。安装侧模应对整、去污、涂刷隔离剂，对模板和胶条接缝是否严密进行详细检查，达到合格标准，方可安装。

(2) 使用龙门吊两点起吊时，需待模板平行地面紧贴在底模两侧，安放在方木上后，利用模板上的角架临时固定。

(3) 安装两端堵头模板时，必须检查锚垫板规格型号是否符合图纸的要求和安装方位是否准确。

(4) 用千斤顶抬起钢侧模的钢角架的下角，调整侧模，让其垂直于底模。

(5) 在两侧模板外，以 1m 的间距按梅花形安装附着式振动器，同时用螺栓拧紧固定在侧模上。

(6) 注意梁板翼缘板横坡方向，按设计要求进行横坡调整，吊装后保持横坡平顺；翼缘模板应设置加劲肋，确保浇筑混凝土时模板不变形、不跑模；梁板横隔板底模不应与侧模连成一体，应采用独立的钢板底膜，保证侧模拆除后横隔板仍能起支撑作用。

(7) 模板安装好后，由施工技术人员组织按图纸进行现场检测，尤其检查台座反拱度、梁宽、顺直度、模板拼缝等，并填写检验单，合格后报质量检验工程师进行验收，再报监理工程师进行验收，监理工程师验收合格后方可进行下道工序施工。

5.3.8 混凝土浇筑

浇筑顺序：底板混凝土浇筑→腹板混凝土浇筑→顶板混凝土浇筑。

先浇筑底板混凝土长度约 8～10m 后，再阶梯式浇筑腹板、顶板混凝土。当腹板混凝土的分层坡脚到达底板 8～10m 位置后，底板再向前浇筑 8～10m，以此类推浇筑至梁端 4～5m 处合拢。混凝土浇筑如图 5-28 所示。

预制梁混凝土运输采用混凝土罐车，混凝土采用门式起重机吊装料斗人工辅助布料，布料时出料口距离顶板不得超过 20cm。混凝土浇筑采用分层振捣，每层不超过 30cm。梁腹板以下部位，空间小、结构物（波纹管）多，插入式振动器无法入内，混凝土振捣时只能靠模板外侧附着式振捣器振捣，插入式振动器振捣辅助下料。

1. 准备工作

混凝土浇筑前，逐项对照检查以下内容：

(1) 混凝土浇筑设备、机具检修（需配置备用浇筑设备及机具），确保性能良好，浇筑过程一气呵成；

(2) 施工道路需在浇筑前完成检查并进行清理与修整；

图 5-28 混凝土浇筑

(3) 振捣器、收面铁板等工器具准备到位并确保性能良好；

(4) 预制梁模板内杂物清理干净且无积水，模板固定牢固并有相应的补救措施和设备材料；

(5) 预制梁钢筋安装绑扎完成，预埋件位置准确；

(6) 自检合格，并经监理工程师确认后方可进行混凝土浇筑施工。

2. 混凝土布料与振捣

混凝土的浇筑按照以下几条原则进行：

(1) 适当加大混凝土的初凝时间，确保混凝土初凝前全部浇筑完成。

(2) 严格控制混凝土骨料筛分，不得超径。

(3) 由低处向高处浇筑，防止混凝土在浇筑过程中由高处向低处的滑移流动，使混凝土产生裂缝。

振捣：混凝土振捣采用附着式振捣器及插入式振捣棒配合进行。

混凝土振捣密实的标志是混凝土停止下沉，不冒气泡、泛浆，表面平坦。

采用振捣棒振捣时注意快插慢拔，振点布置合理，间距 30～40cm，每点插入下层混凝土深度 5～10cm，振点持续振捣时间严格控制。

混凝土浇筑过程中应尽可能地避免振捣棒与钢筋和预埋件接触，并随时检查钢筋、预埋件等有无位移，若发生移位应及时对预埋件进行矫正。

不能在模板内利用振捣器使混凝土长距离流动或运送，应避免混凝土离析。

混凝土入模温度、浇筑允许间断时间及混凝土由高处落下的高度等应严格按规范要求控制，混凝土的浇筑日期、时间和浇筑条件等应有完整的记录。

混凝土浇筑时，混凝土按设计规定的方向、厚度、顺序横向对称分层浇筑，要求下层混凝土与上层混凝土的间隔时间气温在 30℃ 以上时不宜超过 1h，气温在 30℃ 以下时不宜超过 1.5h。浇筑时采用振捣棒与模板保持 10cm 的距离，振捣棒应快插慢拔，插入下层混凝土 5～10cm，按振捣范围错落振捣，至混凝土停止下沉、不再冒气泡、表面呈现平坦、泛浆。振捣时应避免振捣棒碰撞钢筋及模板，浇筑过程中要有专人负责记录浇筑时间。

3. 注意事项

(1) 首先，要控制下料，下料时不要太快，否则会使混凝土内水分、气泡无法振出，在拆模时形成蜂窝或气泡等缺陷,影响梁外观。

(2) 其次,是要控制好附着式振动器的振动时间以及开启时间,一般附着式振动器的振动时间以 2~3min 为宜,且由专人负责指挥和开启。振动时间过长,容易损坏模板或使混凝土过振形成麻面;振动时间过短,则会没有振出混凝土内水分和气泡,形成蜂窝等严重缺陷。

(3) 波纹管以上部位采用插入式振捣器振捣。振捣时,插入或拔出要"快进慢出"以免产生空洞,插入式振捣器插入混凝土时要垂直插入,并要插入前一层混凝土内,以保证新混凝土与下层的混凝土结合良好,但插入深度不应超过 10cm。振捣时间应适当,以振捣处冒出混凝土浆或混凝土内不再冒气泡为宜。振捣器振捣时,应尽可能避免与钢筋、模板等接触,特别注意不要让插入式振捣棒接触波纹管,也不能利用振捣器使混凝土长距离流动和运送混凝土,以免产生离析。

(4) 浇筑梁时,一般从一端开始,但浇筑至另一端端部时,为避免梁端部混凝土产生蜂窝等不密实现象,应从另一端向相反方向投料,并在距梁端 4~5m 处合拢,以保证梁端部锚具处混凝土有足够强度。为避免腹板与翼板交界处因腹板混凝土收缩降落而造成纵向裂纹,可在腹板混凝土浇筑完后,再略停一段时间,使腹板混凝土充分降落后再浇筑翼板混凝土,但必须保证翼板混凝土在腹板初凝前将浇筑完毕,并及时整平收浆。

(5) 梁混凝土浇筑完毕,翼板表面无水分时,再用钢丝刷拉毛,使其表面粗糙和平整。

(6) 梁拆模后,湿接缝两端和翼板外侧还要用小铁锤凿毛,以保证下一道工序施工时混凝土接触密实。

(7) 浇筑箱梁混凝土前,除注意按设计图纸预埋钢筋和预埋件外,桥面系、伸缩缝、护栏、支座及其他相关附属构造的预埋件,均应参照有关设计图纸确定部位及先后顺序,确定预埋件安装无误后方可浇筑预制箱梁混凝土。护栏预埋钢筋必须预埋在预制梁内。

4. 模板拆除

拆模的好坏涉及构件的外观质量,为确保拆除模板时不损坏构件表面及棱角受损,需在拆模时测定待拆构件混凝土强度。侧模拆除时,其混凝土强度必须达到 2.5MPa,拟定侧模拆卸采用外力作用,选择在梁底部施力使模板绕上轴点旋转而脱模,其操作程序为:

(1) 拆除拉杆,包括待拆模板的拉杆和紧固侧板,以及底板的腹板拉杆和底板下拉杆;

(2) 拆除与待拆模板相邻的接缝,同时清除渗进缝内的水泥浆,以消除或减少模板间的粘结力;

(3) 在吊离模板时,先进行水平离开梁体,当有足够的空隙时再起吊,以免起吊时梁体和模板产生碰撞。

(4) 拆模时要先除去固件、拉杆等,拆模不允许猛砸、猛撬,防止模板变形及砸坏预制梁棱角。

(5) 拆除的模板要及时清除灰渣等杂物,并进行适当的保养,以免模板受损;新投入使用的模板必须要清除铁锈,并进行检验,符合规范技术要求后,均匀涂刷中性润滑剂。

5. 混凝土养护

预制梁混凝土浇筑完毕后,要及时养护。梁顶部养护采用自动喷淋系统、土工布洒水覆盖及人工辅助洒水养护，以保持梁混凝土表面湿润。洒水养护时间不少于7天。

喷淋系统采用智能化喷淋系统。喷淋管道在施工制梁台座时提前预埋，腹板喷雾嘴采用伸缩式旋转喷头，角度可自由调节，两个喷雾嘴间距应根据旋转喷头可覆盖的范围确定，梁体有横隔板的应该错开横隔板并在该区域适当加密喷头，以免影响喷淋效果。

顶板使用洒水养护，根据顶板湿润程度，严格控制洒水频率，确保顶板的养护效果。

内箱室喷淋养护：使用 $DN40$ PPR 热水管，每隔 $2m$ 安装一个雾化喷头，喷淋管道用定型化托架支撑，防止管道的破坏。自动喷淋养护如图 5-29 所示。

图 5-29　自动喷淋养护

5.3.9　预应力施工

1. 施工工艺（图 5-30）

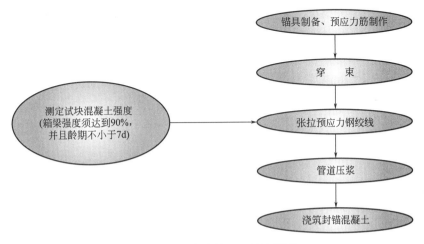

图 5-30　预应力施工工艺流程图

2. 钢绞线材料

(1) 钢绞线：预应力钢束采用标准的低松弛钢绞线，其标准强度为 1860MPa、直径 15.2mm、公称面积 140mm²、弹性模量 $E=1.95\times10^5$ MPa；钢绞线进场后应堆放在棚内，用方木垫高，并做好防水措施。

(2) 千斤顶及油表：按照设计要求全桥预应力张拉采用智能张拉，其中千斤顶采用 YCW300 型，准备 1 套；油泵油表数量若干，其量程均满足张拉要求。油表和千斤顶均经过有资质的检测单位进行标定。

(3) 锚具：采用具有自锚性能的锚具。锚具进场后应分批进行外观检查，其外观应没有裂纹、伤痕、锈蚀。对于锚具的强度、硬度、锚固性能按照规范规定频率和要求进行抽查，并送有资质的检测单位进行检测。其检测结果合格，并经监理工程师许可后方可使用。

3. 钢绞线制作安装

(1) 钢绞线加工

1) 钢绞线下料制作时，不要随意在地上拖拉，以免刻伤钢绞线表层，应用编织布铺底或木板铺底。钢绞线下料应采用砂轮切割机，不得使用氧气、乙炔火焰切割。钢绞线切割时，在每端离切口 50mm 处用铁丝绑扎。

2) 钢绞线的盘重大、盘卷小、弹力大，为了防止在下料过程中钢绞线紊乱并弹出伤人，须事先制作一个简易的铁笼。下料时，将钢绞线盘卷在铁笼内，从盘卷中央逐步抽出，以保安全。

3) 编束时，应逐根理顺、绑扎牢固，防止互相缠绕。用 18~22 号钢丝每隔 1m 左右以单层密排螺旋缠绕绑扎牢固，绑扎长度为 2cm，曲线段增加几道绑扎，钢束排列紧凑，以构成最小外径为准。

4) 为防止钢绞线穿束后出现绞混，穿束前应在钢绞线两端做好编号或标记。绑扎钢丝扣弯向钢丝束内侧，以免影响穿束。编束时，保持预应力筋一端齐平，另一端有一根应力筋较其他的长出约 20cm，并弯成钩型，以便于穿束时与牵引钢索连接。

(2) 钢绞线穿束

穿束前应全面检查锚垫板和孔道。锚垫板应位置正确，孔道内畅通、无水分和杂物，孔道应完整无缺。钢绞线严格按照设计和规范操作的要求进行下料，保证两端各 70cm 的工作长度。制好的钢绞线束应检查其绑扎是否牢固、端头有无弯折现象；钢绞线束按长度和孔位编号，穿束时应先核对其长度，对号穿入孔道。穿束一般采用人工直接穿束。如图 5-31 所示。

(3) 施工注意事项

1) 钢绞线在加工场内严格按设计尺寸下料并编束，钢绞线下料应采用砂轮切割机切割，严禁用电焊或氧焊切割。在钢绞线穿束前，先用胶带将单根钢绞线编制成整束，避免错股，再将钢绞线穿入端安装上"穿束器"并固定紧，采用人工或卷扬机牵引将整体钢束一次性穿入管道。

2) 预应力钢束的加工和截断应在专用的操作平台上进行，防止污染。

3) 不得在钢绞线原材料存放场地及已穿钢绞线的梁端部附近进行电焊作业，防止焊渣溅落到钢绞线上。

图 5-31 预应力穿束

4)预应力钢束的切割应采用砂轮锯,严禁采用电弧焊进行切割。

5)钢绞线钢束下料完成,在两端头部 50mm 处采用钢丝绑扎以防止松股。

6)采用人工后穿束方式将钢绞线逐根穿入孔道,穿入后来回拉拨几次使其通顺,防止钢绞线相互缠绕。每根钢绞线应作对应的编号标记。

7)预应力束的设计高程及中心位置由测量组精确放样并标示于骨架钢筋或内模板上。预应力孔道采用塑料波纹管成孔,并采用定位钢筋固定。定位钢筋牢固焊接在钢筋骨架上,纵向间距不大于 50cm。

4. 钢绞线张拉

(1)准备工作

1)混凝土强度的检验

钢绞线张拉前,应提供构件混凝土的强度试压报告。当预制箱梁混凝土的强度达到设计强度的 90%,且龄期不小于 7d 时,方可施加预应力。

2)构件端头清理

构件端部预埋钢板与锚具接触处的焊渣、毛刺、混凝土残渣等应清除干净。

3)安装锚具与张拉设备

锚具采用具有自锚性能的锚具,安装锚垫板时应注意锚固面与钢束垂直;千斤顶上的工具锚孔位与构件端部工作锚的孔位排列要一致,以防钢绞线在千斤顶穿心孔内打叉。如图 5-32 所示。

(2)张拉施工

箱梁张拉顺序:预应力张拉顺序为 N1→N5→N4→N3→N2,采用两端同时张拉,锚下控制应力为 $0.75f_a$=1395MPa。同编号两根钢束采用对称同步张拉的方式。如图 5-33 所示。

(3)施工要点

1)预应力钢绞线下料时,在张拉两端按照设计要求各留出 70cm 工作长度,张拉完毕后再将钢绞线用砂轮切割机切割。

2)工作锚夹片安装时要均匀推入,同一夹片之间的端面保持齐平,并轻轻敲紧。

图 5-32 预应力张拉

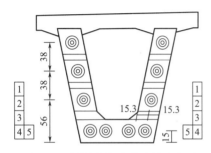

图 5-33 箱梁张拉孔道编号示意图

3）安装锚具锚垫板时，应确保锚垫板与预应力孔道垂直，以减少钢绞线与锚具及管道的摩擦；同时应注意限位板的正确使用，以免刻伤钢绞线或使钢绞线发生滑丝。千斤顶安置时应注意与锚垫板垂直，并且千斤顶端部周边应紧贴限位板。

4）预应力钢绞线张拉到设计控制应力时，关掉油泵电机，稳住进油量，持荷 2min，以减少受钢绞线松弛影响，使钢绞线应力趋于稳定状态。为了减少预应力损失，预先一端顶锚塞卸荷，另一端补足张拉控制应力后，再锚塞卸锚及千斤顶，并做好记录。

（4）伸长值确定

张拉采用两端同时对称张拉，张拉应力和伸长值进行双控施工。若施工时钢束伸长值超过其规范允许偏差范围，应及时停下来查明原因，并且在查明原因后方可继续进行张拉施工。必要时对千斤顶和油表进行重新标定。

根据《公路桥涵施工技术规范》JTG/T 3650—2020 和设计图纸规定，张拉施工控制采用张拉和伸长值双控方式的施工工艺。张拉施工程序如下：

低松弛预应力钢绞线 0→初应力→σ_k（持荷 2min）→锚固，即用两个 300t 千斤顶两端同时张拉，初应力为 σ_k 的 10%，此时的伸长值为 ΔL_1，其值采用相邻级的伸长值。控制张拉应力为 $\sigma_k=0.75\times R_y^b$（$f_{pk}=1860MPa$）$=0.75\times 1860MPa=1395MPa$，即为末张的应力值。其中伸长值 $\Delta L=\Delta L_1+\Delta L_2$，$\Delta L_1$ 为开始至初张的伸长量、ΔL_2 为初张至末张间的伸长量。张拉完毕后，ΔL 与计算伸长值比较，其伸长值误差不应超过 6%，否则应停止张拉，查明原因。

（5）注意事项

1）张拉工必须熟悉张拉程序，具备预应力施工知识和正确的操作能力。

2）张拉现场应有明显标志，与该工作无关的人员严禁入内。

3）油泵运转有不正常情况时，应立即停止检查。在有压情况下，不得随意拧动油泵或千斤顶各部位的螺栓。

4）作业应由专人负责指挥，操作时严禁摸踩及碰撞预应力筋，在测量伸长量及拧螺母时，应停止开动千斤顶。

5）张拉时，千斤顶后面不得站人，以防预应力筋拉断或锚具弹出伤人。

6）张拉时，应使千斤顶的张拉应力作用线与预应力筋的轴线重合一致。

7）在高压油管的接头应处应防护套，以防喷油伤人。

8）已张拉完毕尚未压浆的梁，严禁剧烈振动，预防预应力钢筋裂断而酿成重大事故。

9）预应力筋采用应力控制方法张拉，应以伸长值进行校核，将实际伸长量与理论伸长量差值控制在6%范围内，否则应暂停张拉，待查明原因并采取措施予以调整后，方可继续张拉。

10）预应力筋在张拉控制应力达到稳定后方可锚固。

11）张拉完毕后，抽1~2根检查其张拉力是否达到规定。其偏差的绝对值不得超过一个构件全部力筋预应力总值的5%。

12）预应力筋张拉完毕后，与设计位置的偏差不得大于5mm，同时不得大于构件最短边长的4%。

13）预应力筋张拉完毕后，稍等几分钟再拆卸张拉设备。

14）注意测定孔道的预应力摩阻系数。

5. 管道压浆

预应力在张拉完成24h内应完成压浆，管道压浆要求密实饱满，采用的浆体7d抗压强度≥40MPa，28d抗压强度应≥50MPa。采用数控智能张拉系统，实现张拉全过程的智能控制、实时跟踪、及时纠错，在切实保证预应力张拉施工质量的同时，大大提高了施工管理水平和质量控制力度。其原理是：将预应力筋波纹管的连接设计为全封闭形式，采用真空泵先行将预应力孔道中的空气清除掉，使得压浆孔道内达到负压状态，然后压浆机以正压力轻松地将水泥浆注入预应力孔道中，再利用一系列的控制措施，保证孔道浆体饱满。如图5-34所示。

（1）压浆前的准备工作

1）割切锚外钢绞线

露头锚具外部多余的预应力钢绞线需采用砂轮机切割，余留长度不得超过2cm。

2）封锚

锚具外面的预应力筋间隙采用环氧树脂胶浆填塞，以免冒浆损失灌浆压力。封锚时应预留排气孔。

3）冲洗孔道

压浆前，应对孔道进行高压冲洗，排除孔内的粉渣等杂物，保证孔道畅通。冲洗后，用空压机吹去孔内积水，保持孔内润湿，使水泥浆与孔壁结合良好。

（2）压浆工艺

1）打开全部进浆孔和排气孔，先用空压机进气试通，保证灌浆通道通畅。

2）确定抽真空端及灌浆端，安装引出管、球阀和接头，并检查其功能。

3）搅拌水泥浆使其水灰比、流动度、泌水率达到技术要求指标。

图 5-34　预应力压浆

4）启动真空泵抽真空，使真空度达到 0.06～0.1MPa 并保持稳定。

5）启动灌浆泵，当灌浆泵输出的浆体达到要求稠度时，将泵上的输送管接到锚垫板上的引出管，开始灌浆。灌浆过程中，真空泵保持连续工作。

6）待抽真空端的空气滤清器中有浆体经过时，关闭空气滤清器前端的阀门，稍后打开排气阀，当水泥浆从排气阀顺畅流出，且稠度与灌入的浆体相当时，关闭抽真空端所有的阀门。

7）灌浆泵计算工作，压力达到 0.6MPa 左右，持压 1～2min。

8）关闭灌浆泵及灌浆端阀门，完成灌浆。

9）拆卸外接管路、附件，清洗空气滤清器及阀等。

10）填写施工记录并经质检员、监理工程师认可，收存。

11）完成当日压浆后，必须将所有沾有水泥浆的设备清洗干净。安装在压浆端及出浆端的球阀，应在灌浆后 1h 内拆除并进行清理。

（3）封锚

孔道压浆后应立即将梁端和水泥浆冲洗干净，同时清除锚垫板、锚板及端面混凝土的尘垢。并将端面混凝土凿毛，以备浇筑封端混凝土。封端混凝土的浇筑程序如下：

1）安装端钢筋网，并将封端钢筋网与封端预留筋焊接。

2）固定封端模板，以免在浇筑混凝土时模板移动而影响梁长。故立模后应及时校核梁长，长度应符合规范允许偏差的规定。

3）封端混凝土均采用 C50 混凝土。封锚前，应将梁端槽口处混凝土凿毛，并对锚具进行防锈处理。

4）封端混凝土浇筑后，待 1～2h 混凝土表面收水后，应及时带模洒水养护，养护时间不宜低于 7d。

6. 堵头板及梁端浇筑

梁端头（箱内部分）采用二次浇筑，端头浇筑形成实心梁体截面。具体措施为在梁端顶板预留 16cm×40cm 的孔，用作二次浇筑堵头混凝土和振捣用（该孔宜用快易收口网做内膜,孔内钢筋不截断);梁端头内壁宜用快易收口网做内模(箱内部分长65cm范围,便于堵头混凝土与梁体连接为整体)。

施工过程为:梁体浇筑、养护、取出箱梁内普通钢模、张拉预应力束、灌浆、封锚后,放堵头板、放二次浇筑段钢筋笼,浇筑与主梁同堵头混凝土强度等级。

压浆封锚完成后,按照设计将预制好的C50堵头板进行安装。安装钢筋骨架,与梁端外漏预埋筋进行焊接固定,安装封端平面模板,浇筑C50堵头混凝土。

7. 存梁

(1) 预制梁场内存梁时的梁端悬出长度,应符合设计要求。当长期存梁时应采取措施,防止梁体产生过大上拱。

(2) 运输及存梁时,应保证纵向两点支撑,且支点设在腹板正上方。

(3) 在存梁、运输及架设过程,应保证四支点处于同一水平面,安装就位后严禁出现支座脱空现象。

(4) 在完成张拉、压浆,待压浆混凝土达到设计规定强度后,进行起梁、移梁至堆场。

(5) 起重设备采用现场两台龙门吊四点起吊,吊运按兜拖梁底吊法。龙门吊必须经过检验合格后方可使用,龙门吊司机必须持证上岗;龙门吊起梁时,提升速度不得大于0.6m/min,吊梁行走速度不得大于6m/min。

(6) 堆放支点应设置在梁体支座点。

(7) 采用红漆对梁进行喷涂编号,喷涂主要包括参建各单位、施工日期、梁体编号。梁体编号原则如下:桥梁设计分幅组成,每孔每幅从左至右编号。

5.4 钢箱梁制作

5.4.1 总体概述

桥面线型一般存在直线、圆弧段及缓和曲线三种线形及其组合线形,为保证线型并兼顾施工,在零件下料阶段,桥顶、底板采用数控下出弧线,底板及板肋根据结构特点将圆曲线采取以折代曲的方法进行制作。节段制作采用长线拼装成组技术,组织批量生产。按工序定人员、定设备、定作业对象、定工艺方案、定场地的"五定原则"组织生产。

5.4.2 制作、运输重难点及对策

本工程在制作厂内将桥梁制作成节段后运至现场进行安装;节段构造为正交异性桥顶板钢箱体,节段内的制作节点及节段间的连接节点均为焊接节点。

本工程钢箱梁在制作过程中存在的重难点见表5-4。

钢箱梁制作重难点   表5-4

序号	重难点
1	下料精度要求高,板肋贯通横梁,若有一个开槽尺寸偏差较大,则板肋无法贯通,对装配带来较大困难,故对于横隔板下料精度要求较高
2	焊接量大,而且仰焊工作量大,焊接质量、变形控制不易。桥面板厚度较小,与板肋焊接量大,且桥面板平整度要求高,与横隔板及桥面板之间的焊接装配精度要求高。若变形过大,则对连接造成很大影响

续表

序号	重难点
3	装配精度要求高。板肋需贯通横梁,且精度十分高,故板肋与面板的装焊精度也是否能顺利装配的关键点;同时,板肋长度大,板薄,装配精度控制难度较大。腹板为贯通设置,装配精度如有较大偏差,在节段对接时则会使腹板产生错边
4	本工程节段大、重量大,采用汽车运输的方式进行运输,运输过程中环节较多,应予以重点监控

本工程钢箱梁制作过程中的下料精度控制、焊接变形控制、带肋板单元焊接成型控制、装配精度控制等均为重点把控的环节,在制作过程中应专人专岗进行把控,保证本工程钢箱梁的制作质量。

重难点环节的控制措施见表5-5。

重难点环节的控制措施 表5-5

序号	控制措施
1	下料精度控制:本桥所有零件优先采用精密(数控、自动)切割下料,手工气割及剪切仅用于工艺特定或切割后仍需加工的零件。带槽口横梁及横隔板下料前必须做切割工艺实验,以保证切割精度
2	本工程焊接变形控制的重点是带肋面板单元的焊接变形控制,及腹板、横隔板与面板焊接的变形控制。焊接变形控制主要从焊接设备选择、线能量输入、焊接顺序及工装措施等方面来进行控制
3	带肋板单元焊接成型应以减小变形为主、矫正为辅。带肋板单元的焊接应在专门的反变形胎架上进行,按照对称顺序进行施焊
4	腹板、横隔板与面板的焊接,应用可调节支撑进行矫正后施焊。施焊过程中应注意对称施焊并利用支撑约束变形。焊接完毕后,用支撑、火焰进行校正
5	板肋的装配精度控制。板肋装配时,应根据装配基准线、采用专用的板肋装配机进行装配,可保证板肋的装配精度。腹板的装配应在胎架上进行,拉通长线以保证腹板的装配精度
6	钢箱梁采用汽车运输,节段划分以纵向划分为主,节段端口应采取支撑控制端口变形;在运输过程中,采取有效地绑扎,避免滑移等危险工况

5.4.3 制作重点设备

本工程钢箱梁制作环节的重点设备见表5-6。

制作环节重点设备表 表5-6

名称	图片	名称	图片
半门吊起重机		电动平车	

续表

名称	图片	名称	图片
室内双梁桥式起重机		室外双梁桥式起重机	
钢板预处理线		九辊板料校平机	
多头直条/数控火焰切割机		钢板加工中心	
双面铣		液压剪板机	

续表

名称	图片	名称	图片
电动气压式U形肋装配机		液压反变形摇摆胎架	
H型钢组立机		H型钢翼缘矫正机	
H型钢焊接机（门式）		H型钢焊接机（T形）	
气刨焊机		CO_2气体保护弧焊机	

续表

名称	图片	名称	图片
焊接小车		吸入式自控焊剂烘干机	
通过式抛丸清理机		无气喷涂机	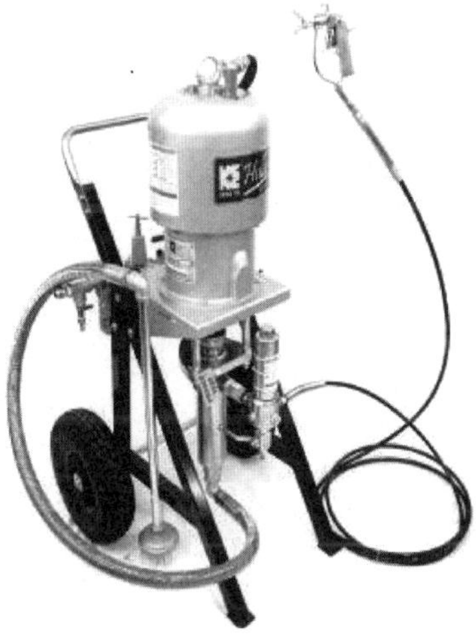

5.4.4 放样、下料

（1）放样

采用 CAD 软件对钢箱梁各构件进行精确放样，结构复杂的部位结合立体图进行立体放样。绘制各构件零件详图，作为绘制下料套料图及数控编程的依据。

放样流程如图 5-35 所示。

（2）号料及下料

1) 号料前，应核对钢材的牌号、规格、材质等相关资料，检查钢材表面质量。

2) 号料应严格按工艺套料图进行，保证主要构件受力方向与钢材轧制方向一致。

3) 钢板及大型零件的起吊转运采用磁力吊具，T 形肋、扁钢加劲板等采用专用吊具起吊，保证钢板及下料后零件的平整度。

4) 精密切割零部件边缘允许偏差±1.0mm。

5) 顶板矩形零件采用半自动火焰切割下料、圆弧异形零件采用数控火焰或等离子切

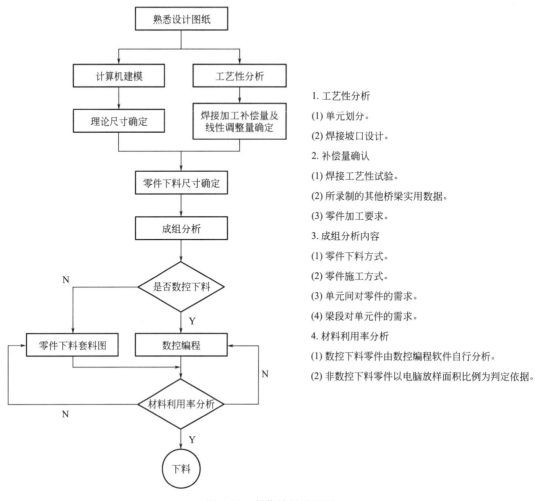

图 5-35 制作放样流程图

割下料,然后进行零件接长拼板焊接。

6) 底板矩形零件采用半自动火焰切割下料、圆弧异形零件采用数控火焰或等离子切割下料,然后进行零件接长拼板焊接。

7) 腹板矩形零件采用半自动火焰切割下料,然后进行零件接长拼板;圆弧异形零件采用数控火焰或等离子切割下料。

8) 横隔板等异形或较小规格的零件均采用数控火焰或等离子切割下料。

9) U形隔板等异形或较小规格的零件均采用数控火焰或等离子切割下料,然后进行零件拼板。

10) 顶板与腹板上的板肋采用多条火焰切割下料。

11) 顶、底、腹、横隔板每下料 10 张钢板都需对切割设备精度进行检查,符合要求后才能进行后续切割下料;每次设备检查后的首次下料,需对下料零件的首件进行验收,合格后才能后续下料。

12) 数控切割时,每张钢板的首个零件切割完毕后应及时检查尺寸。发现偏差较大时，应及时反馈给工艺，调整割缝补偿的参数，确保数控下料的零件尺寸符合要求。

13）每张钢板下料完毕后，应及时做好零件标识，具体如图 5-36 所示。

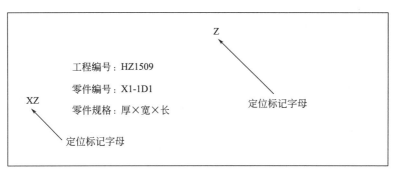

图 5-36 零件标识示意图

14）零件下料坡口后对切割边和坡口打磨光顺。

15）对于需开设比例为 1∶8 的过渡坡口时，严格按工艺文件要求，先开过渡坡口、再开对接坡口。

16）零件开坡口时，钢板需放平整，开坡口时零件端头需先预热再切割，防止把坡口面开成锯齿形。

17）所有零件切割完毕后，应及时进行打磨，彻底清除板边、坡口上的毛刺及熔渣等。

18）下料后的余料要及时退出，以便后续排板。

19）对于需数控下料的顶、底圆弧板，下料后按工艺文件标注尺寸检查对零件的对角线尺寸。

20）工艺文件上在顶、底零件板上都标有钢板的方向定位字母 Z 和 XZ，下料后务必在零件相应位置用白色油漆笔标记清楚，工序交接时应进行检查，避免标错方向。零件加工允许偏差度需满足表 5-7 的相关规定。

零件加工允许偏差度表 表 5-7

等级 项目	用于主要部件	用于次要部件	附注
表面粗糙度 R_a	$25\mu m$	$50\mu m$	GB/T 1031—2009 用样板检测
崩坑	不允许	1m 长度内，容许有一处 1mm	超限应修补，按焊接有关规定
塌角	圆角半径≤0.5mm		—
切割面垂直度	≤0.05t，且不大于 2.0mm		t 为钢板厚度
长度	±1mm		—
宽度	±1mm		—
对角线差	2mm		—
直线度	≤2mm		—
型钢端头垂直度	≤2mm		—

(3) 零件加工

1) 横隔板人孔及管线孔加劲圈用三芯辊或油压机加工成型；冷弯曲加工作业均在车间内进行，环境温度不低于 −5℃；内侧弯曲半径不小于板厚的 15 倍，否则采用热煨工艺，热煨温度控制在 900～1000℃。

2) 过渡坡口和板边的加工采用刨边机，加工精度见表 5-8。

坡口加工精度　　　　　　表 5-8

序号	检验项目	偏差值
1	坡口角度 Δ_a	±1.5mm
2	坡口钝边 Δ_a	±1.0mm

(4) 钢板预处理

钢板进厂复验合格后，方可投入生产。下料前先对钢板的材质、炉批号进行移植或记录，再经矫平机矫平后对钢板进行预处理，钢板在预处理线上进行抛丸除锈、喷涂车间底漆、烘干，除锈等级为标准规定的 Sa2.5 级，喷涂车间底漆一道，避免在制作过程中钢板污染锈蚀。预处理流程如图 5-37 所示。

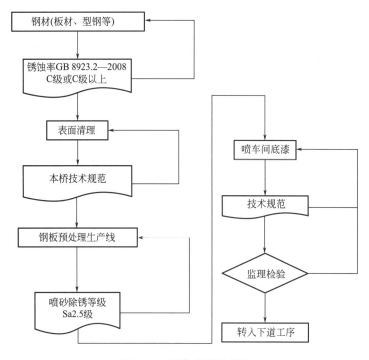

图 5-37　制作放样流程图

在钢板抛丸除锈前，使用矫平机对钢板矫平，钢材预处理自动生产线如图 5-38 所示，消除钢板轧制内应力产生的瓢曲变形（尤其是运输吊装过程造成的局部硬弯），保证板件在制作过程中的平整度，同时采用磁力吊配合上下料（磁力吊如图 5-39 所示），不使用吊钩或虎头卡吊装，避免钢板产生局部塑性变形。

所用钢板均进行预处理，其过程为：赶平→抛丸除锈→喷漆→烘干。由于钢板在抛丸

图 5-38 钢材预处理自动生产线

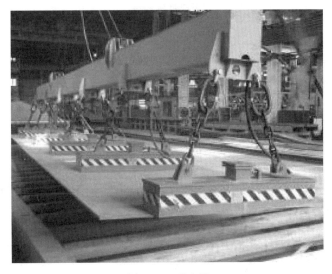

图 5-39 磁力吊

除锈前先赶平，能消除钢板的残余变形（尤其是局部硬弯）和减少轧制内应力，从而减少了制作过程中的变形。因此，这是保证板件平面度的必要工序。热处理技术要求如下：

1）合理选择除锈工艺参数。钢板的除锈速度是根据待处理钢板的锈蚀程度和除锈等级来决定的，除锈等级要求越高，辊道输送速度相应就要降低；

2）在预处理线成套设备中，丸料循环净化系统的运行状态直接影响全线能否正常工作。丸料循环系统需要在全线工作前提前运转，并且在全线停机后仍要运行一段时间，以防下次启动时发生堵塞现象；

3）为了控制工件表面喷漆漆膜厚度，可调整自动喷漆室中小车移动速度、喷嘴大小。抛丸除锈丸料采用钢丝切丸。抛丸除锈所用的钢丸应为 $\phi 0.8 \sim 1.2 mm$，首次加料为 $8 \sim 10 t$；

4）漆泵房面积不小于 $16 m^2$，室内温度不低于 $10℃$，开关、照明灯、排气扇等采用防爆类型。喷漆用料采用快干型富锌底漆；

5）总操作室内温度控制 10～30℃，低压配电室温度－5～40℃；

6）现场总照明度不小于 75lx，总控制室不小于 150lx；

7）车间周围无强电磁干扰源；

8）抛丸除尘装置和漆雾过滤装置安装在室外时须设防雨棚。压缩空气压力不低于 0.5MPa。现场必须保持干净、过道通畅。

为在钢箱梁制作中实现"优质、高效"的目标，满足本桥的质量和工期要求，必须制定详细的关键工艺，选用合适的加工装备。必须结合本桥的特点，对一些特殊构件的制作工艺加以补充和进一步完善，使桥钢箱梁的制作质量再上一个台阶。

5.4.5 单元件制作

桥梁各节段分解成各制作单元进行制作后，上胎架进行总拼。以标准节段为例说明节段内制作单元的构成与分解。

单个典型节段单元件（部件）统计见表 5-9。

单元件统计表　　　　　　　　　　　　　　　　　　　　表 5-9

序号	单元件名称	备注
1	顶板单元件	主线桥加劲肋主要采用板肋结构 匝道桥加劲肋主要采用板肋结构
2	底板单元件	主线桥加劲肋主要采用板肋结构 匝道桥加劲肋主要采用板肋结构
3	腹板单元件	加劲肋主要采用纵肋结构
4	横隔板单元件	加劲肋主要由人孔加劲圈组成
5	挑臂单元件	包括挑臂面板、底板、腹板组成的立体单元件

以某大型项目钢箱梁构件加工方法为典型范例，制定如下加工方案：

（1）钢箱梁单元划分

本工程钢箱梁划分为顶板单元、底板单元、横隔板单元、腹板单元、挑梁部件共五大单元件。

（2）板肋单元件制作流程示意见表 5-10。

板肋板单元件制作流程示意　　　　　　　　　　　　　表 5-10

工序	划线
示意图	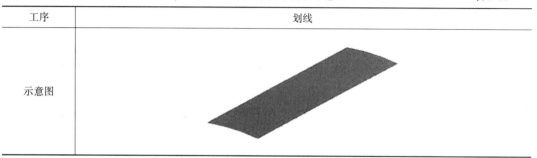

续表

工序	划线
说明	为绘制单元件纵横基准线、结构装配线及端口检查线等,划线必须采用在计量有效期内的量具。特别注意板的方向

工序	纵肋安装
示意图	
说明	1. 根据单元件制作图的要求组装纵肋,特别要控制端口及横隔板处的组装精度。 2. 将单元件置于反变形船形摇摆焊接胎架上焊接,应按指定的焊接规范参数施焊,以减少焊接变形。 3. 火焰矫正温度控制在600~800℃,严禁过烧、锤击、水冷及非常规降温等,并做好零构件标识

（3）横隔板单元件制作流程示意见表 5-11。

横隔板单元件制作流程示意　　　　表 5-11

工序	隔板组立
示意图	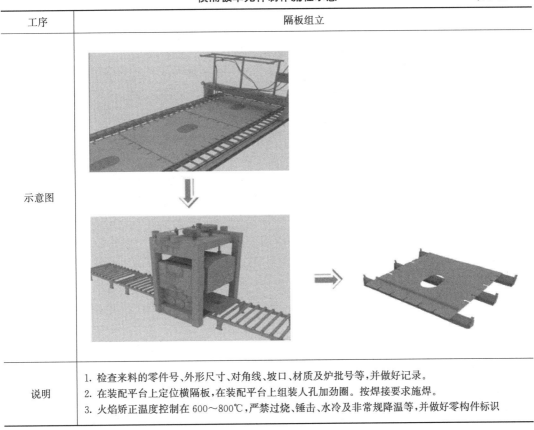
说明	1. 检查来料的零件号、外形尺寸、对角线、坡口、材质及炉批号等,并做好记录。 2. 在装配平台上定位横隔板,在装配平台上组装人孔加劲圈。按焊接要求施焊。 3. 火焰矫正温度控制在600~800℃,严禁过烧、锤击、水冷及非常规降温等,并做好零构件标识

(4) 挑臂单元件制作流程示意见表5-12。

挑臂单元件制作流程示意 表5-12

工序	挑臂单元件
示意图	
说明	1. 检查来料的零件号、外形尺寸、对角线、坡口、材质及炉批号等，并做好记录。 2. 在装配平台上定位悬挑板，在装配平台上对线组装悬挑隔板。 3. 火焰矫正温度控制在600~800℃，严禁过烧、锤击、水冷及非常规降温等，并做好零构件标识

(5) 质量控制。下料需满足表5-13的相关规定。矫正需满足表5-14的相关规定，板肋需满足表5-15的相关规定，划线需满足表5-16的相关规定，部件组装需满足表5-17的相关规定，节段制作需满足表5-18的相关规定，地样线胎架需满足表5-19的相关规定。

下料允许偏差表（单位：mm） 表5-13

序号	项目		允许偏差	备注
1	切割面垂直度		≤0.05t；且≤2.0	t 为板厚
2	塌角		圆角半径 R≤1.0	
3	崩坑	主要零件	不允许	-
		次要零件	1m长度内允许有一处≤1.0mm	
4	切割面粗糙度（割纹深度）	主要零件	≤25μm	-
		次要零件	≤50μm	
5	坡口角度		±2.5°	-
6	钝边		±1.0	-
7	曲线边缘任意点偏离	控制点	±1.0	控制点一般指结构交叉点
		非控制点	±2.0	
8	直线度（直线边缘）		≤1.0/1000；且≤3.0	-
9	长度	主要零件	±1.0	
		次要零件	±2.0	
10	宽度	主要零件	±1.0	
		次要零件	±2.0	
11	对角线	主要零件	2	-
		次要零件	4	

矫正允许偏差表（单位：mm） 表5-14

零件	项目	简图	说明		允许偏差
钢板	平面度	（1000范围内）	每米范围内		$f \leqslant 1.0$
钢板	直线度	（L全长）	全长范围	$L \leqslant 8000$	$f \leqslant 2.0$
钢板	直线度		全长范围	$L > 8000$	$f \leqslant 3.0$

板肋允许偏差表（单位：mm） 表5-15

一般检查项目	简图	允许偏差
开口宽 B		$+3, -1$
顶宽 b		± 1.5
肢高 h_1、h_2		± 2
两肢差 $\|h_1 - h_2\|$		$\leqslant 2.0$
直线度（盘弯、竖弯）f		$f \leqslant L/1000$ 或 10，取较小值

划线允许偏差表（单位：mm） 表5-16

序号	项目及简图	允许偏差	备注
1	线条宽度	<1.0	—
2	相交点偏差	$\leqslant 1.0$	—
3	非相交点偏差	$\leqslant 1.5$	—
4	线条直线度	$\leqslant 1.5$	—
5	基准线、检查线偏差	<1.0	—
6	连续结构线位置偏差	$\leqslant 1.0$	指相邻构件在此位置也有结构
7	控制结构线位置偏差	$\leqslant 1.0$	指构件定位基准或影响构件外(线)形的结构
8	非连续和非控制结构线位置偏差	$\leqslant 3.0$	—
9	对角线差	$\leqslant 2.0$	指矩形板
10	角度差 e	$\pm b/1000$ 且 $\leqslant 2$	指非矩形板，b 为夹角短边长度

部件组装允许偏差表（单位：mm）　　　　　　　　　　　　　　　　　　表 5-17

序号	项目	允许偏差	备注
1	腹板与翼板组装对线	≤1	-
2	腹板与翼缘板垂直度	≤0.5	-
3	腹板与翼缘板间隙	≤0.5	-
4	高度	0~2	-

节段制作允许偏差表（单位：mm）　　　　　　　　　　　　　　　　　　表 5-18

序号	项目	允许偏差	备注
1	梁高	±2	测量两端腹板处高度
2	长度	±5	-
3	面板宽度	±4	-
4	纵腹板中心距	±3	-
5	桥面板对角线差	≤5.0	作辅助线测量
6	挠度	≤$L/2000$ 且 ≤5.0	-
7	旁弯	≤$3+L/10$	L 单位：m
8	扭曲	≤$L/000$；且 ≤10	L 为两端横隔板之间间距
9	端口横断面对角线差	≤4.0	-
10	横隔板垂直度偏差(δ)	≤2.0	-
11	自由边波浪变形	≤3.0	-
12	平面度	≤$h/250$ 且 ≤8.0	h 为纵（横）结构间距

地样线胎架允许偏差（单位：mm）　　　　　　　　　　　　　　　　　　表 5-19

序号	项目	允许偏差	备注
1	地样线位置偏差	±1	-
2	胎架模板型值偏差	±2	-
3	模板垂直度	≤2	投影值

5.4.6 节段总装及预拼

1. 节段预拼要点

为了检验构件制作的整体性和线性准确性，保证现场安装定位，按合同或设计文件规定要求在出厂前进行工厂内预拼装。预拼装分构件单体预拼装、构件平面整体预拼装及构件立体预拼装。

工厂内预拼装目的在于检验构件工厂加工能否保证现场安装的质量要求，确保下道工序的正常运转和安装质量达到规范、设计要求，提高现场一次吊装成功率，减少现场安装误差。

本工程外形尺寸较大，对安装能力和技术要求较高；为控制构件由于工厂制作误差、工艺检验数据等误差，保证构件的安装精度，减小现场安装产生的积累误差，部分构件需进行必要的预拼装。

梁段匹配组焊完毕后，按制作长度（预留焊接间隙和桥位环口焊接收缩量）配切两端坡口。在不受日照影响的条件下，精确调整和测量线形、长度、端口尺寸、直线度等，检验合格后组焊工地临时连接件，经监理工程师签认后，梁段出胎。出胎的钢主梁按施工图规定的编号喷涂标记。

2．预拼装注意事项

（1）预拼装要根据监理工程师批准的预拼装图和工艺进行；

（2）为消除钢桥安装的累积误差，保证顺利合拢，合拢段长度应预留足够的配切余量；

（3）上预拼装胎架前，将各节段连接处孔边飞刺、板层间刺屑、电焊熔渣及飞溅等清除干净，便于相邻节段对接紧密；

（4）预拼装前，节点板仅完成一侧的制孔；预拼装时，将节点板装配到位，另一侧的孔眼依据实际情况进行定位画线，再行配钻，以保证工地现场的穿孔准确性。

3．预拼装检查

每轮节段整体组焊完成后直接在胎架上进行预拼装检查。重点检查：桥梁纵向线形、节段纵向累加长度、扭曲、节段间端口匹配情况等。

（1）桥梁总体线形尺寸检查

1）线形检查：桥梁线形检查以纵向中心线处的理论标高为基准，检测各节段两端横隔板处的实际标高值。

在检查线形的同时检查预拼节段中心线的旁弯。

2）节段扭曲检查：通过检查各节段两端横隔板处的左右标高值，判断各节段的水平状态及扭曲情况。

（2）梁长及基准线位置检查

将节段基准线线返至钢主梁顶板上作为检查线，检查各节段的累加长度，确定后续节段的补偿量。

（3）节段间端口的匹配精度检查

除检查桥梁总体线形尺寸外，还必须检查节段间连接构件的匹配情况。节段间端口连接应重点检查腹板及中心线处梁高；相邻腹板对位偏差、板边错边量等。

（4）预拼装检查测量要求

1）各节段的标高、长度等重要尺寸的测量，应避免日照影响，并记录环境温度；

2）测量用钢带或标准尺在使用前应与被检测工件同条件存放，使二者温度一致，钢带或钢尺应定期进行检定；

3）测量用水准仪、经纬仪、仪表等量具均需经二级计量机构检定。使用前应校准，并按要求使用；

4）操作人员应经专门培训，持证上岗，并实行"定人定仪器"操作；

5）钢尺测距所用拉力计的拉力应符合钢尺说明书的规定；

6）预拼装时，利用胎架区域的测量坐标系统进行现场检测；

7）预拼装后，按实际测量的数值进行端口的余量配切，首先基准端先切齐，然后配切余量端，配切量要预留桥位环口焊缝的收缩量。

(5) 预拼装检验精度要求

预拼装检验精度要求见表 5-20。

预拼装检验精度要求表 表 5-20

项目	允许偏差	备注	检测方法
预拼装长度(L)	$\leq \pm 2n$,且不大于 20mm	n 为梁段数	用钢盘尺、弹簧秤测量
扭曲(mm)	$\leq 1/m$,且$\leq 8/$段	用水准仪测量标高	水准仪、钢板尺
预拼装梁长 L_2(m)预拱度	$+(3+0.15L_2)$且$\geq 12 - (3+0.05L_2)$且≥ 6	沿桥中线测量隔板处标高	水准仪、钢板尺
预拼装梁长 L_2(m)旁弯	$3+0.1L_2$且≥ 12,单段梁≤ 5	桥面中心线在平面内的偏差	经纬仪、钢板尺
两相邻锚点纵距	± 3	锚点返到顶板上测量	—
顶板宽 B	± 8	拼接处相对差≤ 2	用钢盘尺测量
纵桥向中心线偏差	≤ 1	梁段中心线与桥轴中心线偏差	用全站仪测量
纵肋直线度 f	≤ 2	梁段匹配接口处	1m 平尺或钢板尺
顶、底、腹板对接错边	≤ 1	梁段匹配接口处安装匹配件后	用钢板尺测量
顶、底、腹板对接间隙	$+4,-0$	配切后再测量	用钢板尺测量

(6) 节段总装及预拼方案

1) 总装前单元制作流程示意图见表 5-21。

总装前单元制作流程示意 表 5-21

工序	顶、底板零件切割
示意图	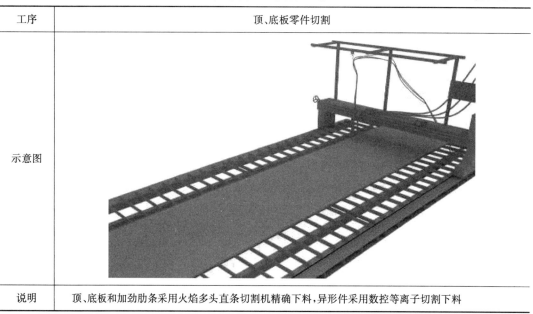
说明	顶、底板和加劲肋条采用火焰多头直条切割机精确下料,异形件采用数控等离子切割下料

续表

工序	零件矫平
示意图	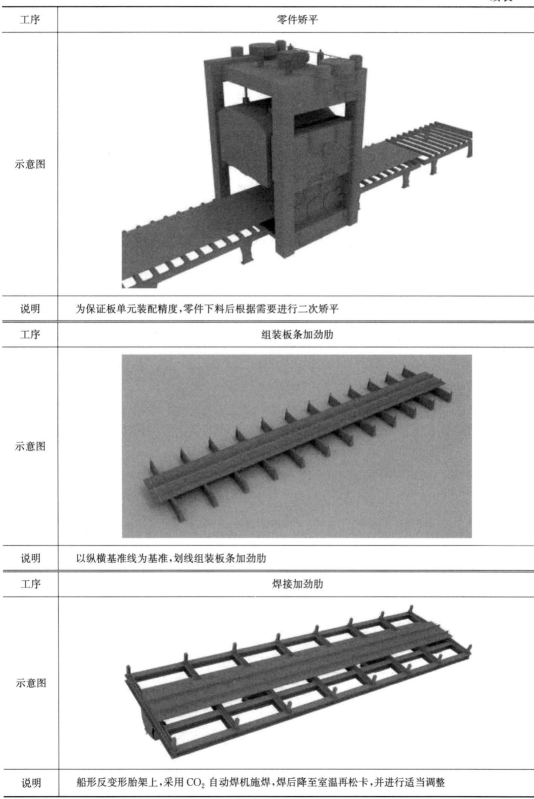
说明	为保证板单元装配精度,零件下料后根据需要进行二次矫平
工序	组装板条加劲肋
示意图	
说明	以纵横基准线为基准,划线组装板条加劲肋
工序	焊接加劲肋
示意图	
说明	船形反变形胎架上,采用 CO_2 自动焊机施焊,焊后降至室温再松卡,并进行适当调整

续表

工序	隔板零件切割
示意图	
说明	采用数控等离子切割下料
工序	零件矫平
示意图	
说明	为保证板单元装配精度,零件下料后根据需要进行二次矫平
工序	组装板条加劲肋
示意图	
说明	以纵横基准线为基准,划线组装板条加劲肋,船形反变形胎架上,采用 CO_2 自动焊机施焊,焊后降至室温松卡,并进行适当调整

续表

工序	挑臂顶板单元定位
示意图	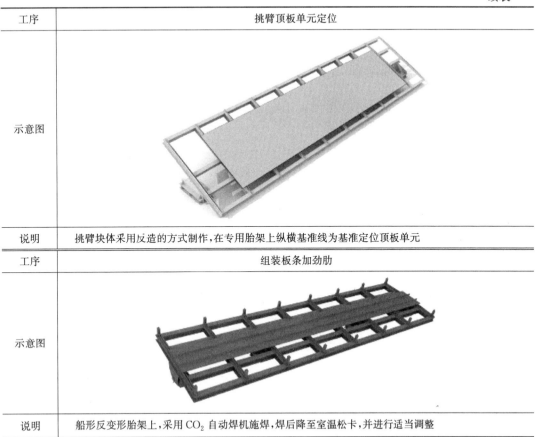
说明	挑臂块体采用反造的方式制作,在专用胎架上纵横基准线为基准定位顶板单元
工序	组装板条加劲肋
示意图	
说明	船形反变形胎架上,采用CO_2自动焊机施焊,焊后降至室温松卡,并进行适当调整

2) 钢箱梁总装及预拼流程示意图见表5-22。

钢箱梁总装及预拼流程示意　　　　表5-22

工序	胎架制作
示意图	
说明	1. 胎架应有足够的承载力,设置纵向线型及横向坡度(横向要在设计值基础上预加反变形量)。在胎架上设置纵、横基线和基准点胎架外设置独立的基线、基点,形成测量网,以便随时对胎架和节段线形进行检测; 2. 为避免受横隔板处焊接及重量的影响产生永久变形,胎架对应每到横隔板处必须有横梁支撑,与横隔板位置的最大偏离距离不得大于50mm。在横隔板与板单元端头距离超过1200mm的端口处还要加设支撑横梁

续表

工序	顶板单元件定位
示意图	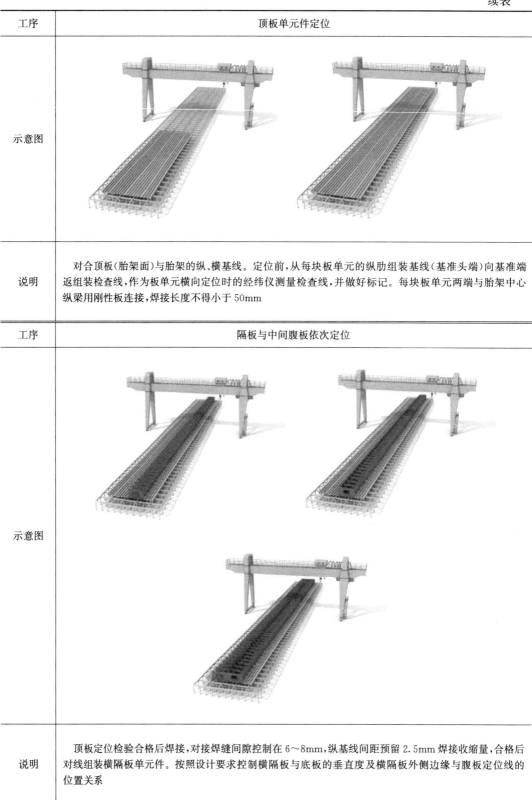
说明	对合顶板(胎架面)与胎架的纵、横基线。定位前,从每块板单元的纵肋组装基线(基准头端)向基准端返组装检查线,作为板单元横向定位时的经纬仪测量检查线,并做好标记。每块板单元两端与胎架中心纵梁用刚性板连接,焊接长度不得小于 50mm
工序	隔板与中间腹板依次定位
示意图	
说明	顶板定位检验合格后焊接,对接焊缝间隙控制在 6~8mm,纵基线间距预留 2.5mm 焊接收缩量,合格后对线组装横隔板单元件。按照设计要求控制横隔板与底板的垂直度及横隔板外侧边缘与腹板定位线的位置关系

续表

工序	外侧斜腹板定位
示意图	
说明	1. 根据顶板上的腹板定位线确定腹板单元件的位置,依次组装外侧斜腹板; 2. 注意控制腹板与底板的角度以及与底板端口的位置关系
工序	依次拼装挑臂单元
示意图	
说明	装配定位挑臂单元。将其腹板板厚中心线对齐斜腹板上的安装位置线,利用箱体高度控制挑臂板面的标高,并用水准仪监控箱体高度,同时必须保证其垂直度要求,允许公差控制在±1mm,定位正确后进行点焊牢固
工序	依次封盖底板单元件
示意图	
说明	按上述步骤及要求,依次组装底板单元件,底板从一侧朝另一侧依次定位,用吊线垂的方法确定顶板与底板的位置关系。分段板单元厂内纵缝处空6~8mm衬垫缝隙,现场接缝处顶紧。 1. 待每个梁段所有焊接、修整完成后,进行桥梁线形以及标记点在顶板上的投影点纵距的复测(要求日出前测量)及环口的匹配修整。按理论尺寸进行配切并开制顶、底板的坡口; 2. 梁段间临时连接件的组装应在梁段环缝切割后进行。临时连接件组装时,应根据梁段间的间隙添加相应厚度的工艺填板,将连接件、垫板和工艺填板用冲钉和螺栓连接好,按图纸给定的位置组焊,同时注意临时连接件端面与箱口平齐; 3. 钢箱梁下胎前按临时吊耳布置图安装临时吊耳; 4. 节段预拼装检测合格后,采用经纬仪、钢带等仪器工具,按工艺要求绘制节段纵向定位线、端口横向检查线及节段桥上吊装标高测量点等各类标记,以便节段在存放、吊装过程中易于辨别

续表

工序	涂装、存放、运输
示意图	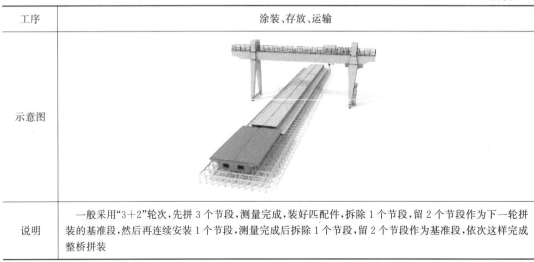
说明	一般采用"3+2"轮次,先拼3个节段,测量完成,装好匹配件,拆除1个节段,留2个节段作为下一轮拼装的基准段,然后再连续安装1个节段,测量完成后拆除1个节段,留2个节段作为基准段,依次这样完成整桥拼装

5.4.7 构件焊接

1. 质量要求

（1）焊缝的长度、焊脚尺寸均应符合施工图纸要求,未经许可不得改变焊缝位置；缝不得有焊喉不足、过高、咬边过量、偏焊、未焊透等缺陷；

（2）本项目受拉构件的对接接头表面要求齐平,不使较薄母材或焊缝金属的厚度有大于0.8mm或厚度5%的减量。打磨后的增强量不超过0.8mm,增强量应平滑过渡到板的表面,其边缘应没有咬边,如果焊缝处是一个结合面或接触面,则增强量必须全部清除；

（3）与受力方向平行的非受拉构件的对接接头表面的增强量不得超过3mm；

（4）对接焊缝宽度（打磨后）每侧不小于坡口宽度2mm；

（5）表面修整、打磨光洁度要求：打磨表面粗糙度不得超过$6.3\mu m$,当粗糙度值在$3.2\sim6.3\mu m$的焊缝,表面的打磨方向应与主应力方向平行,粗糙度值打磨到小于$3.2\mu m$时,打磨方向不限制。

2. 焊接准备

（1）焊接工艺评审

产品正式开工之前组织召开焊接工艺评审会,由工厂拟订工艺评审申请报告。邀请有关专家、设计院、甲方、监理方等有关单位参加评审会。焊接工艺评审的主要内容包括主要及重要焊缝的坡口形式、焊接方法、焊接材料等工艺参数以及诸多细节问题。

在评审会上形成一个正式的工艺评审报告,报告包括：评审的主要内容、评审提出的主要问题、评审提出的改进意见、评审后施工单位的意见及改进措施,最后由评审会共同形成一个评审结论。具体施工时,必须遵从评审结论中的意见及改进措施。

（2）焊接人员准备

1）焊接技术责任人员：焊接技术责任人员应接受过专门的焊接技术培训,取得中级以上技术职称并有一年以上焊接生产或施工实践经验。

2）焊接质检人员：焊接质检人员应接受过专门的技术培训,有一定的焊接实践经验和技术水平,并具有质检人员上岗资质证。

3)无损探伤人员:无损探伤人员必须由国家授权的专业考核机构考核合格,其相应等级证书应在有效期内,并按考核合格项目及权限从事焊缝无损检测和审核工作。

4)焊接操作人员:

① 从事焊接工作的焊工、焊接操作工及定位焊工,必须经《钢结构焊接从业人员资格认证标准》CECS 331—2013 标准考试,并取得有效的焊工合格证;

② 焊工所从事的焊接工作须具有对应的资格等级,不允许低资质焊工施焊高等级的焊缝。如持证焊工已连续中断焊接 6 个月以上,必须重新考核;

③ 焊接施工前,根据工程特点、材料和接头要求,有针对性地对焊工作好生产工艺技术交底培训,以保证焊接工艺和技术要求得到有效实施,确保接头的焊缝质量;

④ 参与主要受力部位焊接的焊工除应满足以上要求外,还需有实际操作经验;

⑤ 焊接人员必须持有焊工合格证书,证书在有限期限内,且其施焊范围不得超越资格证书的规定;在上岗作业以前,工艺人员对其进行技术交底,使焊接人员全面了解工程制作的技术要求;所有焊接人员在实际施焊时,严格按照工艺文件的技术要求进行焊接作业。

(3)焊接材料及机具准备

焊接材料由专用仓库储存、保管,焊条、焊剂严格按规定烘干,烘干后的焊条应放在专用的保温筒内随用随取,焊条、焊剂应分批登记领用,当焊剂未用完时,应交回重新烘干。

设备管理人员对焊接设备进行定期检查,抽验焊接时的实际电流、电压与设备上的指示是否一致,以保证焊接设备处于完好状态,对达不到焊接要求的设备及时进行检修、更换。

焊接设备放置在通风、避雨的场所。焊工焊接前应检查所用焊接设备及仪表运行情况,确认准确无误后方可开工作业。

(4)焊前准备

1)对焊接坡口及坡口边缘正反 30mm 范围内,进行打磨处理,去除板上的铁锈、水、油及污物等,反面贴陶质衬垫处去除油灰、污物等;

2)T 形接头、十字接头、角接接头和对接接头主焊缝两端,必须配置引弧板和引出板,而不应在焊缝以外的母材上打火、引弧,引弧、引出板材质和坡口形式应与被焊工件相同,禁止随意用其他铁块充当引弧、引出板;

3)手工电弧焊和半自动气体保护焊焊缝引出长度应大于 25mm,其引弧板和引出板厚度不宜小于 6mm、宽度应大于 50mm、长度应大于 30mm;

4)按规范要求设置对接焊缝的焊接产品试板,焊接试板长度不小于 500mm,其材质和坡口形式与母材相同。

(5)焊接工艺

1)焊接工艺参数

焊接时应根据焊接工艺评定确认的焊接方法、焊接材料以及焊接位置,选择相应的焊接参数、预热、层间温度及后热要求。

① 预热要求:此类构件板厚小于 40mm,预热温度不做要求。预热范围为焊道两侧

1.5倍板厚且不小于100mm的范围。预热温度的测定采用远红外线测温仪在钢材加热的反面，距离焊缝中心50mm处测定。预热方式采用火焰及电加热器两种方式；

② 层间温度控制要求：层间温度控制在最低预热温度与250℃之间，焊接过程中，随时对焊接点的前后方向、侧面进行测温。必须注意：预热温度和层间温度必须在每一焊道即将引弧施焊前加以核对；

③ 焊后处理：预热焊接部位焊后，应立即采用保温棉覆盖焊道缓冷。最低预热温度、层间温度及焊后处理的要求可根据焊接工艺评定进行适当调整。

2）焊接工艺要求

① 预热：本工程使用的低合金中厚板（$t>25mm$），在焊接前将焊缝区域50～80mm范围内进行预热，预热温度80～120℃。预热可采用红外加热器或火焰加热的方法进行预热。测温点在加热侧的背面，距焊缝75mm处。

② 定位焊：定位焊焊缝长度为50～100mm，间距400～600mm，定位焊应距焊缝端部30mm以上，焊脚尺寸大于4mm且应小于1/2设计焊脚高度；定位焊采用手工电弧焊或CO_2气体保护半自动焊，拘束力大的定位焊缝焊前要求预热，预热温度为120～150℃；定位焊不得存在裂纹、夹渣、气孔、焊瘤等缺陷。定位焊如出现开裂，须先查明原因，然后用碳弧气刨清除原定位焊缝，再由装配人员重新定位；严禁采用锤击法或疲劳破坏的方式拆除，须采用气割。切割时应留3～5mm的余量，然后铲掉余量、磨平。

③ 手工焊及CO_2气保焊：CO_2气体保护焊在风速超过2m/s、手工电弧焊在风速超过8m/s时，应采取良好的防风措施，防止焊缝产生气孔；角焊缝的转角处包角应良好，焊缝的起落弧处应回焊20mm以上；多层多道焊时，各层各道间的熔渣应彻底清除干净。并检查无裂纹等焊接缺陷后再继续施焊；要求熔透的焊缝，为了保证熔透，背面采用碳弧气刨清根，并用砂轮打磨光滑匀顺后进行焊接；焊接过程中，严格控制层间温度，采用点温计在焊接过程中进行监控。

④ 埋弧焊：埋弧焊必须在距杆件端部80mm以外的引板上起熄弧，且过程中尽量避免断弧，如出现断弧现象，必须将断弧处刨成1:5的斜坡后，并搭接50mm再引弧施焊；为了防止焊缝焊偏，焊前应认真检查轨道与焊缝的位置和焊丝对准情况，施焊过程中及时调整；埋弧自动焊焊剂覆盖厚度不应小于20mm，且不大于60mm，焊接后应待焊缝稍冷却再敲去熔渣；采用埋弧焊焊接的箱型棱角焊缝，为了防止棱角焊缝烧穿，当组装间隙局部超出规定时，可以采用手工电弧焊或CO_2气体保护焊打底后再施焊。焊接工艺需满足表5-23规定。

3）单元件、构件的焊接

单元件焊缝分布规律，易于实现自动化焊接，单元件焊接质量控制的关键是通过合理采用自动焊焊接技术，达到稳定焊接质量、控制焊接变形的目的。同时，可以方便施工、提高生产效率。单元件、构件组装过程前面已经叙述，下面就其焊接顺序及注意事项加以叙述。

桥面板单元在专用反变形胎架上采用CO_2气体保护焊自动焊接，由纵向中心线向两侧对称施焊。H型钢主焊缝焊接时采用交替错开的顺序进行，主焊缝焊接完后，采用CO_2气保护焊对称焊接其加劲板。

焊接工艺控制表　　　表 5-23

序号	工序	技术要求
1	焊接工艺	多层多道焊中的各层各道之间的焊渣必须彻底清除干净
2		除无法设置引熄弧板的对接焊缝外,所有对接接头必须设置引熄弧板
3		若焊接需用到引熄弧板时,引熄弧板的材质、厚度和坡口形式须与母材的相同。埋弧自动焊的引熄弧板长度应不小于120mm,引熄弧焊缝长度应不小于80mm;其他焊接方法的引弧板长度应不小于80mm,引熄弧焊缝不小于50mm
4		未要求缓焊的角焊缝转角处(含过焊孔)包角应良好,焊缝的起落弧处应回焊10mm以上确保工艺
5		CO_2 气体保护焊在风速超过 2m/s 的时候应采取良好的防风要求。CO_2 气体纯度不低于 99.5%
6		埋弧自动焊焊接时应使用焊剂漏斗。焊剂覆盖在焊缝上的厚度不小于20mm,且不大于60mm,焊接时不应急于敲去焊渣。如果焊接过程中出现断弧现象,必须将断弧处刨成1:5的坡度,搭接50mm再施焊确保焊接质量
7		不允许在焊缝坡口以外的母材上随意打火引弧
8		施工人员如果发现焊缝出现裂纹,应及时通知工艺员,查明原因后才能按工艺员制定的方案施工

① 桥面板横纵向对接

采用单面焊双面成型工艺,背面贴陶质衬垫。根部采用 CO_2 气体保护焊打底焊接2~3道,焊接从中间向两侧对称施焊,然后采用埋弧焊填充盖面。组装时,桥面采用马板定位,以控制焊接收缩变形。

② 其他附属设施焊接

吊耳及桥面附属设施等其余焊缝采用 CO_2 气体保护焊或手工电弧焊,其焊接质量应满足设计要求。

③ 其他注意事项

在焊接时使用必要的装配和焊接胎架、工装夹具、工艺隔板及撑杆,可以控制焊接变形、减少残余应力;杆件焊接过程中,尽可能采用平焊位置或船形位置进行焊接;在同一单元上焊接时,应尽可能采用热量分散、对称分布的方式施焊。

（6）焊缝检验

1) 焊缝外观检验

所有焊缝在焊缝金属冷却后进行外观检查,不能有裂纹、未熔合、焊瘤、夹渣、未填满弧坑及漏焊等缺陷,其质量要求应符合表 5-24 的规定。

焊缝外观质量标准表（单位：mm）　　　表 5-24

项目	焊缝种类	质量标准
气孔	横向对接焊缝	不允许
	纵向对接、主要角焊缝	直径小于1.0,每米不多于3个
	其他焊缝	直径小于1.5,每米不多于3个

续表

项目	焊缝种类	质量标准
咬边	受拉部件纵向及横向对接焊缝	不允许
	U形加劲肋角焊缝翼板侧受拉区	
	受压部件横向对接焊缝	≤0.3
	纵向对接、主要角焊缝	≤0.5
	其他焊缝	≤1.0
焊脚尺寸	主要角焊缝	K_0^{+2}
	其他角焊缝	K_{-1}^{+2}
		手工角焊缝全长的10%允许K_{-1}^{+3}
焊波	角焊缝	≤2.0（任意25mm范围高低差）
余高	余高铲磨后的表面	不高于母材0.5，不低于母材0.3
	不铲磨余高的对接焊缝	≤2.0（焊缝宽b≤20）
		≤3.0（焊缝宽b>20）
	T形角焊缝	凸面角焊缝有效厚度应不大于规定值2.0、凹面角焊缝应不小于规定值0.3

2）焊缝无损检验

焊缝施焊24小时，经外观检验合格后，再进行无损检验。对于厚度大于35mm的高强度钢板焊接接头在施焊48小时后进行无损检验。

超声波探伤：焊缝超声波探伤标准按《钢焊无损检测 超声检测 技术、检测等级和评定》GB/T 11345—2013执行，探伤结果评定按《铁路钢桥制造规范》Q/CR 9211—2015执行。

焊缝超声波探伤范围和检验等级见表5-25。

焊缝超声波探伤范围和检验等级表（单位：mm） 表5-25

序号	焊缝质量等级	探伤比例	探伤范围	板厚	检验等级
1	Ⅰ、Ⅱ级横向对接焊缝	100%	全长	10~80	B
2	Ⅰ级纵向对接焊缝		全长		
3	Ⅱ级纵向对接焊缝		焊缝两端各1000		
4	Ⅰ级全熔透角焊缝		全长		
5	Ⅱ级角焊缝		两端螺栓孔部位并延长500，弦杆跨中加探1000	10~46	A
				46~80	B

射线探伤：按《铁路钢桥制造规范》Q/CR 9211—2015及本工程图纸设计说明的规定，主要杆件的受拉横向、纵向对接焊缝除按规定进行超声波探伤外，还应按接头数量的10%（不少于一个焊接接头）进行射线探伤。探伤范围为焊缝两端各250~300mm，焊缝长度大于1200mm时，中部加探250~300mm。对表面余高不需磨平的十字交叉或T字交叉对接焊缝，应在以十字交叉点为中心的120~150mm范围内100%射线探伤。

焊缝的射线探伤应符合《焊缝无损检测 射线检测》GB/T 3323—2019的规定，射线透照技术等级采用B级、焊缝内部质量应达到Ⅱ级。采用射线探伤的焊缝，当发现超标缺陷时应加倍检验。

(7) 缺陷焊接的返修工艺

1) 产生焊接缺陷时，根据缺陷种类采用表 5-26 方法实施修补。

焊接缺陷修补表   表 5-26

缺陷种类	修补要领
裂纹	针对裂纹，采用正确的检查方法（超声波探伤、磁粉探伤等）确认其长度、位置，在裂纹两端钻止裂孔（距裂纹端部 50mm 处），再用碳弧气刨清除裂纹（包括其两端延长 50mm 的范围），并确认裂纹清除干净后再实施焊补。并分析裂纹产生的原因，制定预防措施
未熔合、夹渣气孔	在发现缺陷的部位及其两端各 20mm 的范围内，用碳弧气刨清除后再进行焊补
咬边	深度不超过 $0.05t$ 且在 1mm 以下：用砂轮打磨修整；深度超过 $0.05t$ 且超过 1mm：用砂轮打磨或碳弧气刨清除，然后进行焊补
接头不良、余高过大、弧坑、焊接缝不整齐	打磨修整或用碳弧气刨清除后进行焊补
未焊满	补焊至所要求的焊接质量

返工焊接按照下列要求实施：

① 返工前应编制合理的返工方案，按方案进行返工；

② 补焊预热温度应比正常预热高；

③ 焊缝正反面各作一个部位，同一部位返修不宜超过两次；

④ 对两次返修仍不合格的部位应重新编写返修方案，经工程技术负责人审核并报监理认可方可执行；

⑤ 返修焊接应填报施工记录及返修前后无损检测报告，作为工程验收及存档资料。

2) 主要工序

拼板焊接工艺、纵肋板焊接工艺、横隔板单元焊接工艺、节段总装焊接工艺，分别见表 5-27～表 5-30。

拼板焊接   表 5-27

焊接方法	技术要求
实芯焊丝 CO_2 气体保护焊打底，埋弧焊盖面，反面碳弧气刨清根后，采用埋弧自动焊封底	焊接拼板接头时，正面打底焊道宜采用分段跳焊方法施焊。清根后可采用 CO_2 气体保护焊打底，埋弧焊焊接，也可以直接采用埋弧焊焊接。拼板完成后对焊缝进行严格探伤

纵肋板焊接   表 5-28

焊接方法	技术要求
实芯焊丝 CO_2 气体保护焊	顶、底板的加劲肋的角焊缝应在反变形胎架上施焊。宜采用自动焊焊接，当自动焊小车无法操作时也可以采用半自动焊焊接
	顶、底板与加劲肋焊接时宜由 1 名焊工施焊或 2 名焊工间隔对称施焊，要求焊接方向相同，焊接速度一致

横隔板单元焊接   表 5-29

焊接方法	技术要求
实芯焊丝 CO_2 气体保护焊	普通横隔板应先焊加劲圈的对接焊缝，再焊加劲圈的角焊缝

3）焊缝缺陷修补

重要焊缝的修补、如裂纹等，必须先查明原因，经质检人员和主管技术人员确认后进行，并做好记录。

焊波、余高超标、焊缝咬边不大于 1mm 时，用砂轮机修磨匀顺；焊脚尺寸不足、焊缝咬边大于 1mm 时，可采用手工电弧焊进行补焊，然后用砂轮机修磨匀顺。

焊缝内部缺陷的返修应采用碳弧气刨或其他机械方法清除焊接缺陷，在清除缺陷时应刨出利于返修焊的坡口，并用砂轮磨掉坡口表顶的氧化皮，露出金属光泽，再采用手工电弧焊或实芯焊丝 CO_2 气体保护焊进行焊接，焊条使用 E5015 的碱性焊条。

节段总装焊接　　　　　　　　　　　　　表 5-30

焊接方法	技术要求
顶板对接接头：陶质衬垫，实芯焊丝 CO_2 气体保护焊打底，埋弧焊盖面	焊接横隔板与顶板、底板、腹板时应分区域对称施焊，尽量避免热量过于集中，以减小焊接变形
横隔板与顶板、底板、腹板：实芯焊丝 CO_2 气体保护焊和药芯焊丝 CO_2 气体保护焊	焊接腹板与顶、底的角接接头时应采用分段退焊方法施焊

焊接裂纹清除时应沿裂纹两端各外延 50mm，焊接坡口要求光顺圆滑，打磨掉尖角缺口，焊前预热 100~150℃，防止裂纹扩展。

返修焊缝焊后均要求打磨光顺，并按原质量要求重新复检，返修焊缝的最小长度不小于 50mm。

同一部位的焊缝返修次数不宜超过两次；返修次数超过两次的，应先查明原因，并制定相应的返修工艺，返修工艺须经技术负责人签认后才能实施。

5.4.8　单元件起吊、存放及转运

钢丝绳的使用需满足表 5-31 的规定。吊环的使用需满足表 5-32 的规定。磁性吊具的使用需满足表 5-33 的规定。

钢丝绳的使用原则　　　　　　　　　　表 5-31

序号	使用原则
1	使用前必须看清标牌上的工作载荷及适用范围，严禁超载使用
2	使用前应将钢丝绳索具直接挂入吊钩的受力中心位置，不能挂到尖锐部位
3	两根钢丝绳索具使用时，将两根钢丝绳索具直接挂入双钩内，两根钢丝绳索具各挂在双钩对称受力中心位置；四根钢丝绳索具使用时，每两根钢丝绳索具直接挂入双钩时，注意钩内两根钢丝绳索具不能相互重叠和相互挤压，四根钢丝绳索具要对称于吊钩受力中心
4	成套索具吊装时应避免吊装角度超过 60°
5	钢丝绳索具禁止打结，禁止钢丝绳间直接接触，应加卸扣或吊环隔开
6	成套钢丝绳索具在负载运行过程中发生异常响声，应停止使用，等检查后再行处理
7	成套钢丝绳索具在吊装过程中应尽量平稳，人员严禁在物品上通过，吊运物品下面严禁站人
8	钢丝绳索具在运输，安装和使用时避免弯曲受力，以免钢丝绳受到伤害

吊环的使用原则　　　　　　　　　　　表 5-32

序号	使用原则
1	吊环大小、形状、所用材料以及安装位置应由工艺人员设计和确定,其焊接应由熟练焊工施工,吊环与吊索的连接应采用卸扣,严禁采用其他连接方式进行作业
2	吊环焊脚尺寸必须符合规定要求,必要时应对焊缝外观成形进行专项报检
3	吊环孔眼的制作应采用机加工的方法,气割孔眼应磨光,以免损坏索具
4	从构件上去除吊环时,应采用切割的方法,切割时严禁损伤构件表面,不得采取锤击的方法强行去除吊环构件。表面应通过打磨保持平整光洁,重要部位需进行表面裂缝探查

磁性吊具的使用原则　　　　　　　　　表 5-33

序号	使用原则
1	磁性吊具吊运构件时,禁止在人或设备的上方运行,吊具与构件的吸着面不得有任何杂物、灰尘和油水等
2	磁性吊具吊运构件时,必须置于构件的重心位置,构件的倾斜度应控制在5°内,且构件刚吊离地面时应稍作停留,确认完全符合要求后方可继续进行
3	构件在吊运前,操作人员必须清楚构件的确切重量,并根据吊运构件的重量和形状正确选用吊索具,严禁在超负荷和受冲击载荷的情况下吊运
4	构件起吊前,应检查板件与胎架间的连接焊缝是否已全部拆除,并同时检查吊环焊接是否牢靠
5	构件起吊前,应先将构件吊离胎架约200mm,确认索具、吊环的安装可靠后再正式起吊
6	起吊构件时,构件上严禁站人或存在浮动物件
7	构件起吊后,不应长时间高空悬挂,如遇突发情况,应采取必要措施防止他人误入构件下方的危险区

对重量在2t以下的单元件可采用钢板夹具起吊,转运可用叉车（形状和重量适宜）或汽车,码放不能过高,每一层要用垫木垫平并塞紧,防止移动,转运过程要平稳;对外形尺寸较大、重量较重不用翻身只需平位转运的单元件,必须在单元件上设置四个吊环用于起吊与转运。吊环位置应以构件重心对称布置,且吊环间距不应过大或过小,以挂绳间的夹角60°为宜,且不得大于120°。对不能用叉车转运的外形尺寸较大、重量较重的单元件须用汽车或平板车转运,转运要平稳,全过程必须有专人看护;汽车或平板车转运过程中车速不能过快,特别是在拐弯时一定要减速,以防工件甩出。

1. 构件厂内堆放保护措施

（1）成品须堆放在厂内的指定位置。露天堆放的钢构件,搁置在干燥无积水处,防止锈蚀;底层垫枕有足够的支承面,防止支点下沉,构件堆放平稳垫实。

（2）成品在放置时,在构件下安置一定数量的垫木或支架,禁止构件直接与地面接触,并采取一定的防止滑动和滚动措施,如放置止滑块等;构件与构件需要重叠放置的时候,在构件间放置垫木或橡胶垫以防止构件互相碰撞。

（3）构件放置好后,在其四周放置警示标志,防止吊装时碰伤本工程构件。

（4）待包装或待运的钢构件,按种类、安装区域及发货顺序,分区整齐存放,标有识别标志,便于清点。

（5）常规小零件统一堆码,设计专用的放置固定工具。零配件应分类标识打包,各包装体上做好明显标志,零配件应标明名称、数量、生产日期。

(6) 钢构件按规定制作完毕,且检验合格后,除用钢印打上构件编号外,还需贴上条码反映出构件重量和规格等信息;按构件类型和分布区域分类堆放,并垫上枕木,防止变形、磨损。

(7) 钢构件的存储、进出库,严格按企业制度执行。构件存放如图 5-40 所示。

图 5-40　构件存放实景图

2. 构件厂内转运保护措施

钢梁节段在总拼胎架上整体组装预拼装结束后,利用门机解体下胎,将块体放置于液压升降平板车上,液压升降平板车如图 5-41 所示,由平板车负责钢梁块体的场内转运工作。平板车上事先垫好 300mm×300mm 的方木,将块体从预拼装场地运输至喷砂涂装房、临时堆场,严禁任意乱放。

图 5-41　液压升降平板车

3. 构件装载要求

(1) 运输时,按照安装顺序进行配套发运;

(2) 汽车装载不允许超过行驶证中核定的载重量;

(3) 装载时保证均衡平稳、捆扎牢固;

(4) 运输构件时,根据构件规格和重量选用汽车,大型货运汽车载物高度从地面起控制在4m内，宽度不超出箱，长度前端不超出车身，后端不超出车身2m；

（5）钢结构构件的体积超过规定时，须经有关部门批准后才能装车。

4. 构件装车注意

（1）包装完好的构件装于运输车挂车上，遵循"大不压小、重不压轻"的原则层层装车，每层之间进行隔垫，隔垫上下应一一对齐，且保证在运输途中不因叠压而受损产生永久变形；

（2）钢构件摞放层数不超过1层；不能摞放其他构件；所有摞装构件上下层之间用方木支撑，且处于同一垂线上；

（3）为确保构件涂装表面不受污染，对运输车进行检查，对运输车内存留的残留物进行清理，并对挂车进行洗舱，防止对构件造成污染。

5. 货物加固注意

加固材料包括若干木块、木楔、钢丝绳、螺旋紧固器等。加固办法如下：

（1）装车过程中，钢构件落地点摆好垫木，使产品落位平稳，在梁段两端头隔板处加垫枕木，中间隔板处应根据实际情况加设枕木，防止梁段的下挠，为防止运输过程中构件位移，并在构件四周适当位置立止位桩定位；

（2）用钢丝绳将构件与车辆两侧的地耳拉紧固定；

（3）构件装车捆扎。

运输构件装车的固定采用钢丝绳与手动葫芦进行捆扎。将钢丝绳从运输构件横向进行捆扎，每个构件横向捆扎3道，用5t手动葫芦捆扎紧固。

5.4.9 工厂涂装工艺

1. 涂装要求

钢箱梁部分涂装配套方案见表5-34。

钢箱梁部分涂装配套方案表　　　　表5-34

部位	涂层	涂料名称	油漆颜色	道数	总干膜厚度（μm）	施工场所
箱外表面	表面处理	喷砂除锈等级Sa2.5级				厂内施工
	底漆	环氧富锌底漆	/	1	60	
	中间漆	环氧（厚浆）漆	/	2	100	
	面漆	丙烯酸脂肪族聚氨酯面漆	/	1	40	
	面漆	丙烯酸脂肪族聚氨酯面漆	/	1	40	现场
箱内表面	表面处理	喷砂除锈等级Sa2.5级				厂内施工
	底漆	环氧磷酸锌底漆	/	1	60	
	面漆	环氧（厚浆）漆（浅色）	/	2	100	
伸缩缝处钢箱梁端头	表面处理	喷砂除锈等级Sa2.5级				厂内施工
	底漆	环氧富锌底漆	/	1	80	

2. 施工准备

(1) 上岗人员的培训

对喷砂、喷漆等特殊过程的作业人员、检验人员、试验人员应组织相关"应知应会"培训考试，合格后持证上岗；全体工作人员均应结合本工程的工艺、安全、劳保、环保、质保等特点，进行强化培训合格后上岗。

(2) 原材料的准备与储运

1) 磨料的检验和保存

从合格的分承制方采购磨料，预处理磨料采用钢砂、铸钢丸或钢丝段，二次表面处理磨料采用钢砂或混合金属磨料，磨料硬度、清洁、干燥等性能符合《铸钢丸》YB/T 5149—1993 和《铸钢砂》YB/T 5150—1993 的要求，其粒度和形状均满足喷射处理后对表面粗糙度的要求。

由仓库保管员对进库前的磨料验证其合格证和质保书，表面应清洁、干燥，验证合格后入库存放。经验证不合格的磨料不能使用，并退回供方更换。所有磨料均存放在干燥的库房内。

使用过程中定期对磨料进行检查，并采用过筛、除灰、补充等处理，以保证磨料正常使用。

2) 压缩空气的要求

用于喷砂除锈和喷涂的压缩空气系统应配备空气净化装置，保证压缩空气中"无油、无水"，使用前经压力测试及白布打靶试验确认。

3) 涂料的检验

涂料的采购应依据招标文件的要求，所有构成防护体系的涂料都在同一合格的涂料供应商处配套购买，并依据设计要求进行材料检验。

同时，要求涂料供应商对其所提供涂装材料的质量负责，并派驻具备涂装专业资格的技术代表进行现场服务。

4) 涂料的封装和运输

所有涂料应装在密闭容器内，容器的大小应方便运输。每个容器应在侧面粘贴说明书，包括用途（例如是底漆、中间漆还是面漆）、颜色、批号、生产日期和生产厂家。当生产日期是编码时，应向监理工程师提供编码解读方法。

涂料的取样与送检：当监理工程师选定涂料后，应立即遵照监理工程师的指示直接从涂料生产厂家的成品罐中提取，每个样品按组分比例提取，并分为 A、B 样，送往国家权威涂料检测机构进行复检，复检项目依据相应的国家标准、行业标准及企业标准执行，并提供权威机构出具的检测报告。

禁止使用过期产品、不合格产品和未经检验的涂料产品。

(3) 涂装施工工艺

1) 表面清理工艺要求

表面清理包括表面缺陷修补、打磨，钢板表面盐含量的检测及可溶盐的清除，表面油污的检查及清除，粉尘记号、涂料、胶带等表面附着物及杂物的清除。表面清理的质量直接影响到喷砂处理后的表面质量，对基材与底漆之间的结合力有至关重要的影响。

喷砂前表面清理工艺流程为：（结构缺陷的清除）焊接缺陷补焊、打磨→清洗剂清洗油污→压缩空气吹净、干燥→防止再次污染。

具体要求参见表5-35。

表面清理工艺表　　　　　　　　　　　　表5-35

序号	部位	焊缝及缺陷部位的打磨标准
1	自由边	1. 用砂轮机磨去锐边或其他边角,使其圆滑过渡,最小曲率半径为2~3mm; 2. 圆角可不处理
2	飞溅	用工具除去可见的飞溅物: 1. 用刮刀铲除;2. 用砂轮机磨钝
3	焊缝咬边	超过0.8mm深或宽度小于深度的咬边均采取补焊或打磨进行修复
4	表面损伤	超过0.8mm深的表面损伤、坑点或裂纹均采取补焊或打磨进行修复
5	手工焊缝	表面超过3mm不平度的手工焊缝或焊缝有夹杂物,均用磨光机打磨至表面不平度小于3mm
6	自动焊缝	一般不需特别处理
7	正边焊缝	带有铁槽、坑的正边焊缝应按"咬边"的要求进行处理
8	焊接弧	按"飞溅"和"表面损伤"的要求进行处理
9	割边表面	打磨至凹凸度小于1mm
10	厚钢板边缘切割硬化层	用砂轮磨掉0.3mm

2)表面清洁工艺流程

为增强漆膜与钢材的附着力,应对二次除锈后的钢材表面进行清洁处理,然后再进行涂装,表面清洁工艺流程为:用压缩空气吹净表面粉粒→用无油污的干净棉纱、碎布抹净,防止再次污染。

具体要求参见表5-36。

清洁处理表　　　　　　　　　　　　表5-36

序号	项目	清洁要求
1	油脂	清除至不允许留有肉眼可见痕迹
2	水分、盐分	肉眼不可见
3	肥皂液	肉眼不可见
4	焊割烟尘	用手指轻摩,不见烟尘跌落
5	白锈	用手指轻摩,不见烟尘跌落
6	粉笔记号	用干净棉纱抹净,允许可见痕迹
7	专用涂料笔记号	不必清除
8	未指定涂料笔记号	用铲刀等工具清除,肉眼不可见
9	漆膜破损	肉眼不可见有烧损起泡等漆膜缺陷
10	其他损伤	用碎布、棉纱抹净

3)喷砂除锈技术要求

① 选择磨料的清洁、干燥性能应符合相应规范的要求;其粒度和形状均满足喷射处

理后对表面粗糙度的要求,磨料清洁(不含油、杂物)、干燥(不含水),质量符合规定的要求,施工过程中经常检查磨料的运行情况,并及时进行补充和调整。

采用吸砂机及人工清铲配合收砂。为保证经喷砂处理的表面具有符合要求的粗糙度和清洁度,使用过程中定期对磨料进行检查,对回收后的砂进行筛选及粉尘分离,清除废砂并及时补充新砂。

② 压缩空气的质量对表面处理的质量(包括后续喷漆的质量)有重要的影响,空压机出口的压缩空气经冷却和油水分离及过滤处理,以保证施工所用的压缩空气干燥(不含水)、清洁(不含油及杂物)。

③ 喷砂设备的要求:采用大功率空压机和高效移动式喷砂机进行喷砂作业,其压缩空气经过滤、冷却、油水分离达到清洁、干燥的要求,喷枪出口空气压力达 0.55～0.7MPa,因此比一般的喷砂设备效率要高,喷砂处理质量更可靠。

修补及现场喷砂视情况不同分别采用手动机械打磨(对小面积及边角)和真空封闭式喷砂机(对较大面积),为保证喷砂质量可采用上述两种设备组合进行处理,防止出现漏喷。

④ 喷砂作业环境的要求见表 5-37。

喷砂作业环境的要求　　　　　　　　　　　　表 5-37

项目	控制要求	检测方法	备注
环境温度	5～38℃	温度计测量	-
空气相对湿度	≤80%	干湿球温度计测量再查表换算,或直接用仪器测量空气湿度	涂装房内采用除湿机、加热干燥机等达到喷砂作业环境要求
钢板表面温度	≥空气露点温度+3℃	钢板温度仪测量	
空气露点	由空气温度和空气相对湿度查表求出		

⑤ 喷砂操作:磨料喷射方向与工件的夹角为 75°～85°,喷枪距工作面的距离为 200～400mm,当喷嘴直径增大 20% 时将更换喷嘴。

⑥ 清砂、清尘:采用真空吸砂机吸出积砂,吸砂后钢板表面的灰尘无法通过吹灰清除,因为吹灰后灰尘仍会飘浮在空气中,最终仍回落在喷砂处理过的表面上,故采用大功率吸尘器或真空吸砂机带动吸尘装置,全面吸净喷砂表面的灰尘。

⑦ 清洁表面的保护:接近喷砂处理过的表面时,所有人员均穿戴专用工作服及鞋套、手套,防止污染清洁表面。

4)喷漆技术要求

① 涂料品种及质量

施工所用的涂料均采用同一厂家的产品,只有经检验合格并经监理认可的涂料才能使用。

② 喷漆作业采用的方法

喷漆作业采用刷涂法和高压无气喷涂法,刷涂只在预涂和小面积补涂时采用。

喷漆房内环境温度一般为 5～38℃(不同涂料要求不同,以涂料说明书为准),底材表面温度高于空气露点 3℃ 以上。

现场喷漆环境温度通常也为 5～38℃(视不同的漆而定),钢板表面温度满足施工条件且高于空气露点温度3℃以上,空气相对湿度控制在80%以下,风力太大影响操作时应停止喷漆作业。

③ 始喷时间

表面喷砂处理检验合格后对清洁的表面进行保护,防止二次污染,如不用除湿机控制相对湿度,则在4h内进行底漆喷涂。

④ 预涂

为保证预涂质量,所有预涂均采用刷涂。喷底漆前,将预涂所有焊缝、边角及所有不易喷涂的部位,以保证这些部位有足够的膜厚。为确保上述部位涂层的质量,将在底漆和中间漆喷涂前也分别对上述部位进行预涂。

⑤ 涂料的调配

调配前,用搅拌机将各组分搅拌均匀,必要时进行过滤,再按要求进行调配。配置时,注意涂料的熟化期和混合使用期,达到熟化期才能施工,但超过混合使用期的涂料严禁使用。因此,须做到涂料现配现用,避免造成涂料浪费。

⑥ 涂料的稀释

必要时加稀释剂对配置好的涂料进行稀释以便于施工,但稀释剂与涂料的体积比不超过规定的数值5%。

⑦ 操作

严格控制施工工艺,喷枪与工件表面之间的距离保持在适当的最小距离,且喷涂时始终与待涂表面保持接近90°,做到涂层分布均匀,不产生流挂、漏喷、干喷、龟裂等缺陷。

⑧ 重涂间隔

按照涂料供应商提供的资料及产品说明书要求严格,以及涂料涂装重涂间隔的要求进行施工。超过最大重涂间隔时,按规定处理并经监理和涂料商认可后再进行下道涂装。

⑨ 记录

施工时记录环境条件、所用涂料品种和数量、涂装部位等资料。

第 6 章

构件运输

6.1 下部结构构件运输

6.1.1 运输路线选择

运输线路根据墩柱、盖梁装载后车组的长、宽、高,需综合考察影响运输的公路设施。主要为:路面桥面路幅宽度、桥梁承载力、路面纵坡和横坡、路面的转弯半径、S形弯、立交桥、路面凹凸、公路牌坊、过街水管(预制盖梁墩柱没有超高,故涵洞、高空电线电缆等不在列)等。

6.1.2 运输车辆

1. 墩柱运输

常规预制墩柱运输车辆可选择多轴运输板车,圆形墩柱在运输过程中使用运输底座固定,底座表面覆盖牛筋板保护混凝土表面不出现擦痕,并采用挂钩和绑扎带进行固定。墩柱运输装载示意如图 6-1 和图 6-2 所示。

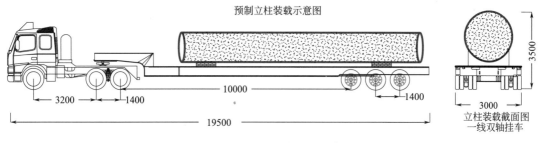

图 6-1 墩柱运输装载示意

2. 盖梁运输

预制盖梁运输车辆可选择一线双轴液压平板半挂车,运输示意图如图 6-3 和图 6-4 所示。

3. 运输车辆配置

(1) 牵引车

根据运输技术条件的要求,选用奔驰 3354、沃尔沃 FH16、德隆 X3000、解放 J6 等重

图 6-2 墩柱运输案例

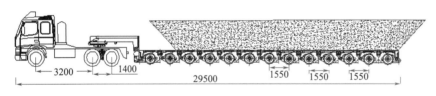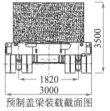

预制盖梁装载截面图

图 6-3 盖梁运输装载图

图 6-4 盖梁运输案例

型牵引车就可以满足运输需要（根据运输量再做相应的调整），如图 6-5 所示。表 6-1 为牵引车参数表。

图 6-5　梅塞德斯-奔驰 Actros 3354 牵引车

牵引车参数表　　　　　　　　　　　　　　　　　　　　　　　　　表 6-1

序号	设备名称	主要用途
1	沃尔沃牵引车 610 马力	承运 150～300t 的设备
2	奔驰牵引车 540 马力	承运 200～400t 的设备
3	陕汽德龙 550 马力	承运 280t 以内的设备
4	解放 J6500 马力	承运 280t 以内的设备
5	陕汽德龙 460 马力	承运 260t 以内的设备
6	北奔 480 马力	承运 260t 以内的设备

车型参数举例见表 6-2。

梅塞德斯-奔驰 Actros 3354 参数表　　　　　　　　　　　　　　　　表 6-2

项目名称	基本参数
汽车车型	Actros 3354 6×6 牵引车
尺寸(长×宽×高)	长 7110mm×宽 2500mm×高 3714mm
轴距	3600mm+1350mm
允许牵引总重	400t
发动机功率	395kW(540 马力)
前桥允许总重	10000kg
后桥允许总重	2×16000kg
牵引车自重	约 12000kg
发动机型号	奔驰 OM502LA,V 型 8 缸涡轮增压中冷智能控制
自重分配	前桥:约 5144kg;后桥:约 6856kg
电子限速	90km/h
柴油发动机排量	15928cm^3

续表

项目名称	基本参数
扭矩	2800N·m,1080转/分
油耗	193g/kWh,1300转/分
排放标准	欧四排放标准
辅助制动器	发动机气阀节气制动系统

(2) 平板挂车

根据对道路桥梁的现场勘察情况,针对盖梁的特性配置液压重型平板挂车,如图 6-6 所示,运输盖梁(根据预制构件的重量配置相应的挂车)。

图 6-6 液压平板车

为保证盖梁运输的稳定性,使其运输平台保持统一高度的平衡,平板车上的液压悬挂系统通过液压油缸使车架自由升降,并通过管理使所有悬挂液压油缸可单侧连通成全部连通,提高了挂车的通过性、行驶稳定性,当路面有凸凹不平整时(特别是运输道路上高低不平),车辆行驶过程中载荷平台能够始终保持水平,车辆支撑系统可实现三点或四点支撑,每个支撑点载荷均匀、无偏载。液压挂车通过高低不平路面时工作图如图 6-7 所示。

6.1.3 运输组织

1. 预制盖梁墩柱项目作业要求

(1) 根据前期对沿线的摸排工作及项目部的计划,提前两周安排相关运输车辆及作业人员进驻项目场地成立项目运输作业队;

(2) 完成安全技术相关培训及安全交底工作,进入现场作业(包含卸车点)人员必须穿戴安全帽、穿劳保鞋、穿工作服及相关现场所要求穿戴的其他物品,严格遵守现场的规章制度;

(3) 让运输作业人员了解工作内容及工作流程周期,对沿途道路及现场架设点进行作业熟悉,对沿途影响正常运输的障碍点进行梳理;

(4) 召开运输项目开工前的安全作业会议;

(5) 了解运输货物的特性,配置好相应的用具完成装载前的准备工作;

(6) 完成梁场发运装车负责人及各个标段架梁点卸车的现场负责人的对接工作;

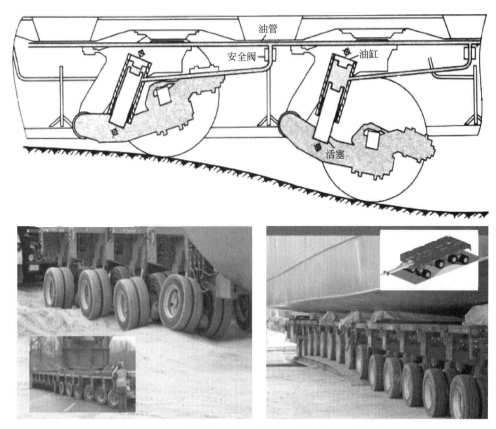

图 6-7　液压平板挂车通过高低不平路面时工作示意

（7）提前一周向项目部现场负责人领取运输铺架计划通知单；

（8）提前一天和项目部现场负责人确认好装载货物的标号次序及所要运输的标段；

（9）通知人员穿戴劳动防护，组织人员装载墩柱盖梁，并现场对应装载计划通知单确认墩柱盖梁的标号次序大小、里程及所要运输的标段；

（10）墩柱盖梁在运输车上定位后，对货物进行捆扎加固作业，在车货周围放置安全警示灯及小红旗，做好相关的道路运输安全措施；

（11）完成出厂前项目运输交接任务及车辆行驶排序工作；

（12）对全体作业人员召开运输前安全教育会议，确保每台通信工具畅通，统一频道、统一指挥；

（13）由运输现场指挥按交管部门规定发起出场命令；

（14）运输车辆、押送车辆、应急服务车辆按顺序依次出场；

（15）沿途运输前后车辆要保持联络、保持车距，特别是上桥前车辆前后要拉开车距有序上桥，严禁插队抢道，严禁在桥上停车，严禁沿桥边道行驶，保持匀速上桥、匀速下桥；

（16）转弯处应减速慢行，确保货物重心不偏移，礼让行人及社会车辆；

（17）沿途行驶遵守交通法规，在规定及允许的速度范围内行驶，车辆之间保持联络，如遇沿途道路突发状况可及时通知后方车辆，如遇运输车辆途中抛锚，首先应寻找适当位置靠边停车,随车人员应立即在车辆后方 150m 处放置三角反光牌和马路锥桶,通知后方应急车辆并说明情况,及时排除故障,同时派人在车辆后方手持指闪光挥棒提示后方车辆绕道行驶;

(18)到达架设施工现场后根据施工作业时间对货物进行吊装,卸车时应配合现场工作人员共同完成卸车,卸完后应当由现场架设负责人签收货物运输单,回到梁场完成本次盖梁墩柱运输工作。

2. 预制盖梁墩柱分项作业程序

装载流程:液压平板车停至指定装车地点→调整挂车水平高度同时铺上橡皮板→将预制盖梁装载在橡皮板上→检查液压板车两边是否受力均匀、梁体重心是否居中→封车做好相关安全措施。

根据预制盖梁的外形及特征和技术要求装车,装车时在梁体与挂车之间用特种橡皮板进行填补防止滑动,同时以便于到达工地现场吊装。预制盖梁装车时,根据现场吊装的位置和顺序,确定预制件的走向。

3. 预制墩柱盖梁的装载及捆扎

预制墩柱盖梁运输采用底部支撑受力方式,在运输车辆上面铺设防滑橡皮增大摩擦力,盖梁装载就位后应检查盖梁支撑点是否在同一水平面上,运梁车上的盖梁支撑中心应与盖梁上的中心线重合,保证盖梁运输过程中受力均匀。

运输胎架如图 6-8 所示,运输墩柱时由于墩柱为圆形柱体,在固定时需要借助圆形工装对其墩柱进行固定位置,固定时先将圆形工装放置在车辆平板上,工装中心和车辆中心重合,以免出现偏重状况,然后对工装与车板接触部位进行焊接,使工装与车板接触牢固,然后在工装上铺垫橡皮,最后把墩柱置于圆形工装之中。

图 6-8 运输胎架

各项检查完成后需要对墩柱盖梁进行捆扎,捆扎采取用 20 吨级打包带及手拉葫芦对梁体与挂车捆扎点进行捆扎,打包带捆扎不应损伤梁体及外观的整洁性。捆扎工具如图 6-9 所示,捆扎作业完成后再将预制件的两侧由前到后挂好小红旗,同时在盖梁的两侧挂好示宽指示灯及相应的运输安全措施。装载墩柱工装图如图 6-10 和图 6-11 所示。

4. 运输车辆的行驶方法

在一般道路上直行速度约为 30km/h,通过转弯道路时速度为 5km/h,在通过路口时

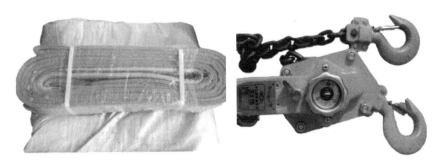

图 6-9　捆扎工具

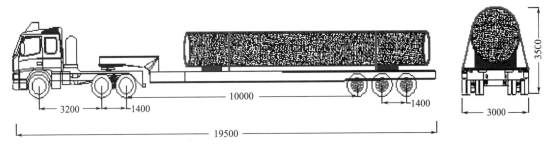

图 6-10　墩柱装载捆扎示意

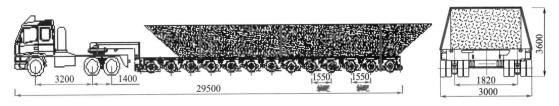

图 6-11　盖梁装载捆示意

按押运车的指挥信号安全匀速通过，通过桥梁时不得加减速及紧急制动，匀速通过桥梁及涵洞，严禁在桥面上停车逗留。到达卸梁地点后按照吊装要求，停妥卸车位置，拉好断气刹，用枕木把轮胎固定好。

6.2　上部混凝土结构构件运输

6.2.1　运输准备

（1）运输人员要在运输前 2 天（至少前 1 天）勘查箱梁存放场地至目的地的运输路线实时情况，确定车队在到达目的地转弯进桥墩位置时的车辆进车顺序，有组织地将车辆指挥至桥墩吊梁位置，确保车辆进入顺序准确。

（2）吊装人员在架设桥梁至少前 2 天，必须到待架桥墩位置现场进行勘察实际情况，查看现场情况（过车情况，两边建筑物情况，施工挡围情况，路面障碍物情况，地面路基承载力情况，井盖、暗坑情况，墩柱障碍物情况等），将不符合运输车和吊车摆放的因素及时反馈，要求相关责任人立即整改，满足吊装要求。

（3）运输吊装人员在车辆进场顺序、车头方向，桥梁架设顺序、方向上要进行统一核对，确认无误后开始安排实施，并将现场发生的各情况及时告知装车及吊装现场人员，确保信息畅通。

（4）桥梁运输车辆必须年检合格，出车前车辆状态良好、无故障。

（5）运输人员根据架设任务提供指定数量的车辆，并对各固定车辆进行备案，施工途中备案车辆专门为本工程服务，要在规定时间内必须进入梁场进行装车。

（6）驾驶司机必须持驾驶证，身体健康，服从管理，开车不饮酒。

（7）每车头前悬挂"桥梁专用运输车"红底白字横幅，携带 6～8 根红色闪光棒、1 支通信良好的对讲机，装载加固所用钢丝绳、手拉葫芦、橡胶垫、垫木物品等备齐。

6.2.2 箱梁装车加固

（1）拖车及炮车承重车架上以中间重心位置为基准预先焊制一对槽钢，高度范围为 8～10cm，并在槽钢之间放置 10cm 厚垫木，垫木长度不低于梁体底宽度 100cm。

（2）梁体放置在炮车承重车架槽钢内垫木上方，梁体与垫木接触面铺设一层不掉颜色的 1cm 厚薄橡胶皮或浅色土工布进行隔离，避免梁体受到污染。

（3）在前后承重架上分别加装 2 根防倾倒支撑杆，杆身使用 $\phi 100$ 圆钢管制作，内壁厚度 1cm，底部使用横向螺栓穿孔焊接固定，上部使用内螺纹支撑杆及活动撑板连接，与梁体接触部位同样使用上述不掉色软材料隔离。

（4）箱梁前、后端分别采用 $\phi 10$ 钢丝绳及 5t 手拉葫芦进行绑固。

（5）梁体与钢丝绳、手拉葫芦、槽钢接触面均用不低于 2cm 厚橡胶垫或薄铁皮或三角钢进行防护。

（6）梁体前、中、后端两侧分别安装 2 根红色闪光棒。装车后，梁体与拖车、炮车支撑架中心偏差不超过 10mm。

桥梁装车示意如图 6-12 和图 6-13 所示。

图 6-12 侧视示意图

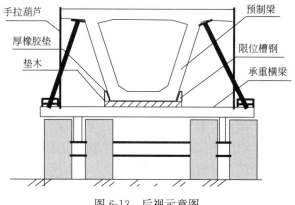

图 6-13 后视示意图

6.2.3 箱梁运输要点

(1) 运梁车驾驶员必须有驾驶证,杜绝无证上岗。运梁车使用前,操作人员必须检查运梁车运动部件的下列情况:轮胎气压是否足够、引擎水箱是否够水、方向机是否转动灵活、制动装置是否灵敏、方向调整装置是否完好。

(2) 对运梁车运行经过的道路必须检查,有路障应及时清除。

(3) 桥梁承载时必须处在1挡位置,以防承载后车辆滑行,确保安全。停车后,挡位必须处在有挡位置且手动挡处在制动位置。

(4) 运梁车在运行过程中,必须有专人随车观察和监听,发现有异常情况或有异常声音应立即通知驾驶员停车,并放好止轮器等,排除故障后才能继续运行。

(5) 运梁车所运的梁上不能放置杂物、工具等。

(6) 为避免车辆在下坡行驶时,产生较大的惯性力矩和事故的发生,杜绝使用离合器及空挡来达到提高速度和节省油耗的运行方式。

(7) 在梁的装运及运送过程中,钢丝绳在与梁下部接触的地方应采用护角铁瓦保护,上部与钢丝绳接触处采用木板保护,防止钢丝绳对梁体造成损坏。

(8) 在运梁过程中,每边安排两人巡视,密切注意梁体状况,倾斜不得大于2cm。确保运梁安全。

6.2.4 附属设施构件运输

当防撞墙预制节段较短时,可采用平板车进行运输。当预制节段较长时,可采用运梁车进行运输,运输路线选择、装车及捆绑、运输可参考预制墩柱,不再赘述。

6.3 上部钢箱梁运输

考虑到常规市政与公路钢箱梁结构形式、分段大小、单节段重量和运输条件,钢箱梁运输多采用大型平板拖车,运输牵引车根据最重段钢箱梁的重量计算选取,运输平板根据钢箱梁的节段大小选取,但需要计算轴荷量,满足一般桥涵及道路行车荷载要求。

6.3.1 运输前准备工作

(1) 对所运输的线路进行认真勘察,保证运输构件安全、准时到达施工现场。

(2) 运输车辆应检查信号和指示装置、制动系统、轮胎气压等确定正常。

(3) 根据现场安装实际情况,合理安排从制作厂到安装现场及临时停放点的钢箱梁节段运输,以便按安装顺序运输构件。

6.3.2 钢箱梁装车及加固

1. 钢箱梁装车

(1) 首先找准车板的中心点,与基本产品中心一致。

(2) 在车板上铺垫好枕木,防止设备直接与车板接触损伤产品。

2. 捆扎加固

(1) 钢梁运输时在车厢上设置枕木,钢梁搁在枕木上,设置枕木时应使钢梁尾部高于头部,而且钢梁尾部不应悬挑太长,应控制在6m范围内。为防止钢梁侧向移动,还应在钢梁两侧与车厢之间加焊连接板,使钢梁固定在车厢上不能产生位移,然后将钢梁用倒链与车厢绑紧。

(2) 钢梁在运输过程中应支承牢固，防止产生变形，钢梁支承点应垫置纸板或胶皮，防止油漆损伤，对临时加固的焊点在安装前应及时打磨及刷油，封车钢丝绳与主梁接触处也应加放胶皮，防止油漆损伤。

(3) 梁体前、中、后端两侧分别安装 2 根红色闪光棒，以作警戒。

6.3.3 运输中的产品保护

钢箱梁节段制作完毕检验合格后，及时贴上标识，并按编号顺序分开堆放，并垫上木条。

钢箱梁节段运输时绑扎必须牢固，防止松动。钢构件在运输车上的支点、两端伸出的长度及绑扎方法均能保证构件不产生变形、不损伤涂层且保证运输安全。

钢箱梁两侧的支撑点应对称一致，用钢丝将钢箱梁牢固地绑扎在平板车上，防止其倾斜。

6.3.4 运输作业安全指导与交底

1. 一般安全技术措施

(1) 运输专职技术负责人在运输前向应向参加运输的全体人员，认真细致地进行运输交底；无措施或未交底，严禁布置运输作业。

(2) 所有参加运输人员，在现场应戴安全帽，穿胶鞋或者布鞋。

(3) 凡参加运输的人员，要明确责任，掌握本工种的应知和应会及操作规定。

(4) 运输、起重搬运工作，应专人指挥，严禁多头指挥，指挥信号应清晰、醒目、明确。

(5) 凡用于运输的车辆、机具、绳索、器材等，在做准备工作时，应详细检查、调试及维修，由专职质检员和安全员共同鉴定，确认合格，后方可使用。

2. 运输过程安全措施

(1) 限速行驶

1) 桥梁坡道行驶速度：不大于 30km/h。

2) 普通路面行驶速度：不大于 50km/h。

3) 工地道路不平路段行驶速度：不大于 5km/h。

4) 工地通过各种障碍时行驶速度：不大于 5km/h。

5) 工地通过弯道时行驶速度：不大于 5km/h。

6) 工地通过桥梁时行驶速度：不大于 3km/h。

(2) 启动前的车辆检查

对产品捆扎加固情况进行全面检查，做好记录，无误后，才能启动车辆。

(3) 运行中检查

为确保运行中车辆处于完好的技术状态，消除安全隐患，运行途中，每次使用前需对车辆进行全面检查。

(4) 排障护送及人员安排

每台运输车辆配备驾驶员两名、修理工一名、技安员一名，由于产品超宽、超重，每批次运输均派专车全程护送，运行途中做好排障工作，不碰不擦，并为运输车队所有相关人员配备对讲机等即时通信设备，以对道路和突发情况做及时沟通和解决，保障运输车辆不发生急刹、急停现象，避免车货碰擦和危险的产生。

（5）车辆停放

1）在产品运输途中，夜间停车或中途临时停车，必须选择视线良好的地段停放，并设置警戒线、警示标志，并由专人守护。

2）夜间停车或较长时间停车要对半挂板车及产品进行保护性支承。

3）停车后应对产品的加固情况及车辆进行检查，有隐患应及时排除。

4）意外情况处理：产品运输过程中如遇到特殊情况，如转弯半径不够、视线不良，应当停驶待令，不冒风险，不抢时间，确保万无一失。

5）运输车辆后跟100t吊车，遇转弯无法满足时，用吊车移动，根据实际情况，现场拆除中间护栏。

3. 沿途运输安全技术指导

（1）载重车司机及安全监护人员，应集中精神，服从指挥，按运输指挥信号行驶；驾驶员及随车人员应随时监视平板车行驶中状态，如发生异常，应立即发出停运信号，立即采取应急预案。

（2）应配备有足够的押运人员。

第 7 章

构件安装

7.1 下部结构构件安装

7.1.1 施工工艺流程及施工方法概述

1. 预制墩柱

预制墩柱采用灌浆套筒连接的预制拼装施工工艺。墩柱构件采用工厂化预制生产，养护强度达到设计和规范要求后，采用运梁车运送至施工现场，利用大型汽车式起重机或履带式起重机进行起吊安装，精准对中后进行套筒灌浆连接就位。预制墩柱安装工艺流程如图 7-1 所示。

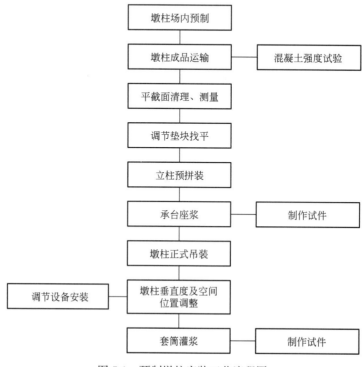

图 7-1 预制墩柱安装工艺流程图

2. 预制盖梁

盖梁的拼装分为两部分,第一部分为盖梁与墩柱的拼接,第二部分为盖梁自身节段的拼装。

(1) 盖梁与墩柱拼装

盖梁与墩柱之间的拼装,在柱顶接缝位置上设置调节垫块,精确调整好标高和位置后进行柱顶坐浆、灌浆连接。盖梁安装过程中,盖梁的轴线、坡度和垂直度控制是保证质量的关键,根据设计要求,在接缝处设置2cm的钢垫块,同时在就位前对盖梁的就位轴线和高程进行精确测设,实施控制。盖梁安装过程中采用缆风绳作为防偏移措施。当拼装时气温低于5℃时,应对高强度无收缩水泥灌浆料进行保温,温度应不低于10℃且不高于40℃;同时应对拌合所需的水进行加热,温度应不低于30℃且不高于65℃;拌合灌浆料成品工作温度应不低于10℃。盖梁现浇段采用型钢支架且四周设有围栏,预应力张拉平台可结合结构特点设计加工吊篮平台。

(2) 盖梁湿接缝拼装

盖梁节段间拼装采用预留湿接缝拼装工艺,在两侧节段拼接锚固后,利用直臂式登高车和起重吊装设备,在已拼装节段上吊设模架和作业平台,连接接缝处盖梁主筋,安装盖梁箍筋、预应力波纹管,采用泵车浇筑湿接缝混凝土。湿接缝混凝土养护达到设计强度后,利用登高车和起重机配合施工,按照设计要求分步骤分批次张拉盖梁预应力和管道压浆,使盖梁连接成整体。预制盖梁安装工艺流程如图7-2所示。

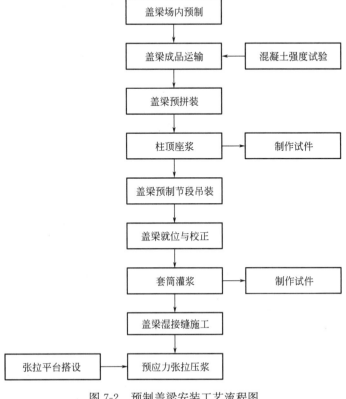

图 7-2 预制盖梁安装工艺流程图

7.1.2 施工准备

1. 技术准备

(1) 预制构件拼装前应会审与构件拼装相关的图纸及有关规范,掌握施工过程控制要点。

(2) 预制拼装施工工艺,其涉及的结构受力、安全使用的内容必须经设计单位的复核和认可。施工方严格按照设计单位提供的施工图纸工艺要求进行施工作业,在施工过程中遇到的施工技术问题均与设计单位协商,经设计单位复核和认可后,按照设计变更图纸施工。

(3) 测量仪器和丈量器具要经法定计量检验合格。

(4) 完成控制点复测和水准点的复核,并经过监理单位批复。

(5) 施工方案编制并经过专家论证、总监理工程师和建设单位项目负责人批复。

(6) 在吊装施工作业前,对施工班组作业人员进行安全、技术交底工作,确保预制构件吊装的施工安全及质量。

(7) 复核承台、墩柱的高程、轴线偏位等资料。在复测的基础上进行构件吊装的定位放线,并划出定位十字线,粘贴十字标贴(带刻度)。

(8) 构件出厂前预检:预制构件的强度、外观、结构尺寸必须满足规范要求,检查构件的编号及方向标识。标识构件的轴线或安装定位线。检查构件外观情况。起重吊索具、安装机工具、临时登高设施等准备齐全,并经检查完好。

(9) 用于预制构件连接用的灌浆料等均完成检测,并取得合格的检测报告。

2. 现场准备

(1) 确定预制构件运输的行驶路线,确保预制构件运输过程中的安全及质量。

(2) 作为运输及吊装部位的施工道路,首先要根据预制构件运输及吊装时的重量,对地基承载力不满足要求的部位提前进行处理,满足要求为止,保证运输及吊装安全;其次,根据现场情况在吊装时吊车支脚用钢板或路基箱,来分散支脚支撑点应力。

(3) 在整个施工过程中,要注意对墩柱、盖梁等成品的保护。

(4) 吊装时机械可带载行走在原路面之上,本工程行驶地基为原机场高速路老路基结构,地基承载力满足带载行走要求,吊装、带载行走时在行驶地基上满铺厚度为 4cm 厚钢板。机械转场时或许会超出原路基范围,可增加履带吊行驶辅道,现场对该绿化带进行压路机进行压实,并回填 50cm 建筑碎石分层碾压,碾压次数不少于 5 次。如有回填土、杂填土情况,现场进行回填、压实处理,使地基承载力不小于 200kPa,以充分满足吊机施工作业的承载要求。

3. 施工机械、人员准备

(1) 按施工方案要求进场规定型号的吊车,进场时提供吊车的合格证、特殊操作工人的证件等相关检测证书。并做好吊机的进场检验工作,确保起重机械各项性能良好。

(2) 清除吊机转臂空间范围内障碍物,设定警戒区域,非吊装施工人员严禁靠近。

(3) 吊装前将起重机械试运转一次,观察各部分及操作系统有无异常,并检查所有起重机具钢丝绳、卡环、吊钩等是否安全,符合要求后才使用。

(4) 预制构件吊装涉及的特殊工种作业人员,在吊装施工前,将特殊作业人员证书按工程监理要求上报现场监理工程师，经监理工程师审核认可，方可上岗作业。

(5) 专业吊装单位对于吊装作业的起重机、运输车辆等设备，提供设备保养记录和年检证明等复印件，交施工承包单位备案。

(6) 吊装作业开始前需与交通部门、管线部门开会协商吊装过程交通组织、管线保护，对每个墩柱、每个盖梁的吊装、运输过程的交通组织、管线保护均进行商讨，同时严格按照协商后的交通方案、管线保护方案进行吊装施工。吊装前，设置社会交通告知及临时交通指示路线的实际导向设置标识。

(7) 吊装施工登高作业使用直臂式登高车，登高车只能作为施工人员登高作业之用，不得作为吊装机械吊运物件。

7.1.3 预制墩柱安装

1. 吊装前准备工作

(1) 对外露钢筋进行除锈处理。

(2) 承台顶标高及预制墩柱高度测量，承台顶面平整度测量。

(3) 灌浆连接套筒的定位进行检查，允许偏差为±2mm。

(4) 高速搅拌机一台（输出转速宜大于250r/min）。

(5) 计量设备一套。

(6) 坐浆模板一套。

(7) 浇筑桶及其他辅助工具若干。

(8) 冬期施工时，灌浆料应用温水拌合，搅拌后的砂浆料温度不应低于15℃，且应不高于35℃，严格控制施工温度。

(9) 在每次构件安装之前的24h必须对坐浆料取样做试块，对应每个拼接部位应制取不少于3组。在使用前将试块进行试压，达到规定的强度要求才能进行使用，不符合要求的不得使用，严禁使用超过保质期的材料。

(10) 承台混凝土强度达到30MPa方可进行墩柱拼装作业。墩柱拼装前应对墩柱与承台接触面范围内的承台顶标高及平整度进行测量及处理，确保安装精度。承台顶设调节钢板垫块，垫块控制标高、垂直度和垫层厚度，厚度20mm。

(11) 预制过程中应在表面明细位置进行编码标识，包括工程名称、施工单位名称、监理单位名称、构件编号、使用部位、生产日期等信息。产品出厂前，需对墩柱的外形尺寸、外露钢筋、钢套筒、预埋件、外观表面等进行复检，验收合格后方能贴标出厂。

2. 墩柱钢筋预埋

(1) 定位盘加工

定位盘采用Q235钢板进行加工，根据预留钢筋的数量及重量，对其厚度进行明确。确保定位盘不应安装大量悬空钢筋，导致发生挠度变形。

横向间距可调横杆采用成品槽钢进行加工制作，按照设计盖梁的不同间距，在腹板上进行相应开孔工作。横杆必须保证刚度，满足吊装及承重要求。且考虑后期拆除时可能与预留钢筋发生摩擦，应预留足够系数，避免横杆变形，导致无法使用。

独立式承台或承台连梁宽度小于横杆间距的承台设计，还需要进行临时支撑架加工。

临时支撑架采用成品角钢进行焊接,高度与承台高度基本一致,并保证承载力满足定位盘使用需求。定位盘厂内生产如图7-3所示。

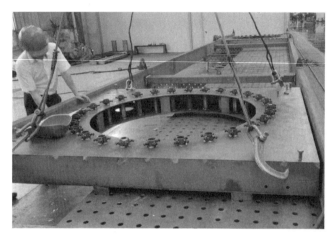

图7-3 定位盘厂内生产

(2) 测量放线

承台钢筋绑扎完毕后,及对预埋钢筋中心点进行测量放线,放线采用全站仪进行。放线完成后,中心点采用焊接钢筋头等可靠固定,便于后期定位盘安装定位。放线完成后需对放线点进行保护,后期定位盘安装时,应避免碰撞等,以免发生移位。预埋主筋中心点放样如图7-4所示。

图7-4 预埋主筋中心点放样

(3) 吊装就位

定位盘安装采用吊车配合人工进行安装。吊装采用四点起吊,卡扣需与定位盘吊环直接锁死,防止发生脱钩等问题。定位盘吊装就位如图7-5所示。

吊装前需将临时支撑预先吊装至可调立柱下方,作为定位盘第一阶段竖向支撑。临时支撑下部基础应坚实、硬化,防止发生沉陷等导致后期预埋精度不足。

吊装就位后,在定位盘中部拉设十字丝,并与前期墩柱中心点标记进行对准。务必保证吊装平面位置位于设计位置。

图 7-5 定位盘吊装就位

（4）标高微调

平面位置安装准确后，将定位盘放置于临时支撑架上。并对装置的四个可调立柱进行调整。可调立柱设计原理基本等同于测量仪器的调平设置。

调平完成后，需采用水平尺，对定位盘的水平度进行测量，保证定位盘水平可靠。

（5）定位固定

对于单独的承台设计，由于未设置临时支架，其定位盘的竖向支撑需要进行一次体系转换。单位单独承台定位盘，在其钢筋预留孔道设计时，在四个方向分别增加封头设计。竖向标高及水平度调整完毕后，将四根竖向支撑钢筋提前安装好并顶紧封头。安装完成后，将竖向可调立柱进行回缩至拟浇筑承台混凝土面以上，避免浇筑至混凝土内影响使用性能。定位盘定位如图 7-6 所示。

图 7-6 定位盘定位

(6) 钢筋安装

定位盘安装完成后，即可开始进行预埋钢筋安装。

预埋钢筋采用上下两人协同工作的形式进行，一人由上部孔洞将钢筋穿至承台内部，另一人在钢筋到达指定位置时，对其采用人工临时固定。与此同时，上面人员拧紧套管上部螺栓，实现固定悬空钢筋的目的。

螺栓拧紧时，应单方向两侧相对同时拧动，拧紧后再完成垂直方向螺栓拧紧，也应两侧同时拧动，防止钢筋向单侧偏移较大，保证钢筋预埋位置准确。

钢筋预留长度范围内采用薄膜进行包裹，防止混凝土浇筑时对钢筋造成污染，减少后期清理工作。预埋钢筋安装如图 7-7 所示。

图 7-7 预埋钢筋安装

(7) 混凝土浇筑

混凝土浇筑时，应注意振捣，振捣时应尽量避免振捣棒与预埋钢筋或定位盘产生直接接触，以免造成定位钢筋移位。

混凝土浇筑时应严格控制混凝土标高，防止混凝土高度过高或过低，导致需要进行大量后续处理工作。混凝土浇筑后，应及时凿毛，便于后期墩柱安装时结合面质量控制。混凝土浇筑如图 7-8 所示。

(8) 定位盘拆除

混凝土强度达到 5MPa 以上时，即可拆除定位盘。定位盘拆除前，应拧松固定螺栓，采用吊车进行吊装拆除。

拆除时应轻轻提起，如发生卡住现象，需人工轻轻晃动或敲打，不得强行吊装拆除，以免造成钢筋变形或定位盘变形。

3. 承台清理

承台作业单位在承台浇筑完成后按要求进行拼接面凿毛，其中正中心位置留 20cm×20cm 平整区域。凿毛要轻微细致，深度控制在 10mm 即可以达到要求效果，同时把混凝土表面浮浆及松软层全部剔除掉，大部分露出粗骨料，骨料外露 75% 即可。承台凿毛效果如图 7-9 所示，凿毛过程中尽量控制对粗骨料的破损，施工完后对其冲洗确保其根部干净

图 7-8 混凝土浇筑

图 7-9 承台凿毛实例

无浮浆无积水，凿毛应最大地减少对钢筋的扰动和破坏。已经完成的凿毛位置防止残渣和木屑等杂物进入，做好预防和及时打扫。

墩柱安装前应清理干净墩柱和承台结合面表面的浮尘、油污、松动颗粒等，并用水充分润湿，但不得存在积水。

4. 安装坐浆挡板

坐浆挡板采用钢结构加工成型，外形尺寸根据不同规格型号的墩柱加工而成，挡板的高度控制在 25mm，坐浆挡板示意图如图 7-10 所示，确保坐浆料的厚度达到设计要求。

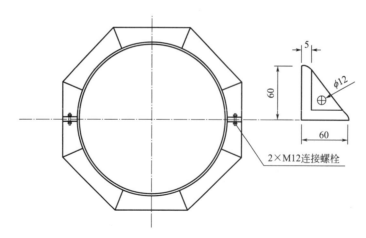

图 7-10 坐浆挡板示意图(以圆形柱为例)

5. 调节垫块找平

在基础承台面上划出墩柱安装的十字中心线,测量承台面标高。根据墩柱顶标高及墩柱预制墩柱长度,调整柱底橡胶垫板标高,确保墩柱安装后,柱顶标高符合设计要求。坐浆挡板及调节垫块安装如图 7-11 和图 7-12 所示。

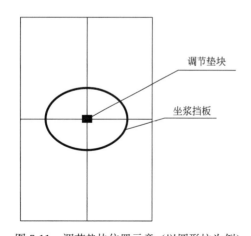

图 7-11 调节垫块位置示意(以圆形柱为例)

图 7-12 坐浆挡板及调节垫块安装实例

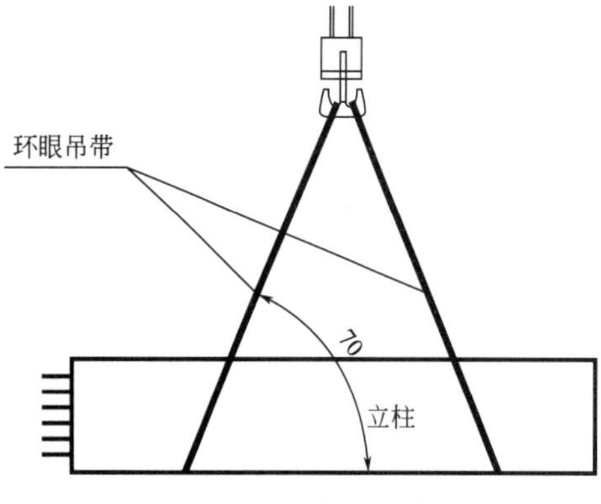

6. 墩柱卸车

吊装机械及运输车辆进入施工区域内。墩柱通过运梁车进入吊装区域,使用吊装机械卸车。采用两根 10m 的 100t 吊装带兜底捆绑墩柱的形式,吊带的两捆扎点宜距离中心左右各 2~4m 位置,如图 7-13 所示。

吊机将墩柱吊起来后逆时针方向回转,并且墩柱绕着吊钩逆时针方向旋转 90°,下落大钩将墩柱落在地面上的双拼枕木垫上,并在墩柱底端面位置下方放置整捆土工布(为了防止

图 7-13 墩柱捆绑示意图

墩柱竖起来后底端面受破坏)。卸车如图 7-14 所示。

图 7-14 墩柱卸车实例

7. 墩柱翻身

在翻身前,将保护靴套在墩柱底端,保护墩柱底边不受到碰撞损伤,翻身完成后,卸掉保护靴,进行试吊。吊机要将墩柱翻身竖起来时,吊具的上下连接吊装钢丝绳都选用两根 8m 长,直径 ϕ65mm,高强度钢丝绳通过吊梁扁担连接于墩柱的吊环上,采用 85t 卸扣连接,利用吊具不让钢丝绳将墩柱上的预埋钢筋碰弯。墩柱翻身如图 7-15～图 7-17 所示。

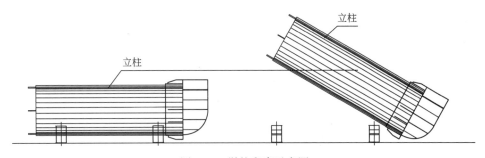

图 7-15 墩柱翻身示意图

图 7-16 预制墩柱穿靴实例

图 7-17　墩柱翻身实例

8. 墩柱预拼装

在承台坐浆前，预制墩柱应进行现场预拼装。墩柱预拼装主要是初步检测灌浆套筒和承台顶部墩柱预埋钢筋之间的定位精度是否满足设计要求，同时对墩柱垂直度和标高进行初调。在承台面上划出墩柱安装的十字中心线，测量承台面标高。根据墩柱顶标高及墩柱预制构件长度，调整柱底钢垫板标高，确保墩柱安装后柱顶标高符合设计要求。单柱吊装、多柱吊装示意图如图 7-18 和图 7-19 所示。

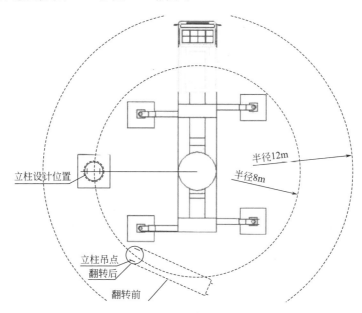

图 7-18　单柱吊装示意图

初调主要通过承台顶面放置的 2cm 厚钢板、2mm 薄钢板和墩柱四周 4 台千斤顶来进行调整，主控项目为垂直度、方位角等。由吊机将墩柱缓慢放置承台顶面钢板上，由测量人员检测墩柱的偏位、垂直度及标高，初步调试到位后将墩柱吊起，准备开始坐浆施工。墩柱预拼装实例如图 7-20 所示。

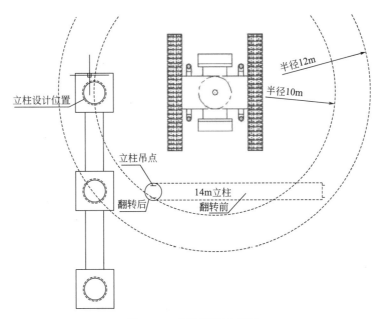

图 7-19 多柱吊装示意图

图 7-20 墩柱预拼装实例

9. 承台坐浆

(1) 充分湿润拼接缝表面

墩柱试吊完成后,将墩柱吊离承台,并且离开承台工作区域,搁置在混凝土地面或路基箱板上,吊机钢丝绳不得松弛。

先采用高压水枪将承台凿毛面进行清尘及湿润;再采用高压气管将表面多余水清除;最后确保承台面不留水迹。

(2) 坐浆料搅拌

墩柱与承台拼接缝间的砂浆垫层,采用设计要求的坐浆材料,厚度宜为 25mm,28d 抗压强度不应小于设计强度值且高出被连接构件一个强度等级,28d 竖向膨胀率应控制在 0.02%～0.10%,氯离子含量不大于 0.03%。砂浆垫层宜选用质地坚硬、级配良好的中砂,细度模数应不小于 2.6,含泥量应不大于 1%,且不应有泥块存在。砂浆垫层初凝时间宜大于2h，考虑到拼接的有效施工时间和强度等级，应选择有效施工时间较长的高强度砂浆。

采用高速搅拌机进行搅拌，按照规定量加入水量，并可根据实际需要适当减少水量，以避免砂浆料产生离析。建议搅拌时间为从投料完毕开始计为4min（低速1min，高速3min），搅拌时间应根据所用搅拌机实际情况调节。坐浆料搅拌好后应先静置3min，以待高速搅拌带入的气泡消除，再在30min之内坐浆料摊铺。坐浆料搅拌实例如图7-21所示。

图7-21 坐浆料搅拌实例

（3）坐浆料摊铺

将坐浆料倒入浇筑桶中，人工浇筑到预先铺设好的墩柱顶面挡板内，并采用人工整平的工艺进行收平，确保坐浆厚度达到设计要求的25mm。铺浆完成后，在每根承台预留钢筋套上止浆垫，止浆垫略高于浆液面。

当流动度出现下降的情况时，应立即停止坐浆作业，查明原因后再进行坐浆施工，原先的浆料必须清除干净，重新浇筑新的坐浆料。坐浆料及止浆垫实例如图7-22所示。

10. 墩柱就位及校正

墩柱安装过程中，垂直度控制是保证质量的关键，根据设计要求，将在接缝处设置2cm的调节垫块，垫块控制标高、垂直度和垫层厚度，下层为不锈钢板、上层为橡胶层，总厚度2cm，墩柱就位后，采用2台全站仪同时监测X、Y方向，安置四台20t手动机械式千斤顶对墩柱垂直度精准校正。垂直度校正合格后，立即打紧4个角挡块，完成墩柱安装，进入后序施工。

吊机吊着墩柱离地后，慢慢旋转到承台中心位置后，缓慢下放，当套筒靠近承台预埋钢筋位置，稳住吊机，让套筒沿着预埋钢筋慢慢下放。当墩柱底端快靠近承台时，吊机分级卸力，当吊机剩余吊力减少到20%后，停止卸力，开始进行墩柱位置的初步调整。墩柱拼装位置调整分两步。

（1）第一步：调整墩柱底部位置

墩柱下放到底后，吊机的吊力剩余20%，利用拼接面四倒角处限位装置，开始调整墩柱底部位置。底部调整分横向和纵向调整2个步骤。

图 7-22　坐浆料及止浆垫实例

墩柱底部横向调整。先用全站仪观测墩柱横向底部中心线与承台面中心线是否吻合。如果墩柱中心线偏向承台中心线左面，用扳手将左面限位框的螺栓慢慢向墩柱右方旋进，直到墩柱底端中心线与承台面中心线完全吻合，或者偏差值小于 2mm 以内。然后拧紧相对应的墩柱纵向定位框 4 个螺杆。如果墩柱中心线偏向承台中心线右面，采用同样方法调整右面限位螺杆。

墩柱底部纵向调整。调整方法与横向调整方法一样。

墩柱底部纵横向调整到位后，进行墩柱顶面位置调整。墩柱吊装实例如图 7-23 和图 7-24 所示。

图 7-23　墩柱吊装实例

图 7-24　墩柱就位实例

（2）第二步：调整墩柱顶面位置

利用 4 个千斤顶对墩柱底端纵横向位置调整，牛腿安装示意图如图 7-25 所示，顶面位置调整同样分横向调整和纵向调整。

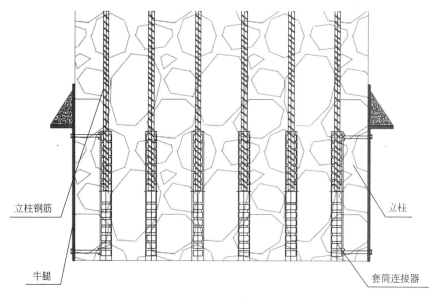

图 7-25　牛腿安装示意图

1）墩柱顶部横向调整

先用全站仪观测墩柱顶部横向"宝马"十字标志中心线与承台面中心线是否吻合。如果墩柱中心线偏向承台中心线左面，将右边千斤顶稍微放松或将左边千斤顶稍微向上微调，墩柱顶面缓慢向右边返回，直到墩柱顶端中心线与承台面中心线完全吻合，或者偏差值小于 2mm 以内。墩柱、承台结合面示意图如图 7-26 所示，然后锁紧相对应的 2 个千斤顶。如果墩柱中心线偏向承台中心线右面，将左边千斤顶稍微放松或将右边千斤顶稍微向上微调。然后锁紧相对应的千斤顶。

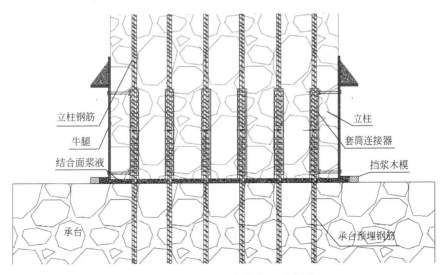

图 7-26　墩柱、承台结合面示意图

2) 墩柱顶部纵向调整

调整方法与横向调整方法一样。如图 7-27～图 7-29 所示。

图 7-27　千斤顶垂直度调整实例

墩柱轴线位置及标高必须校正到位，墩柱拼装精度指标需满足表 7-1 的规定。待坐浆料达到强度后，方可对墩柱四周的临时支撑装置进行拆除，并准备开始套筒灌浆施工。

11. 套筒灌浆连接

灌浆连接工艺流程：灌浆料倒入搅拌设备→计算水量并精确称重→水灰初拌（不得少于 30s）→专用设备高速搅拌（不得少于 4min）→浆料倒入储浆装置→浆料倒入灌浆设备并连接压浆口压浆→出浆口出浆或端部出浆→持续出浆后（不得少于 2s）停止压浆并塞入止浆塞→下一个套筒压浆。

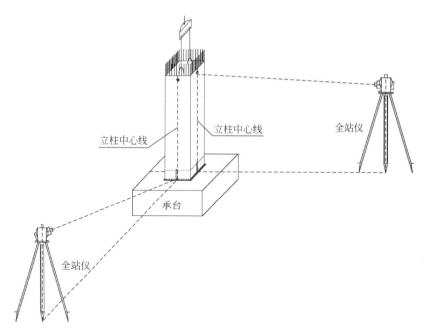

图 7-28 墩柱拼装观测示意图

图 7-29 墩柱垂直度人工复核实例

墩柱拼装精度指标　　　　表 7-1

序号	检查项目	规定值或允许偏差
1	垂直度	0.1%柱高,且≤2cm
2	轴线偏位	≤2mm
3	顶面高程	±3mm
4	相邻墩、台柱间距	±5mm
5	承台顶面标高	±5mm
6	承台顶面平整度	±5mm

(1) 套筒灌浆料进场检测

钢筋灌浆连接套筒使用的水泥基灌浆材料及检验标准应符合《钢筋连接用套筒灌浆料》JG/T 408—2019 的规定。

钢筋套筒灌浆料技术性能指标　　　　表 7-2

项目		性能指标
流动度	初始	≥300mm
	30min	≥260min
抗压强度	1d	≥35MPa
	3d	≥60MPa
	28d	≥100MPa
竖向自由膨胀率	3h	≥0.02%
	24h与3h差值	0.02%～0.50%
氯离子含量		≤0.03%
泌水率		0.00%

产品检验分型式检验及现场检验。1) 型式检验：包括灌浆料的初始流动度，30min 流动度，1d、3d、28d 抗压强度，竖向自由膨胀率、氯离子含量、泌水率，尚应包括灌浆套筒连接接头拉伸试验检验。2) 现场检验：包括拼装前一天进行流动度测试及1d龄期抗压强度测试；拌浆时对应每个拼接部位，制作不少于3组试件，分别测试1d、3d、28d龄期抗压强度。上述检验项目均符合表 7-2 要求后方可用于现场连接。

(2) 灌浆套筒进场检测

灌浆套筒进场时，应按照规范要求，抽取套筒检验其外观质量、标识和尺寸偏差，检验结果应符合规范要求。套筒场内安装前应进行单向拉伸试验，检验每批数量不大于 300 个，试验试件不应少于 1 个。灌浆连接套筒在存放和运输过程中，应采取防护措施，防止污染、生锈、损伤。并保证灌浆连接套筒相关的附属配件合格，如止浆塞、压浆管、出浆管、定位销等。

(3) 灌浆准备

钢筋连接灌浆前，应对灌浆准备工作、实施条件、安全措施等进行全面检查，应重点核查套筒内连接钢筋长度及位置、坐浆灌浆料强度、接缝封堵方式及封堵材料性能、套筒内腔连通情况等是否满足规范要求，经确认满足要求后方可进行灌浆作业。

根据预制拼装的工艺特点，配备专业化的施工设备，并将其整合成一体化作业平台。快速安装成套集成系统包括：随车吊（图 7-30）、发电机（图 7-31）、定制小型货箱（图 7-32）、气动成套设备、自行走套筒式作业平台或登高车、立轴行星搅拌机、拌浆机和灌浆机、多功能高压清洗组合设备。整合所用设备资源，提高机动性，同时也可以作为钢筋配送车辆。发电机，为电动设备提供动力来源；定制小型货箱，用于小型工具的收纳及施工材料的存放。

气动成套设备，由柜式空压机、储气罐、气动凿毛机等设备组成，如图 7-33 所示，运用于施工现场的混凝土面的凿毛和清理。

图 7-30 随车吊

图 7-31 发电机

图 7-32 定制小型货箱

(a)

(b)

(c)

图 7-33 气动成套设备
(a) 柜式空压机；(b) 储气罐；(c) 气动凿毛机组成

立轴行星搅拌机，搅拌叶片的公转和自转使搅拌机在搅拌各种粒径及相对密度的骨料不产生离析的情况下获得最大的生产效率，用于拼接面接浆材料的生产，也可用于桥面湿接缝的施工。拌浆机、灌浆机、立轴行星搅拌机如图 7-34 所示，是针对 M100 灌浆料高黏稠、易凝固的特性，专门定制研发的专用设备，用于套筒灌浆料的拌制和灌注。设备使用后需多功能高压清洗组合设备进行清洗，如图 7-35 所示。

(a)

(b)

(c)

图 7-34 灌浆设备
(a) 灌浆机；(b) 拌浆机；(c) 立轴行星搅拌机

(a)   (b)

图 7-35 多功能高压清洗组合设备
(a) 高压清洗机；(b) 水箱

为了保证连接套筒灌浆的施工质量，拟安排单独的灌浆施工班组作业，选择有类似施工经验、责任心强的操作人员，每个墩柱的灌浆作业分配好人员和设备。由于套筒灌浆对于预制构件的重要性，正式施工前实行首件制，做好灌浆模拟工艺试验，并根据试验结果做好后续优化调整，确保套筒内部填充密实。

灌浆施工时，环境温度应符合灌浆料产品使用说明书要求：环境温度低于5℃时不宜施工，低于0℃时不得施工；当环境温度高于30℃时，应采取降低灌浆料拌合物温度的措施。

(4) 灌浆料拌合

拌合用水应符合《混凝土用水标准》JGJ 63—2006 的有关规定，检查所使用水质是否干净及碱性含量。非使用自来水时，需做氯离子检测，使用自来水可免检验，海水严禁使用。加水量应按灌浆料使用说明书的要求确定，并应按重量计量。搅拌完成后，不得再次加水。

灌浆料拌合物应采用电动设备搅拌充分、均匀，并宜静置 2min 后使用；每工作班应检查灌浆料拌合物初始流动度不少于 1 次，指标应符合规范要求；强度检验试件的留置数量应符合验收及施工控制要求。压浆料搅拌前需要彻底检查灌浆机具是否干净，尤其输送软管不应有残余水泥硬块，防止堵塞灌浆机。灌浆料宜在加水后 30min 内用完。

(5) 预制构件套筒内灌浆

灌浆前，应再次检查套筒，确保腔内通畅无杂物。墩柱灌浆作业应采取压浆法从灌浆套筒下灌浆孔注入，当灌浆料拌合物从构件其他灌浆孔、出浆孔流出后应及时封堵。散落的灌浆料拌合物不可二次使用，剩余的拌合物不得再次添加灌浆料、水后混合使用。

灌浆作业应保持连续，当压浆过程中遇到停电等突发情况时，现场应配备应急发电设备或高压水枪等清理措施。灌浆完成后，及时清理残留在构件上的多余浆体。在灌浆施工过程中，应按规定留置灌浆料标准养护 28d 抗压强度试件，并应留置同条件抗压强度试件。当坐浆料的强度达到 35MPa 后，方可拆除预制构件的临时支撑及进行灌浆料的施工。同条件养护试件抗压强度未达到 35MPa，不得进行对接头有扰动的后续施工。灌浆施工后，施工及监理单位必须对出浆孔内灌浆料拌合物情况实施检查，灌浆料加水拌合 30min 内，一经发现出浆孔空洞明显，应及时进行补灌，补灌后技术人员必须进行复查。

灌浆操作全过程应有专职检验人员负责现场监督并及时形成施工检查记录。套筒灌浆连接作业实例如图 7-36 所示。

图 7-36　套筒灌浆连接作业实例

（6）常见问题及处理措施

灌浆施工出现无法出浆的情况时，应查明原因，采取的施工措施应符合下列规定。对于未密实饱满的竖向连接灌浆套筒，当在灌浆料加水拌合 30min 内时，应首选在灌浆孔补灌；当灌浆料拌合物已无法流动时，可从出浆孔补灌，并应采用手动设备结合细管压力灌浆。补灌应在灌浆料拌合物达到设计规定的位置后停止，并应在灌浆料凝固后再次检查其位置符合设计要求。

7.1.4　预制盖梁安装

1. 吊装前准备

和预制墩柱安装雷同，不做单独讲述。

2. 柱顶凿毛处理

和预制墩柱安装雷同，不做单独讲述。

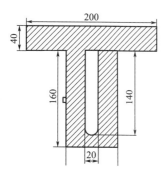

图 7-37　坐浆挡板示意图

3. 坐浆挡板搭设

坐浆施工采用定制的挡板，高度约 7cm，挡板下部要用 T 形板支撑，坐浆挡板如图 7-37 和图 7-38 所示，T 形板用螺栓固定于墩柱顶部预留的螺栓孔上，螺栓孔为条形，可通过螺栓孔调节伸出墩柱顶面的高度。调节至设计标高后，放置调节垫块，即可进行坐浆料的拌制、浇筑。

4. 调节垫块找平

在墩柱顶面上划出安装的十字中心线，复测墩柱顶面标高。根据墩柱顶标高及预制盖梁高度，调整柱顶钢垫板标高，确保盖梁安装后标高符合设计要求。

5. 盖梁预拼装

在柱顶坐浆前，预制盖梁应进行现场预拼装。盖梁预拼装主要是初步检测灌浆套筒和

图 7-38 坐浆挡板安装实例

墩柱顶部预埋钢筋之间的定位精度是否满足要求,同时对盖梁垂直度和标高进行初调。在墩柱顶面上划出安装的十字中心线,盖梁也要画出十字中心线,并让十字中心线延伸至盖梁四个垂直面,便于盖梁空中姿态的测量。根据墩柱顶标高及盖梁预制构件高度,调整墩柱顶面钢垫板标高,确保盖梁安装后标高符合设计要求。

初调主要通过墩柱顶面放置的 2cm 厚钢板(通过 2mm 薄钢板进行调整)。由吊机将盖梁缓慢放置墩柱顶面钢板上,由测量人员检测盖梁空中姿态的偏位、垂直度及标高,初步调试到位后将盖梁吊起,准备开始坐浆施工。盖梁起吊如图 7-39 和图 7-40 所示。

图 7-39 盖梁起吊实例

6. 柱顶坐浆

(1) 充分湿润拼接缝表面

先采用高压水枪将墩柱顶面与盖梁底部凿毛面进行清尘及湿润;再采用高压气管将表面多余水清除;最后确保拼接面不留水迹。

图 7-40　盖梁预拼装实例

(2) 坐浆料搅拌

墩柱与盖梁拼接缝间的砂浆垫层，采用高强度无收缩砂浆，厚度 25mm，28d 抗压强度不应小于 60MPa 且高出被连接构件一个强度等级，28d 竖向膨胀率应控制在 0.02％～0.10％，氯离子含量不大于 0.03％。砂浆垫层宜选用质地坚硬、级配良好的中砂，细度模数应不小于 2.6，含泥量应不大于 1％，且不应有泥块存在。砂浆垫层初凝时间宜大于 2h，考虑到拼接的有效施工时间和强度等级，应选择有效施工时间较长的高强度砂浆。

采用高速搅拌机进行搅拌，加水按照规定量加入，并可根据实际需要适当减少水量，以避免砂浆料产生离析。建议搅拌时间为从投料完毕开始计为 4min（低速 1min，高速 3min），搅拌时间应根据所用搅拌机实际情况调节。坐浆料搅拌好后应先静置 3min，以待高速搅拌带入的气泡消除，再在 30min 之内浇筑完毕。坐浆料搅拌实例如图 7-41 所示。

图 7-41　坐浆料搅拌实例

(3) 坐浆料浇筑

将浆料倒入浇筑桶中，人工浇筑到预先铺设好的墩柱顶面挡板内，并采用人工整平的工艺进行收平，确保坐浆厚度达到设计要求的 25mm。铺浆完成后，在每根承台预留钢筋上套上止浆垫，止浆垫略高于浆液面。坐浆料浇筑实例如图 7-42 所示。

当流动度出现下降的情况时，应立即停止坐浆作业，查明原因后再进行坐浆施工，原先的浆料必须清除干净，重新浇筑新的坐浆料。

图 7-42　坐浆料浇筑实例

7. 盖梁吊装（图 7-43 和图 7-44）

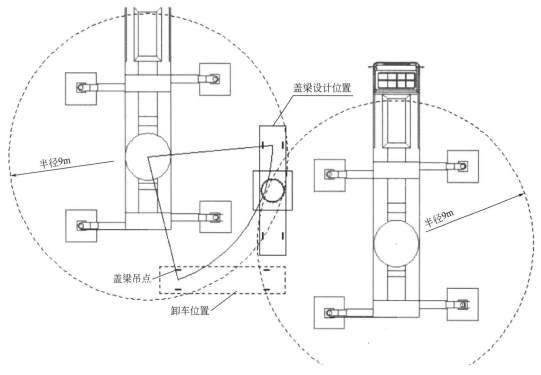

图 7-43　单柱盖梁吊装示意图

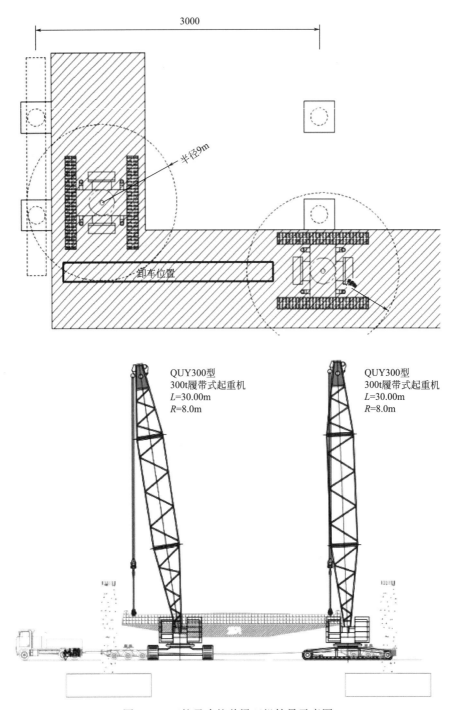

图 7-44 双柱及多柱盖梁双机抬吊示意图

根据设计图纸中盖梁最大重量，墩柱顶部应设置 4 个吊点，根据《公路钢筋混凝土及预应力混凝土桥涵设计规范》JTG 3362，当一个构件设有 4 个吊点时，设计时仅考虑 3 个吊点同时发挥作用。根据每个吊点承受的重量选用吊点及吊架底部与吊架顶部的位置点。

运输车辆倒车就位、吊装机械就位，把杆转向至盖梁吊点上方，安装卸扣，盖梁起吊，当盖梁起吊超过运梁车高度 50cm 后，开走运输车辆。

盖梁缓慢起吊，通过把杆变幅，将盖梁提升至高于墩柱顶部钢筋 10cm，通过调整主臂实现盖梁姿态的调整。在拼接面铺设坐浆料及安装 4 块橡胶板后，下放盖梁至设计位置。梁吊装就位过程中，人员由登高车登高进行对位监控，每个墩柱均需人员从横桥及顺桥向对盖梁的安装进行对位引导。盖梁吊装实例如图 7-45 和图 7-46 所示。

图 7-45　双柱盖梁吊装实例

图 7-46　分节段盖梁吊装实例

8. 盖梁就位及校正

盖梁位置校正通过在墩柱顶面放置 4 个 2cm 厚调节垫块，测量复核 4 个调节垫块的顶面标高，确保标高满足设计要求。若出现标高控制不到位现象，使用 2mm 厚钢板作为调整垫块，通过增加或减少垫块厚度来确保标高满足要求。双机抬吊就位后，一边吊车不动，通过另一吊车微调确定平面位置。盖梁就位后，需进行安装施工的轴线复核。

盖梁轴线标高必须校正到位，待坐浆料达到强度后，可以对坐浆挡板进行拆除，并准备开始套筒灌浆或者锚固波纹管挂灌浆施工。盖梁吊装实例如图7-47和图7-48所示。

图7-47 盖梁就位实例

图7-48 盖梁位置测量复核实例

9. 灌浆连接

主要细节及流程与墩柱类同。

具体灌浆工艺参见墩柱压浆，在此不再赘述。预制盖梁灌浆连接实例如图7-49所示。

7.1.5 预制盖梁湿接缝施工

1. 施工工艺流程

大节段预制盖梁由于本身节段较重，同时受到运输条件、吊装条件、吊装机械设备等因素影响，往往无法整体加工后一次性吊装到位，需根据结合实际情况进行分节段预制安装，而节段间多采用现浇段连接。传统的满堂架体现浇工艺较为成熟，不再过多叙述，本书介绍一种无支架施工工艺，施工工艺流程如图 7-50 所示。

图 7-49 预制盖梁灌浆连接实例

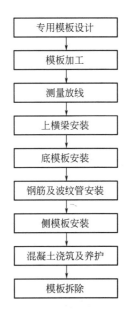

图 7-50 预制盖梁湿接缝无支架施工工艺流程图

2. 专用模板设计

（1）专用模板整体设计

预制盖梁现浇段钢模板是针对分节段盖梁现浇段特点而设计的专用模板，需结合使用功能需求与现场条件进行专项设计，设计内容主要包括：底模板设计、侧模板设计、底模架吊杆设计、横梁设计、模板对拉杆设计等，各部件尺寸及材料规格型号需根据现浇段尺寸选用。专用模板示意图如图 7-51 所示。

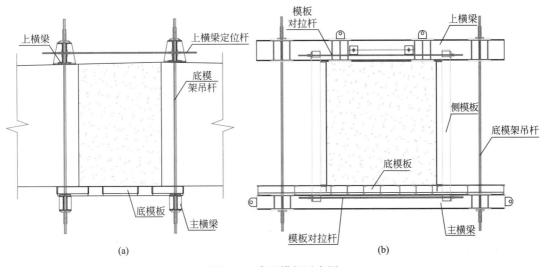

图 7-51 专用模板示意图

（a）预制盖梁现浇段正视示意图；（b）预制盖梁现浇段断面示意图

（2）底模板设计

底模板尺寸需根据现浇段结构形式进行设计，底模板设计图如图 7-52 所示。由于模板下方无支撑，因此专用底模板受力比支架法底模受力更加复杂，受力条件也较为不利，所以底模板在结构形式上，相比于普通模板要复杂，设计了较多的加强肋、加强板与加强槽钢，以确保底模受力安全。此外，为保证底模受力通过吊杆传递至预制盖梁上方，在底模板上还需预留吊杆孔，同时出于方便吊装考虑，在底模板 4 个角设置专用吊装孔。由于现浇段施工全过程未搭设支架，因此在底模板设计时，需在底模板两端设置加宽区域来作为施工操作平台。

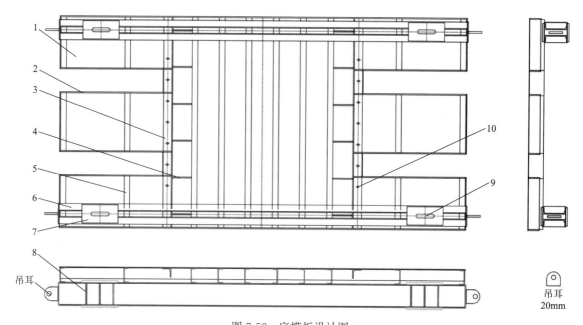

图 7-52 底模板设计图
1—面板；2—边肋；3—连接肋；4—加强肋；5—加强槽钢；6—主横梁；
7—板 1；8—加强板；9—吊杆预留孔；10—连接孔

（3）侧模板设计

预制盖梁现浇段模板设计形式为"底包侧"，侧模板设计图如图 7-53 所示，侧模板与底模板之间采用 M20 螺栓连接，螺栓沿盖梁长度方向等间距布置 7 颗。同时在侧模两竖向背楞两端预留对拉螺杆孔，将对拉螺杆放在现浇段结构之外，避免了在现浇段内设置预留孔，获得较好的表观质量。

（4）底模架吊杆设计

底模架吊杆采用直径 36mm 的精轧螺纹钢制成，单根长度 4m，每套模板配备 4 根，下端连接底模板，上端连接上横梁。吊杆每个端头均配备 1 块 15cm×15cm×2cm 钢垫片与 2 颗长度 10cm 的螺母。底模架吊杆设计图如图 7-54 所示。

（5）横梁设计

专用模板横梁分为上横梁与主横梁，上横梁设计图如图 7-55 所示，其中主横梁位于侧模板下方，在场内加工时已预先与侧模板连接成整体。上横梁垂直预制盖梁长度方向放置于盖梁上方，两端连接底模板吊杆，将底模板所受重力传递至盖梁上方。上横梁定位杆

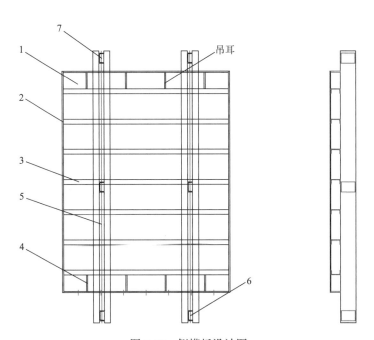

图 7-53 侧模板设计图

1—面板；2—连接板；3—横向加强肋；4—竖向加强肋；5—背带；
6—模板对拉孔；7—模板对拉孔

图 7-54 底模架吊杆设计图

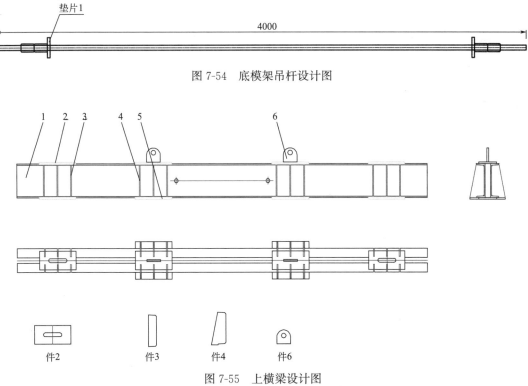

图 7-55 上横梁设计图

1—主型钢；2—板1；3—加强板1；4—板2；5—加强板2；6—吊耳

设计图如图 7-56 所示。上横梁主型钢中间设置两道定位杆，对横梁进行准确定位的同时，将两道横梁连接成整体，增加结构稳定性。上横梁定位杆采用 36mm 精轧螺纹钢制成，单根长度 2.4m，在两端各配置 2 块 15cm×15cm×2cm 钢垫片与 2 颗长度 10cm 的螺母。

图 7-56 上横梁定位杆设计图

（6）模板对拉杆设计

模板对拉杆用于侧模板的加固，由直径 20mm 的精轧螺纹钢制成，单根长度 3m，每套配备 4 根，在两端各配置 1 块 12cm×12cm×1.2cm 钢垫片与 1 颗长度 6cm 的螺母。模板对拉杆设计图如图 7-57 所示。

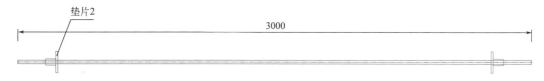

图 7-57 模板对拉杆设计图

3．模板加工

专用钢模板统一在模板厂内加工，用于钢模面板的材料其面部必须是平整表面光滑无损伤变形、整面板料厚度误差在国家标准范围内，主横梁、肋板及其他型钢必须顺直无变形，主要受力处的筋肋必须选用整料。在模板加工过程中必须按照设计图纸严格选材、准确下料，重要和关键性部位、工序和钢模板受力部位的焊接质量要控制到位，生产完成后及时涂刷防锈漆，且在模板吊装和运输过程中尽量轻拿轻放，避免模板变形影响现浇段施工质量。

4．测量放线

在模板安装前，先对现浇段两侧预制盖梁平面位置、标高进行复核，然后通过在盖梁顶面上放出 4 个安装定位点对上横位置准确定位，安装点距离湿接缝边缘 50mm，距离预制盖梁边缘 240mm，如图 7-58 所示。

5．上横梁安装

由于盖梁上方作业面较窄，为便于施工，可预先在地面将上横梁与定位杆连接成整体（螺栓先不拧紧），然后通过上横梁上方设置的专门吊装孔将上横梁吊装至盖梁顶部，再采用登高车将人员运输至盖梁上方，人工辅助吊车将上横梁安装至定位点处，调整就位后，拧紧定位杆螺栓，上横梁安装完成。上横梁与底模吊架杆安装实例如图 7-59 所示。

6．底模板安装

底模板安装前，先将吊杆吊装就位，与上横梁连接固定好。为便于底模板安装，综合考虑盖梁现浇段尺寸与场地条件，使用双机抬吊，将底模板吊装至吊杆下方，底模板吊点设置在主横梁两端，登高车将作业人员运输至吊杆处，配合吊车将吊杆穿入底模板内，拧

第7章　构件安装

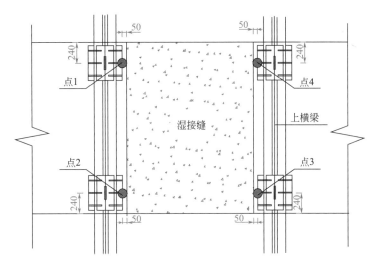

图 7-58　上横梁安装定位点示意图

图 7-59　上横梁与底模吊架杆安装实例

紧连接螺栓，使得底模板紧紧地贴在盖梁底部。登高车宜摆放在吊车侧面。在安装过程中应特别注意保持上横梁的稳定，以防上横梁移位影响安装。底模板双机抬吊、底模板安装实例如图 7-60 和图 7-61 所示。

7. 钢筋与波纹管安装

现浇段钢筋安装前，预先调整预制盖梁端头的预埋筋，保证钢筋平直及保护层满足设计要求，连接钢筋与预埋钢筋型号一致等。现浇段钢筋与两侧预制盖梁预留钢筋采用焊接连接，双面焊焊接长度不小于 $5d$（d 表示钢筋直径），单面焊焊接长度不小于 $10d$，焊接过程中应及时清渣，焊缝表面应光滑，焊坑应填满。

钢筋绑扎过程中，穿插开始安装波纹管，现浇段波纹管与两侧预制盖梁预留波纹管采用专用接头连接，并且用胶带纸缠固紧密，以防混凝土浇筑时漏浆。钢筋绑扎完后，将波纹管固定，对于直线段根据设计图纸提供的管道中心到底模和梁顶的尺寸进行定位，曲线段根据设计提供的曲线要素，计算好管道中心坐标，根据计算坐标精确定位。钢筋与波纹

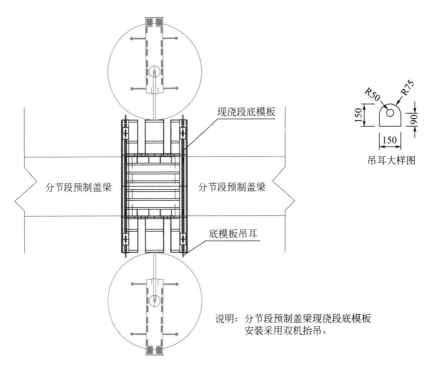

图 7-60 底模板双机抬吊示意

图 7-61 底模板安装实例

管安装实例如图 7-62 所示。

8. 侧模板安装

钢筋波纹管安装完成并经验收合格后,开始安装侧模,侧模采用吊车辅以人工的方法安装,在侧模吊装就位后,人工配合机械拧紧底模板与侧模板连接螺栓,然后依次安装上下两道对拉螺杆,使侧模板紧贴于预制盖梁侧面。安装完成后,认真检查侧模与盖梁间缝隙并视情况调整,最后使用泡沫胶对拼缝进行处理。侧模板及对拉螺杆安装实例图如图 7-63 和图 7-64 所示。

图 7-62　钢筋与波纹管安装实例

图 7-63　侧模板安装实例

图 7-64　侧模板对拉螺杆安装实例

9. 混凝土浇筑及养护

浇筑前，将模板与钢筋清除干净，不得有滞水、施工碎屑和其他附着物质。现浇段应选用与预制盖梁强度等级相同的混凝土，使用泵车浇筑。混凝土浇筑应分层，每层厚度控制在 30～40cm，下层混凝土初凝或重塑前浇筑完成上层混凝土。混凝土振捣采用插入式振动器，与侧模保持 5～10cm 的距离，插入点可按 50cm×50cm 的行列式布置。当混凝土不再下沉、无气泡冒出、表面泛浆时方可认为混凝土已振捣密实，浇筑混凝土末期，须严格控制混凝土顶面标高。混凝土浇筑完成后，及时采用薄膜覆盖保湿养护，养护时间不少于 7d，保证混凝土表面始终处于湿润状态，冬季气温低于 0℃时，只需覆盖厚型塑料薄膜，暂停洒水，防止混凝土表面结冰。

10. 模板拆除

当混凝土养护时间达到 48h 后，可拆除侧模板，侧模板可采用以下方法拆除：先将吊车钢丝绳穿过侧模板吊耳固定好，再拆除侧模板对拉螺杆，最后拧出侧模板与底模板连接螺栓，将侧模板吊至地面堆放整齐。

当同条件养护混凝土试块强度达到 100% 后，可拆除底模板，底模板拆除顺序与安装相反，先拆除底模板，再拆除吊杆，最后拆除上横梁，定位杆和上横梁连接可不拆除，方便后续使用。为保证外观质量，拆模时不得强行撬模，以免损伤模板，影响混凝土表面光洁度。拆下的模板按照部位摆放，并由专人看管，确保模板正常周转使用。

7.1.6 预制盖梁预应力张拉

1. 施工工艺流程（图 7-65）

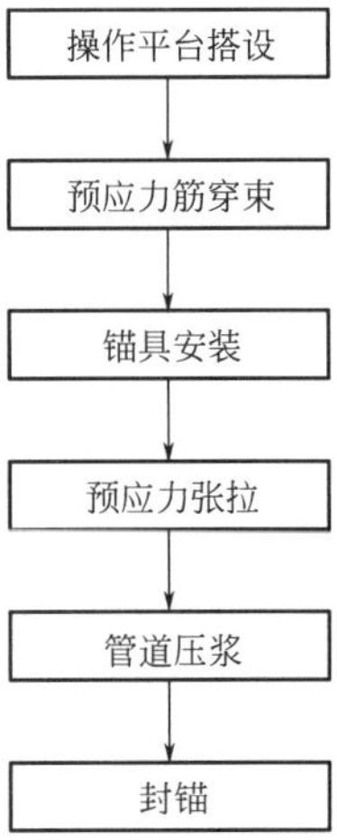

2. 张拉阶段划分

常规预制盖梁可分为单柱盖梁、双柱盖梁及多柱盖梁，其中多柱盖梁多分节段预制安装，在预应力张拉阶段划分上，当设计有明确要求时，可按照设计要求实施；当设计无要求时，可参照以下阶段划分方法：

（1）单柱盖梁

单柱盖梁可在后场生产完成，强度满足要求后一次性全部张拉完成，再运输至现场安装，也可以在现场安装完成后一次性全部张拉完成。

（2）双柱盖梁

双柱盖梁多为整体预制盖梁，当预应力设计值较大时，为防止盖梁工厂张拉后，在现场双机抬吊安装过程中盖梁拉裂，可采用两节段张拉方案，即后场生产时交替张拉 50% 预应力钢束，剩余 50% 待上部结构安装完成后再行张拉。

图 7-65 预应力施工工艺流程图

（3）多柱盖梁

为便于运输及现场吊装，多柱盖梁通常都会拆分成多个节段，在后场生产时预应力无法施工，待现场安装完成后再分两阶段张拉；预制盖梁湿接缝浇筑完成且强度满足要求后张拉 60% 预应力钢束，剩余 40% 待上部结构施工完成后再行张拉，防止预应力过大造成盖梁混凝土被破坏。

3. 操作平台搭设

预应力张拉时，盖梁已安装到位，高空作业需搭设操作平台，当盖梁距离地面较低时，可采用钢管搭设操作平台，搭设技术已较为成熟，不再过多赘述。本书主要介绍一种高空预应力张拉作业挂篮平台施工方法。

（1）专用吊篮设计

1）吊篮整体设计

从实际需求，进行吊篮的整体设计。预制盖梁封锚需实现的功能主要有两个：一是提供安全稳固的操作平台，二是实现操作平台与预制盖梁的可靠连接。基于以上功能需求，吊篮设计分为两部分：第一是操作平台系统的设计，包括平台Ⅰ、平台Ⅱ、立支撑、支撑件Ⅰ，主要为封锚施工提供操作平台与安全防护；第二是悬挂系统的设计，包括支撑件Ⅱ和螺杆，主要起连接施工操作平台系统与预制盖梁的作用。专用吊篮的设计总图如图7-66所示。

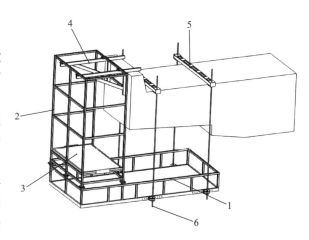

图7-66 专用吊篮示意图
1—平台Ⅰ；2—立支撑；3—平台Ⅱ；
4—支撑件Ⅰ；5—支撑件Ⅱ；6—吊杆

2）操作平台系统设计

操作平台系统包括平台Ⅰ、平台Ⅱ、支撑件Ⅰ、立支撑，其中平台Ⅰ与平台Ⅱ为封锚施工操作平台，平台Ⅰ主要用作预制盖梁下部宽度渐变段预应力筋的封锚，平台Ⅱ主要用作预制盖梁上部宽度固定段预应力筋的封锚，同时平台Ⅱ还起连接悬挂装置的作用。立支撑起连接平台Ⅰ、同时支撑平台Ⅱ的作用。支撑件Ⅰ主要起加强支撑架，提升吊篮整体稳定性的作用。在构件节点连接方面，平台Ⅰ与立支撑、立支撑与支撑件Ⅰ之间通过M16高强度螺栓连接，螺栓连接板与竖向方钢管通过焊接连接。平台Ⅰ与悬挂系统螺杆通过双螺母连接，以保证施工安全。在平台Ⅰ侧面，还设置了一排水平螺栓孔，便于连接螺杆的水平位置可调节性，以适用于不同挡块尺寸的预制盖梁。操作平台系统各组件的示意图如图7-67～图7-70。

图7-67 平台Ⅰ示意图

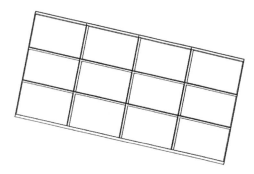

图7-68 平台Ⅱ示意图

 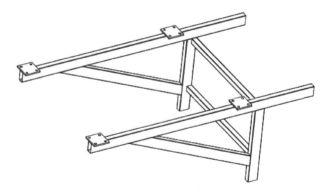

图 7-69　立支撑示意图　　　　　　　图 7-70　支撑件Ⅰ示意图

3）悬挂系统设计

吊篮悬挂系统遵循构件简单、连接可靠有效、节约材料、安拆便捷的原则进行设计，包括支撑件Ⅱ与连接螺杆。连接螺杆为平台Ⅰ与支撑件Ⅱ的中间连接件，支撑件Ⅱ为螺杆与预制盖梁的中间连接件。操作平台系统的自重及施工荷载通过连接螺杆传递给支撑件Ⅱ，再由支撑件Ⅱ传递给预制盖梁，实现力的传递。根据专用吊篮施工受力分析，连接螺杆主要受拉力，因此出于安全性考虑，在连接节点设计方面，连接螺杆两端均通过双套筒与平台Ⅰ、支撑件Ⅱ连接。挂篮系统各组件设计图如图 7-71 所示。

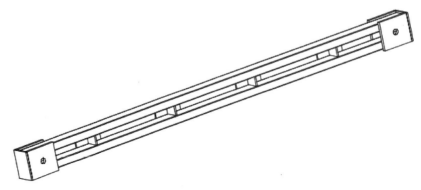

图 7-71　支撑件Ⅱ示意图

（2）吊篮加工制作

预制盖梁预应力封锚专用吊篮在加工厂内统一加工制作，根据吊篮组件的拆分情况，将每个组件焊接连接成单独的单元，运输到现场后直接拼装即可。在吊篮加工过程中必须按照设计图纸严格选材、准确下料，重要和关键性部位、工序和吊篮受力部位的焊接质量要控制到位，生产完成后及时涂刷防锈漆，并进行试拼装。在吊篮组件转运过程中尽量轻拿轻放，避免产生较大变形，影响现场组装进度和使用安全。

（3）现场施工准备

在预制盖梁预应力封锚专用吊篮安装前，必须先明确盖梁封锚顺序，规划好专用吊篮堆放场地，并准备好封锚施工需要的设备和材料，以及专用吊篮安全所需的机械。在吊篮组件运输到现场后，总包单位组织业主、监理等相关单位到现场进行质量验收，验收合格后方可投入使用。在吊架安装前,由吊篮设计人员与总分包单位现场责任工程师对工人进行安全技术交底,明确吊篮安拆要点、安拆顺序及在吊篮上方作业的安全行为准则等相关内容。在吊篮第一次安装拆卸时,专业技术人员宜进行现场指导。

(4)吊篮安装

吊篮安装准备工作完成后,首先在盖梁顶面对挂篮支撑Ⅱ安装位置进行放样,做好标记,然后开始安装吊篮。为方便现场拼装,加快吊篮拼装进度,可预先在地上将支撑件Ⅰ、立支撑、平台Ⅱ、支撑件Ⅱ与连接螺杆预先组装,再进行整体吊装。剩余的平台Ⅰ单独吊装。

安装顺序:先吊装支撑件Ⅱ与连接螺杆组合构件,再吊装平台Ⅰ,最后吊装支撑件Ⅰ、立支撑、平台Ⅱ组合构件。具体安装方法如下:采用25t汽车式起重机依次将支撑件Ⅱ与连接螺杆组合构件吊装至预制盖梁上方,人工辅助放置于预先放样标记的位置,吊点对称设置在支撑件Ⅱ两端。然后吊装平台Ⅰ,平台Ⅰ采用四点吊装,吊点设置在平台侧面上一道水平钢管上,吊点位置应对称布置。平台Ⅰ吊装至连接螺杆下方后,采用登高车运送工人至对应位置进行人工穿孔,最后拧进螺栓套筒对平台Ⅰ进行连接固定,值得注意的是,在该阶段宜拧进一颗套筒,方便后续构件吊装时平台Ⅰ标高调整。最后吊装支撑件Ⅰ、立支撑、平台Ⅱ组合构件,吊装及连接方法参考平台Ⅰ吊装。在对平台Ⅰ标高进行最终调整确定后,将连接螺杆所有套筒拧进螺杆,形成可靠受力节点。吊篮安装完成后,组织相关单位及人员进行现场验收,验收合格后再进行下一道工序。专用吊篮现场实例如图7-72和图7-73所示。

图7-72 专用吊篮现场安装

4.预应力筋穿束

为保证穿束顺利,防止穿束过程中拉坏波纹管,导致管道堵塞,穿束时应使用"子弹头",同时穿束时保证顺直,防止缠绕或扭麻花现象,穿束可采用人工辅助卷扬机进行。现场张拉的预应力筋应在张拉前安装。

5.锚具安装

预应力钢束穿束完成后,对于一端张拉一端固定的盖梁,固定端采用PT锚具,在混

图 7-73 吊篮螺杆与平台双套筒连接

凝土浇筑前,需安装螺旋筋、约束器、固定端锚板以及挤压头,固定端安装图如图 7-74 所示。

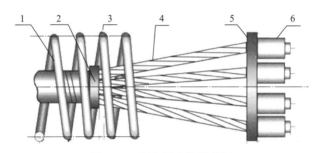

图 7-74 固定端安装示意图

1—波纹管；2—约束管；3—螺旋筋；4—预应力筋；5—固定端锚板；6—挤压头

根据图 7-74 可知,在预应力钢束穿束完成后,依次安装螺旋筋、约束管、固定端锚板、挤压头,在锚板安装时,锚板孔需与钢绞线一一对应。挤压头挤压设备采用 JY-45 型挤压机,挤压工艺：先将挤压套及衬簧套于钢绞线的预定位置,或在挤压套内将衬簧慢慢地旋入钢绞线端部,用手将其旋紧,使衬簧紧紧地裹在钢绞线上,清除挤压机凹槽内杂物,把带有衬簧的钢绞线插入顶杆端凹槽内,操纵油泵向挤压机供压力油,一次顶过,中途不得停顿,并观察压力表最大数值,等压力降低,顶压到位后,操纵阀杆,使顶压机活塞回程,即为完成压力工序。

张拉端由锚垫板、锚板、夹片、螺旋筋构成,张拉端安装示意图如图 7-75 所示。

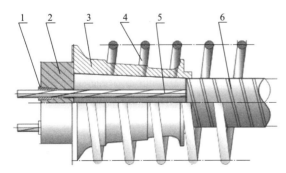

图 7-75 张拉端安装示意图

1—夹片；2—锚板；3—锚垫板；
4—螺旋筋；5—预应力筋；6—波纹管

由图 7-75 可知,在混凝土浇筑前,先安装螺旋筋与锚垫板,待混凝土浇筑完成并达到设计强度要求后,再依次安装锚板、夹片。

对于双端张拉的盖梁,锚具安装工艺同一端张拉一端固定中张拉端安装工艺,不再赘述。

6. 预应力张拉

(1) 张拉前准备工作

1) 检查各类材料的质保书及复验报告,检验张拉设备的检校证书等是否齐全,是否符合有关规定,并且检查材料经过存放后是否有损伤和污染,合格者才能投入使用。当千斤顶使用超过 6 个月或张拉超过 200 束,必须重新进行标定。

2) 检查同条件混凝土试块试压报告,其强度是否符合设计要求。根据设计要求张拉时混凝土强度达到设计强度的 90%,才允许张拉。

3) 清理锚垫板外的积浆,画好孔道中心线,检查孔道,清除杂物,检查锚垫板与预应力钢绞线是否垂直,否则加垫板。

4) 张拉前安装千斤顶及工作锚具。

5) 检查设备运转是否正常,检查供电是否正常。

6) 检查张拉活动工作台的安全及防护是否完善。

(2) 预应力张拉控制吨位计算及千斤顶选用

按照设计要求进行预应力张拉吨位计算,选择合适的千斤顶。以三环路预制盖梁为例,进行计算。预制盖梁单根钢束张拉控制力为 $0.75f_{pk}$,钢绞 $f_{pk}=1860$MPa,单根钢束截面积为 $S=140$mm^2,因此单根钢绞线张拉控制应力:

$F=0.75f_{pk} \times S=0.75 \times 1860 \times 140 \div 1000=195.3$kN,由此可得每束钢绞线的张拉控制应力见表 7-3。

预应力钢束张拉控制应力表　　　　　　　表 7-3

序号	钢绞线	张拉控制应力 σ_{con}(kN)
1	6ϕ_s15.2	1171.8
2	7ϕ_s15.2	1367.1
3	10ϕ_s15.2	1953
4	11ϕ_s15.2	2148.3
5	12ϕ_s15.2	2343.6
6	13ϕ_s15.2	2538.9
7	14ϕ_s15.2	2734.2
8	15ϕ_s15.2	2929.5

按照规范要求,千斤顶的额定张拉力宜为所需张拉力的 1.5 倍,且不得小于 1.2 倍,由此得 292.95×1.2÷10=351.54t,结合市面千斤顶的规格,选择 400t 的千斤顶。

(3) 张拉程序

张拉程序按设计要求及根据锚具的特性进行张拉,后张法张拉按:

0→10%初始张拉力→20%张拉控制应力→100%张拉控制应力 σ_{con}(持荷 5min 锚固)。

张拉的方法按规范和设计要求执行，不同束号张拉顺序按照设计图纸要求，相同束号先拉中间，后拉两边。如图 7-76 和图 7-77 所示。

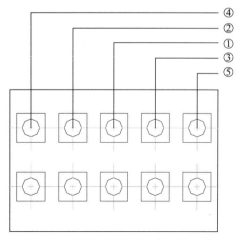

图 7-76 相同束号预应力张拉顺序示意图
（①→②→③→④→⑤）

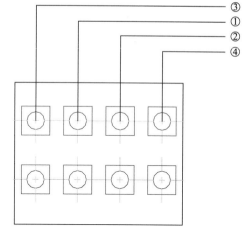

图 7-77 相同束号预应力张拉顺序示意图
（①→②→③→④）

预应力钢束必须在混凝土强度达到设计要求后方可进行张拉，当设计无要求时，张拉时混凝土强度不得小于设计强度100%。预应力张拉要求张拉吨位与伸长量双控，伸长量允许误差应控制在±6%以内。如果伸长量超过允许误差，应停止张拉，查明原因。同时要求同一断面的断丝率不得大于1%。

张拉具体操作步骤如下：

1）预拉：开动高压油泵到将钢绞线拉紧。

2）张拉：继续开动油泵，稳步使千斤顶大缸进油，使应力达到 $0.1\sigma_{con}$，停止进油，在钢丝绳上划标记，作为延伸量起算点，继续张拉，张拉到 $0.2\sigma_{con}$，量测延伸量，作为推算初应力时的延伸量的依据，张拉到 $1.0\sigma_{con}$，稳住进油量，持荷 5 分钟，补足到控制应力，量测延伸量。

3）顶压：当张拉到控制应力，实际延伸量满足±6%的要求，即可进行顶压夹片，张拉，顶压完毕后，量测夹片入锚具的长度，夹片露出锚具不大于3mm。

预应力钢束张拉完毕，严禁撞击锚头和钢束，钢绞线和粗钢筋多余的长度应用切割机切割，切割方式和切割后留下的长度留下的锚头以外钢束长度应不小于3cm，也不得大于5cm。

（4）伸长值计算

1）实际伸长值计算

张拉时采用分级张拉，分级锚固的方式，分级方式为10%、20%、100%。每级加载均测量伸长值，并随时检查测量值与计算值的偏差（±6%以内），发现问题及时查找原因。

预应力张拉的实际伸长值 ΔL 按式（7-1）进行计算：

$$\Delta L = \Delta L_1 + \Delta L_2 \tag{7-1}$$

式中 ΔL_1——从初应力至最大张应力间的实测伸长值;

ΔL_2——初应力以下的推算伸长值,也可采用相邻级的伸长值(从 $0.1\sigma_{con}$ 到 $0.2\sigma_{con}$ 的量测值)。

2)理论伸长值计算

预应力理论伸长值按式(7-2)进行计算:

$$\Delta L = \frac{P_P L}{A_P E_P} \qquad (7-2)$$

式中 P_P——预应力筋的平均张拉力(N);

L——预应力筋的分段计算长度(mm);

A_P——预应力筋的截面面积(mm^2),单根钢绞线的截面面积为:$A = 140 mm^2$;

E_P——预应力筋的弹性模量(N/mm^2),$E_P = 1.95 \times 10^5 MPa$。

上式中 A_P、E_P 为材料的固有参数为已知条件,分段计算长度 L 根据钢绞线的布置线型确定,对于预应力筋的平均张拉力 P_P 有精确计算法和近似计算法,因此钢绞线的计算伸长值也有精确计算法和近似计算。

3)精确计算法:

《公路桥涵施工技术规范》JTG/T 3650—2020 中给出预应力筋平均张拉力的精确计算公式为:

$$P_P = \frac{P(1 - e^{-(kx+\mu\theta)})}{kx + \mu\theta} \qquad (7-3)$$

式中 P_P——预应力筋的平均张拉力(N);

P——预应力筋张拉端的张拉力(N);

x——从张拉端至计算截面的孔道长度,即分段计算长度(m);

θ——从张拉端至计算截面曲线孔道部分切线的夹角之和(rad);

k——孔道每米局部偏差对摩擦的影响系数;

μ——预应力筋与孔道壁的摩擦系数。

将式(7-3)平均张拉力的计算公式代入伸长值的计算公式得:

$$\Delta L = \frac{\sigma_{pt}(1 - e^{-(kx+\mu\theta)})L}{(kx + \mu\theta)E_P} \qquad (7-4)$$

式中 σ_{pt}——张拉控制应力扣除锚口摩擦损失后的应力值,式(7-4)即为钢绞线精确伸长值的计算公式。

4)近似计算法:

《混凝土结构工程施工规范》GB 50666—2011 中给出预应力筋张拉伸长值得近似计算公式为:

$$\Delta L = \frac{\sigma_{pt}(1 + e^{-(kx+\mu\theta)})L}{2E_P} \qquad (7-5)$$

式中,各字母代表意义与前面一致。

要求钢绞线的伸长值计算采用精确计算公式,近似计算法作为参考。

7. 管道压浆

预应力筋张拉完毕后48小时内进行压浆;孔道压浆采用真空注浆工艺,管道压浆材料为 M40 以上纯水泥浆，可掺入减水剂或专用压浆料，水灰比不大于 0.4。

（1）水泥浆制作：水泥浆采用浆体搅拌机搅拌，要求搅拌机的转速不低于 1000r/min。其制作顺序为：首先在搅拌机中加入实际拌合用水量的 80%～90%，开动搅拌机，均匀加入全部压浆剂，边加入边搅拌，然后均匀加入全部压浆料，全部加入后再搅拌 2min，再加入剩余 10%～20% 的拌合水，继续搅拌 2min，最后即可通过过滤网进入储料箱，浆体进入储料箱后，应继续搅拌，以保证浆体的流动性，整个过程中不应再加水。

（2）抽真空：压浆前应前进行抽真空，使孔道内的真空稳定在 $-0.06\sim-0.1$MPa 之间，所采用真空泵应能到达 0.1MPa 的负压力。

（3）压浆：真空度稳定后，应立即开启管道压浆阀门，同时启动压浆泵进行连续压浆。浆体压入梁体孔道前，应先开启压浆泵，使浆体压浆嘴排除少许，以排除压浆管路中的空气、水和稀浆，当排除的浆体流动度和搅拌罐中的流动度一致时，方可开始压浆，压浆的压力宜为 0.5～0.7MPa，当管道另一端排除的浆体流动度与搅拌罐中的流动度一致时，方可结束压浆。压浆前应做好封锚工作，用水泥砂浆堵塞，以免冒浆而损失灌浆压力。

8. 封锚

封锚混凝土应在压浆后尽快施工。封锚步骤如下：

（1）孔道压浆后将梁端水泥浆冲刷干净，同时清除垫板、锚具及端面混凝土的污垢，并将梁端面凿毛。

（2）封锚前应对盖梁钢筋进行恢复，所有梁体钢筋不得随意减少，且封锚混凝土内须设置钢筋网，以保证封锚的可靠，钢筋采用焊接接长，单面焊长度不小于 10d（d 表示钢筋直径），双面焊长度不小于 5d。

（3）固定封端模板以免在浇筑时模板移动影响盖梁尺寸。

（4）封端混凝土强度应符合设计要求，采用 C50 混凝土。

（5）浇筑封端混凝土时使锚具处混凝土应振捣密实。

（6）封端混凝土浇筑后，带模浇水养护，脱模后在常温下一般养护时间不小于 7d。

7.2 上部混凝土结构构件安装

桥梁装配式上部结构主要为预制箱梁与预制 T 梁，二者安装方法类似，但根据安装设备的不同又分为吊车安装和架桥机安装两种。

7.2.1 架桥机安装

1. 施工工艺流程（图 7-78）
2. 架桥机拼装

（1）拼装工艺流程

架桥机拼装工艺流程：安装前架桥机机构检查→组件运输到位→主梁拼接→前支腿、中支腿拼装→主梁吊装→辅助支腿拼装→天车拼装→驾驶室安装→电气系统安装→监控系统安装→调

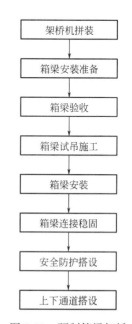

图 7-78 预制箱梁架桥机安装工艺流程图

试、试验→取证。

(2) 安装前架桥机机构检查

安装前，检查结构件外形，对变形结构件进行修复或者更换，对所有主结构件焊缝进行检测，对主要受力销轴进行探伤检测，销轴不合格的进行更换，焊缝不合格进行补焊、加强。对所有法兰连接处进行处理，保证对接平整。对所有液压系统进行检测，对泵站进行清洗，对液压阀及油顶检修试压。对所有电机进行检测修复，不能工作的及时更换。对传动轴、轴承处所有油脂进行更换补足，对齿轮油、液压油到现场进行更换补足。仔细检查吊装钢丝绳，达到使用次数及有损伤的及时更换。

(3) 组件运输

桥机配件用平板车分批运输拼装场地，前辅腿、中辅腿及前支腿配件要求摆放在拟安装桥墩和桥台之间的空地上，吊机站位在桥墩与桥台之间。中支腿及后支腿直接放到桥台上。主梁按拼装先后顺序运输至桥墩右侧的拼装场地，按主梁连接顺序依次摆好。拼装场地配件存放布置示意如图 7-79 所示。

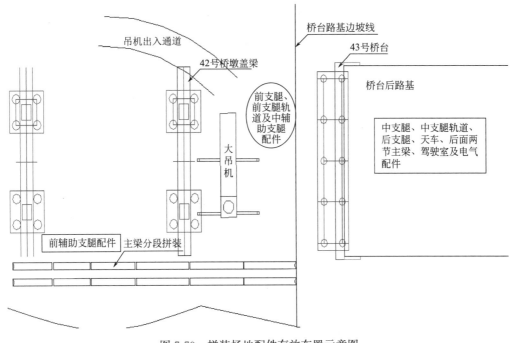

图 7-79 拼装场地配件存放布置示意图

(4) 主梁拼装

用吊机配合，将两列主梁的节段用销轴连接成整体，并穿好开口销。两根主梁并排摆放。吊装时，先吊装右侧的主梁，再吊装左侧的主梁。主梁摆放位置如图 7-80 所示。

(5) 前、中支腿吊装

1) 轨道铺装：将前支腿横移轨道用吊机摆放到桥墩盖梁小里程端，并用螺栓连接起来，轨道下面用硬杂木抄实，轨道要求两端都高于中间 2~3cm，中部垫平，轨道平面必须与盖梁横向中心线平行。中支腿轨道在桥台背后面拼装，距离前支腿轨道中心间距 35m，控制和前支腿轨道平行。

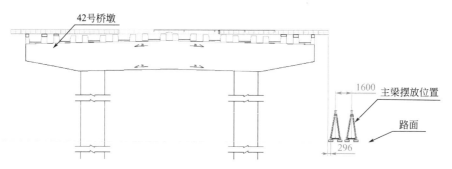

图 7-80　主梁摆放位置示意图

横移轨道支垫时必须注意以下几点：

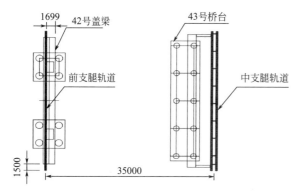

图 7-81　前中支腿在桥墩上布置示意

① 横移轨道使用前应进行探伤，查明有无内部损伤。对轨道支撑箱体进行强度校核，检测钢板厚度及尺寸。

② 横移轨道两端设置限位挡块，保证架设边梁到位时止住，满足架边梁安全要求。

前中支腿在桥墩和桥台上布置示意如图 7-81 所示。

2）前支腿拼装

前支腿在桥墩下方整体拼装，拼装完成后，将 4 根 $\phi 16$ 缆风绳固定到支腿上，然后整体吊装到桥墩的前支腿轨道上，吊装定位以前支腿右侧轮箱在桥墩右侧挡墙上方为基准，便于吊装主梁。定位完成后，拉设缆风固定前支腿，缆风绳拉到桥台和桥墩的墩柱上，用 4 个 5t 手拉葫芦配合拉紧。然后再进行拆钩，完成前支腿的拼装。前支腿定位如图 7-82 所示

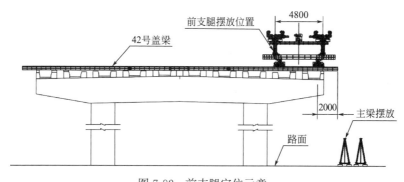

图 7-82　前支腿定位示意

3）中支腿拼装

中支腿直接在中支腿轨道上拼装，由下往上逐件拼装。拼装完成后，用刚性斜撑和手拉葫芦配合拉在桥台上，中支腿轨道保证拉力和支撑至少有 1t 内力。中支腿定位时注意

和前支腿平行且支腿中心线和轨道垂直,保证主梁吊装时平行且易入槽。中支腿定位如图 7-83 所示。

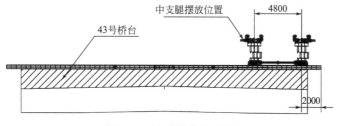

图 7-83 中支腿定位示意

支腿缆风布置如图 7-84 所示。

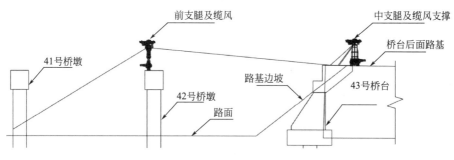

图 7-84 支腿缆风示意

(6) 主梁吊装

主梁拼装好后,采用 2 台汽车式起重机共同抬吊,汽车式起重机在桥台和桥墩之间。先吊右侧主梁,主梁距前端 12m 定位到前支腿纵移轮箱中心线,距主梁后端 6m 处定位于中支腿纵移轮箱中心线,并用 U 形螺栓将支腿与主梁连在一起;后吊装左侧主梁,以第一根主梁为基准,控制两根主梁平行及前后距离相同。吊装完成后,用前后主梁横联将两侧主梁连在一起。主梁吊装工序如图 7-85～图 7-91 所示。

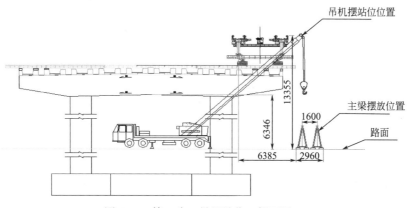

图 7-85 第一步:吊机站位(侧面图)

后两节主梁在桥台后路基上拼装,用吊机配合,拼装完成后对接到支腿上的主梁。主

171

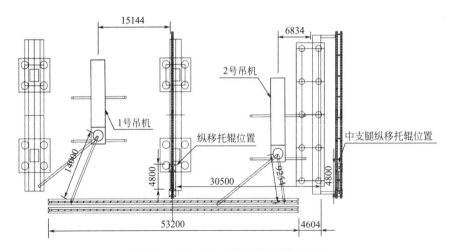

图 7-86 第一步：吊机站位（俯视图）

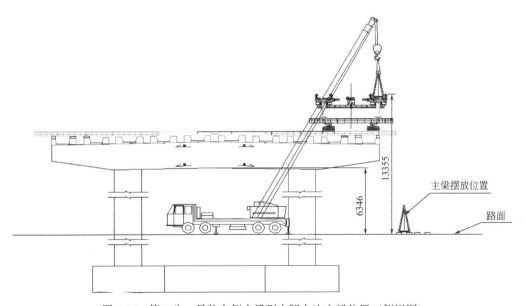

图 7-87 第二步：吊装右侧主梁到支腿右边主梁位置（侧视图）

梁对接时，在前主梁上焊接安全栏杆，作为挂安全带点和人员站位扶手，保证安全带高挂底用，且焊接需牢靠，能承受一个人的重量。

在主梁吊装过程中应做好起重机械吊装受力分析验算，确保吊装安全。

（7）拼装辅助支腿

1）拼装前辅助支腿

前辅助支腿由油顶、导柱导套、标准节（带支架横联）组成。前辅助支腿在空中拼装，先安装油顶，油顶安装时，保证油顶顶升出至少50cm，便于导柱上的销轴安装；然后将前辅助支腿横联、标准节、导柱导套组拼完成，再整体和前辅支腿油顶对接，完成前辅支腿拼装。

2）拼装中辅助支腿

中辅支腿由油顶及标准节组成。中辅助支腿也在空中吊装，中辅支腿到前辅助支腿距

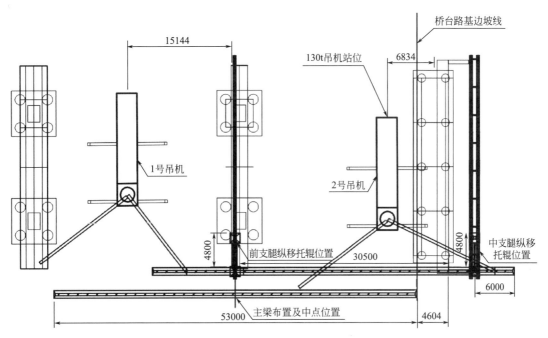

图 7-88　第二步：吊装右侧主梁到支腿右边主梁位置（俯视图）

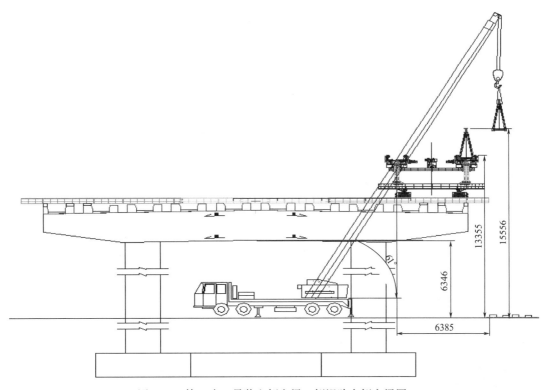

图 7-89　第三步：吊装左侧主梁（侧视跨右侧主梁图）

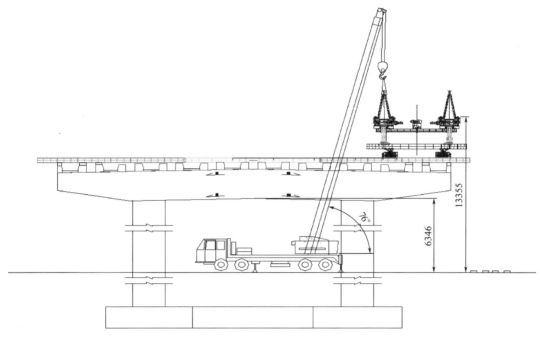

图 7-90 第三步：吊装左侧主梁（侧视主梁对位图）

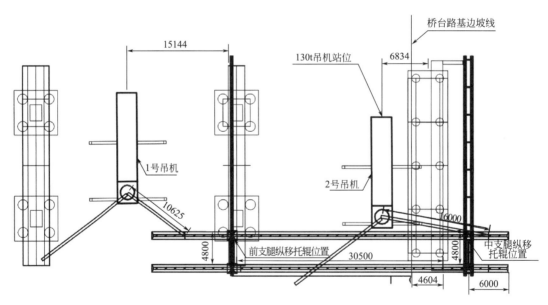

图 7-91 第三步：吊装左侧主梁（俯视图）

离应根据吊装箱梁长度计算选取，拼装油顶后，吊装到指定点，安装所有 U 形螺栓。标准节可以根据过跨需要，随时安拆。

3）拼装后支腿

后支腿由油顶、标准节组成。后支腿安装和中辅助腿安装一样，后支腿安装位置距离主梁尾部 1m 的地方。吊装完成后，安装所有 U 形螺栓。标准节可以根据过跨需要，随时安拆。

(8) 天车吊装

天车在桥台后路基上拼装,然后吊装到主梁上,再将卷扬机吊装到提升小车上。

1) 将提升小车的纵移轮箱和扁担梁组装,保证两个纵移轮箱中心距离达到要求。
2) 利用吊车将提升小车放置在主梁轨道之上。
3) 将横移小车放置在提升小车的横移轨道之上。
4) 将卷扬机吊起放置在横移小车的车体上,并安装晴雨棚。
5) 卷扬机安装完成后,穿入钢丝绳,需两根钢丝绳,每根长度 180m。

(9) 驾驶室安装

驾驶室平台先安装到主梁上,平台上放置一个驾驶室和两个配电柜,按图纸安放驾驶室和配电柜,平台护栏按标准布置,确保可靠。

(10) 电气系统安装

1) 总则

① 起重机电气安装应以该产品的使用说明书为准。
② 电气装置的非带电金属部分均应涂防腐漆或镀锌。
③ 所有紧固件除地脚螺栓外,应采用涂锌制品。
④ 接地滑接器与轨道应可靠连接。
⑤ 司机室与起重机本体用螺栓连接时,应进行电器跨接;其跨接点不应少于两处。跨接宜采用多股软铜线,其截面积不得小于 $16mm^2$,两端压接接线端子应采用镀锌螺栓固定;当采用圆钢或扁钢进行跨接时,圆钢直径不得小于 $12mm^2$,扁钢截面宽度不得小于 $40mm×40mm$。
⑥ 起重机的每条轨道,应设两点接地。在轨道之间的接头处,宜作电气跨接,接地电阻应小于 $4Ω$。

2) 软缆供电

① 支撑软缆的钢丝绳和绳端拉紧装置应有足够的强度。
② 当钢丝绳的长度小于 25m 时,绳端拉紧装置的调节余量不应小于 0.1m;当钢丝绳的长度大于 25m 时,绳端拉紧装置的调节余量不应小于 0.2m;
③ 拖缆小车间的最大距离为 5m。
④ 拖缆的长度应比小车的移动距离长 15%～20%。
⑤ 拖缆间应装牵引绳,其长度应短于软缆。
⑥ 软缆两端应固定可靠。
⑦ 采用电缆卷筒供电方式时,按电缆卷筒使用说明书安装。

3) 安全滑触线

① 滑触线的支点间距为 1.2m。吊点应连接可靠。
② 滑触线安装应平直,并与轨道相平行。
③ 滑触线的集电器应为 2 个。
④ 安装好的滑触线,应能轻松拨动,过接头时无卡死现象。

4) 配线

① 导线的额定电压大于 500V,电线的截面积大于 $1.5m^2/m$,电缆的截面积大于 $1m^2/m$。

② 所有电线电缆均应装在管内，线槽内或保护罩内。

③ 电缆的敷设应符合下列要求：

A. 排列整齐，不交叉，电缆两端有标牌。

B. 固定电缆应卡固，支点距离小于1m。

C. 固定电缆的弯曲半径大于电缆外径的5倍；移动电缆的弯曲半径大于电缆外径的8倍；

D. 导线的两端应牢固地压接接线端子，并有明显的接线编号。

E. 钢管，线槽应固定牢固。露天钢管，应使管口向下，或有其他防水措施。管口应装护口套。

5）电器装置

① 配电柜紧固螺栓应有防松措施。户外配电柜应有防雨装置。

② 电阻器直接叠装不能超过4箱。

③ 制动器动作灵敏、准确、可靠；分别驱动的2台制动器应同步。

④ 行程开关的极限距离：上升极限小于100mm；运行极限小于200mm；两台起重机之间小于400mm。

⑤ 撞杆应是可调节的，碰撞角度为45°，并有足够的宽度。

⑥ 控制器的安装应便于操作和维修；操作方向和运行方向一致。

(11) 监控系统安装

依据相关国家规范和架桥机的实际安全监测需求，安装新一代架桥机安全监测预警系统，该预警系统不仅能够实现对架桥机运动状态量的监测，同时还能实现对架桥机状态量的监测。

1）具体性能

① 运动量监测

A. 吊重传感器2个（系统设置成通道可选）。

B. 天车纵移传感器2个（前、后天车）。

C. 小车侧移传感器2个（前、后天车）。

D. 起升高度传感器2个（前、后天车）。

E. 水平倾角传感器2个左右大臂（独岛型选择1个）。

F. 整车纵向位移传感器1个。

G. 整车横移位移传感器1个。

H. 前支腿竖直倾角传感器1个。

I. 风速仪1个。

② 状态量监测

A. 小车上升控制状态（前、后天车）。

B. 小车下降控制状态（前、后天车）。

C. 小车前行控制状态（前、后天车）。

D. 小车后退控制状态（前、后天车）。

E. 小车左移控制状态（前、后天车）。

F. 小车右移控制状态（前、后天车）。

G. 整机前移控制状态。

H. 整机后移控制状态。

I. 整机左移控制状态。

J. 整机右移控制状态。

③ 系统统计、存储以及显示功能（现场以及远程管理平台）

A. 各机构运行频次、运行时间。

B. 综合吊载≥额定荷载60%持续吊载累计统计。

C. 综合吊载重量累计统计。

D. 各挡位动作时间统计。

E. 安全监控系统存储时间大于45d。

2）系统功能

① 10.4英寸大液晶动态实时显示，能够直观地显示架桥机的运行状态以及架桥机的运行阈值，易于使用。

② 架桥机安全监测仪主界面显示如下参数：A. 显示实际测量值，包括有天车纵向行程、天车横向行程、高度、起重量、风速、水平度、支腿倾斜度、整机纵向行程、整机横向行程等；B. 显示架桥机的基本信息，包括有臂长、横向臂宽、额定起重量；C. 显示架桥机的运行状态（包括有架桥机的天车上、下、前、后、左、右运动状态以及整机前、后、左、右运动状态的控制）以及预警原因，提醒司机进行有效判断。并集成了防超载、防限位、风速报警、倾斜报警、制动控制、黑匣子等多种功能，解决了架桥机全方位的安全监测预警功能。

③ 当出现影响架桥机安全的预警事件后，系统可以实现声、光、图像等多种报警方式提醒司机谨慎操作，在必要时能够实现自动控制。

④ 在不同预警程度时系统的预警方式如下：A. 二级预警时，发生预警危险的物体显示为黄色，报警音开启；B. 一级报警时，发生预警危险的物体显示为红色，报警音开启，报警灯闪烁。

⑤ 性能：采用工业等级设计、生产、加工标准，性能稳定可靠；易于安装、省时省力、参数设定简便快捷；具有良好的抗干扰性能，能够保证测量数据的准确性。

⑥ 全方位防护。

⑦ 单机安全防护：风速报警、倾斜报警、载重报警、限位报警控制。

(12) 调试、试验

架桥机组装完成后，在拼装场地做各电气、液压部分测试，确保功能正常。

1）空载试验

① 启动吊梁行车卷扬机，上下升降运动，检查卷扬机运转情况是否正常。

② 吊梁行车在横导梁上往复运动，检查行车运行情况。

③ 横导梁台车在纵导梁上往复运动，检查横导梁台车运动情况。

④ 起动前支腿及中支点横移台车在横移轨道上往返运动，检查整机运行平稳情况。此项试验应派专人负责观察横移轨道情况。

⑤ 检查行程限位、制动器等工作情况。

除第⑤项作1~2次外，其余项试验均应不少于5次，动作应准确无误。

2)静载试验

先起升额定载荷,再起升 1.25 倍额定载荷离地面 10cm 处,悬停 10min 后卸去负荷,检查架桥机主梁是否有残余变形,反复数次后,主梁不再有残余变形。

3)动载试验

以 1.1 倍额定载荷使起升机构和提升小车在 5m 范围内慢速反复运转,各制动机构及电器控制应灵敏、准确可靠,主梁震动正常,机构运转平稳。卸载后各机构和主梁无损伤和永久变形。

(13) 取证

架桥机拼装前,到当地技术监督局办理告知,桥机即可开始拼装,拼装完成后约定验收单位现场检测验收,检测验收完成后验收单位出具检验合格证及检验报告,然后再到当地技术监督局办理特种设备注册使用登记证,全部通过后完成设备的取证,架桥机可以正常进行架梁。

3. 箱梁安装准备

(1) 对桥梁下部结构进行验收,结构强度应达到设计强度,结构尺寸应符合设计及规范要求。

(2) 支座安装前,检查产品合格证书中有关技术性能指标,如不符合设计要求不得使用。

(3) 支座安装前将支座垫石处应清理干净,并保证顶面标高符合设计要求。

(4) 将设计图上标明的支座中心位置标在支座垫石上,支座准确安放在垫石上,要求支座中心线和垫石中心线相重合。

(5) 箱梁吊装前,检修使用机械,保证其运转正常,并做好吊装现场的清理工作,保证道路平顺、畅通。吊装现场平坦、坚实。

(6) 桥位两侧沿途路线要修平碾压。并对填方现场进行整平碾压,保证其足够的压实度,确保运输途中箱梁安全到达。

(7) 对相关人员进行安全教育及技术交底,特种作业人员必须持证上岗,特种设备必须进行检验合格。

(8) 提梁、运梁及架梁前,必须对龙门吊、运梁炮车及架桥机进行全面检查,且在操作前试运行,保证设备运行正常,确保安全后方可组织作业。

4. 箱梁验收

箱梁检查与验收成立专门小组,由监理工程师、质检人员、技术人员、测试人员组成,产品检查与验收严格按规定的检验项目、质量要求和检验频次进行,并进行预制梁的首件验收。采取逐孔检查验收,其验收记录作为验交的依据,各项指标全部合格后方可出厂。

(1) 箱梁预应力压浆同条件养护试件达到 100% 方可进行箱梁架设。

(2) 对箱梁的外观质量(包括混凝土表面、预埋件表面等)、施工记录、质保书资料、混凝土强度(梁体封端、压浆等)、静载试验(抗裂、挠度)、梁体混凝土弹性模量测试等进行验收。

(3) 确认箱梁出厂的编号与设计要求的待架桥孔编号正确无误。

5. 确认箱梁出场的方向

在预制梁正式进入吊装、运输及架设之前。应先在预制梁场对预制梁进行试吊施工，发现并调整试吊施工中出现的问题，以便后续运架梁施工能顺利进行。

(1) 空载试验

将小车和大车行走机构沿各自轨道行走数次，车轮无明显打滑现象、启动刹车正常可靠、小车架上的缓冲器与主梁上的碰头位置正确。开动起升机构，空钩升降数次，观察钢丝绳走线是否正确、是否碰到其他构件。

小车开到跨中，大车慢速沿轨道全长来回行走 3 次，检查启动、刹车情况，以及运行是否平衡。

大车沿轨道在全程范围内往返 3 次，各机构运转平稳、制动器灵敏可靠、全程范围内无"3 条腿"现象、无啃轨现象、各限位关能可靠工作。

电动葫芦在全程范围内往返 3 次，吊钩起落 3 次，运转平稳、制动器灵敏可靠、各限位开关可靠工作。

(2) 30％额定荷载试验

在空载试验完全可靠的前提下进行 30％额定荷载试验。试吊进行垂直升降，共分以下 3 次进行：

1) 起吊 10cm，检查起重设备各部分有无异常情况后松下。
2) 起吊 50cm，落下 30cm，停 5min 再落下。
3) 起吊 1m，每落下 20cm 后停 3min，共停 4 次后落下。

将重物吊起 1.5m 高，电动葫芦运行全过程，检查电动葫芦行走机构制动情况，当电动葫芦走至横梁跨中时，测量跨中挠度；当梁落下后，再测量跨中挠度，当电动葫芦走至横梁悬臂最大位置，测量跨中和悬臂挠度；第二次当梁落下后，再测量跨中挠度和悬臂挠度，测量 3 次，检查是否产生永久变形。

(3) 70％额定荷载试验

30％额定荷载试验完全可靠的前提下进行 70％额定荷载试验。试吊进行垂直升降，共分以下 3 次进行：

1) 起吊 10cm，检查起重设备各部分有无异常情况后松下。
2) 起吊 50cm，落下 30cm，停 5min 再落下。
3) 起吊 1m，每落下 20cm 后停 3min，共停 4 次后落下。

(4) 100％额定荷载试验

空载试验完全可靠的前提下进行额定荷载试验。试吊进行垂直升降，共分以下 3 次进行：

1) 起吊 10cm，检查起重设备各部分有无异常情况后松下。
2) 起吊 50cm，落下 30cm，停 5min 再落下。
3) 起吊 1m，每落下 20cm 后停 3min，共停 4 次后落下。

(5) 110％额载的动载试验

1) 在额载试验完全可靠的前提下进行 110％额载的动载试验。
2) 加 10％的额载重物在试吊梁上荷载均匀分布。
3) 试吊垂直升降一次，检查起升机构是否运行可靠及横梁跨中挠度或悬臂端挠度。

4）将试吊重物起吊 1.5m，电动葫芦在横梁上运行一个行程，观测横梁跨中挠度或悬臂挠度变化，检查是否有永久变形。

（6）125％额载的静载试验

1）在 110％额载的动载试验完全可靠的前提下进行 125％额载的静载试验。

2）将两电动葫芦停上横梁跨中位置处，将试吊物起吊 1.5m，观测横梁跨中挠度。

（7）试吊注意事项

1）试吊宜选择在天气晴朗无雨、风力小于 5 级的情况下进行。

2）试吊前，人员应明确施工流程并明确分工，各负其责。

3）统一指挥，严格按试吊步骤进行试吊。

4）试吊重量必须准确，误差不大于 2％。

5）轻载试吊完毕后，静载试吊前应测量龙门吊机跨中参照点高程，并做好记录。

6）在进行任何一项荷载试吊时，若龙门吊机出现其他异常现象，要立即查明原因。在调整修复后，方可进行试吊。

6．箱梁安装

（1）架桥机工作状态

顶升前支腿，架桥机呈架梁状态：在墩帽支承面上用橡胶支垫垫平，顶升支架呈铅垂状态，然后加双定位销，用 5t 捯链在支架两侧收紧。

箱梁在架桥机起吊的过程中要保持梁轴线垂直，不可倾斜，保证梁体横向的稳定；起吊的过程中前后方向的起吊速度要保持一致，进而保证梁体纵向的稳定。

（2）架梁就位

1）架桥机上部的两运梁小车起吊要平稳，速度保持一致，升降、快慢必须听从指挥命令，严禁擅自操作。

2）起吊过程中，一定要做到平稳、安全可靠；且必须在梁的两端系手动葫芦以控制方向，以避免碰撞，确保安全。

3）梁体就位必须对准支座上预先做好的标志线，就位后检查梁体与支座之间是否有缝隙，必要时采用钢板支垫进行稳定。

4）落梁：两台吊梁行车前移至架设孔位后，下落梁体至距支承垫石或盖梁顶面最高点 5~10cm，待梁体稳定没有晃动后驱动整机横移，梁片到达支座上方后，严格按照设计图纸调整梁片和支座的平面位置，经检查合格后方可落梁；梁体就位后，梁体端部横隔板采用硬质方木和木板支垫在盖梁或台帽上，边梁外侧采用 ϕ150mm 圆木支撑，保证梁体稳定；梁体就位后，对梁体安装位置、支座位置、支撑情况等再次进行检查，合格后方可拆除吊梁钢丝绳。

5）相邻两片梁架设完成后，及时对横隔板钢筋进行连接以增强梁体整体稳定。必须焊接所有横隔板主筋，即梁两端部、梁中横隔板上下主筋。

6）在梁的架设过程前必须准确定出梁体纵横向位置，并做好明显的标记。在架设过程中必须保证梁体平稳向前移动，不得急进急退，造成梁体在移动过程中晃动。架设从桥梁一端桥台开始架设。梁采取兜底起吊，在梁前移到位后再进行横行移动，在落梁下放过程中必须保证慢速稳定，不得冲击支撑垫石、支座等。在梁体准确就位后，梁体两端两侧必须进行支撑，防止梁体倾覆。在每一跨架设完成两片以后，尽量将梁片通过横隔板钢筋及桥面板钢筋连成整体,以加强梁片稳定程度。在一跨架设完成后架桥机前移,进行下一跨架设施工,直至架设完成。

(3) 架梁步骤

1) 安装支座、桥上运梁车对位喂梁

运梁车调整对位后,天车下放吊具。吊具下放示意图如图 7-92 所示。

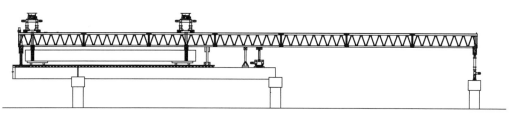

图 7-92 吊具下放示意图

2) 提梁

架桥机接管预制梁,运梁车离开。保证前后两个提升小车同步提梁。提梁示意图如图 7-93 所示。

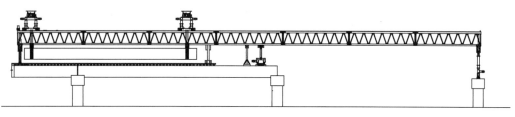

图 7-93 提梁示意图

3) 送梁就位

天车送梁至待架跨位置,两提升小车同步吊梁前行至待架跨上方后停止。送梁示意图如图 7-94 所示。

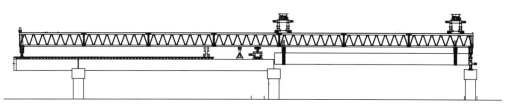

图 7-94 送梁示意图

4) 落梁

提升下车同时下落,待预制梁距盖梁顶面约 1.5m 时停止落梁,启动前支装置和中支装置的横移电机,整机带动预制梁同步横移,把预制梁放到合适的位置上。落梁示意图如图 7-95 所示。

(4) 过跨施工

1) 架桥机过孔前基本姿态:桥机两列主梁、提升小车、横移轨道的中心形成垂直线;后托装置距中支装置 15m 位置;中支装置距前盖梁 2m 位置;副中支腿距中支装置约

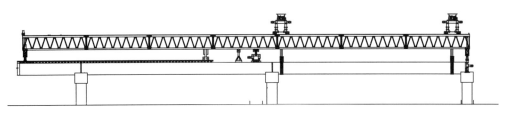

图 7-95 落梁示意图

1.5m；前提升小车停止在中支装置上方；后提升小车停止在桥机最尾部。如图 7-96 所示。

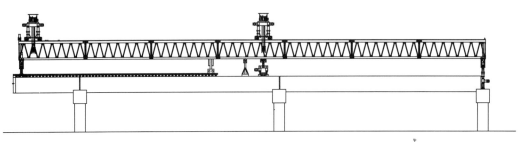

图 7-96 过跨示意图（一）

2）拆除中支装置与纵导梁连接的 U 形螺栓，同时启动前支腿、后支腿、副中支腿液压装置，调整好后脱装置高度，桥机具备 8 个点同时受力。按过孔要求将中支装置和横移轨道拉紧固定，用前提升小车将其吊置前盖梁 2m 位置，安装固定。前提升小车停在中支装置固定不动。如图 7-97 所示。

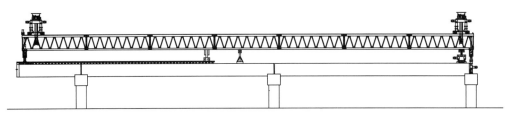

图 7-97 过跨示意图（二）

3）后提升小车移至桥机尾部，确认过孔准备工作到位。在后脱装置和中支装置之间选择两个连接点，用手拉葫芦将两列纵导梁拉紧。收起前支腿和后支腿，纵导梁由后脱装置和中支装置支撑。收起副中支千斤顶，拆除衬垫，副中支腿连接在纵导梁下弦不动。如图 7-98 所示。

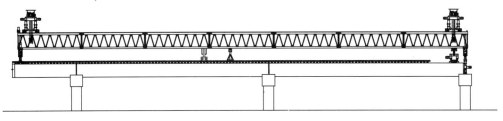

图 7-98 过跨示意图（三）

4)启动中支装置上层轮箱和后托装置的电控系统,驱动纵导梁向前平移,后脱装置、后提升小车及副中支腿随纵导梁向前平移,同时启动前提升小车同步移动,前提升小车位置保持在中支装置上方。如图 7-99 所示。

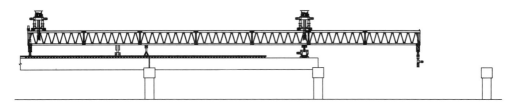

图 7-99 过跨示意图(四)

5)前支腿移至前方桥墩的上前部,放下前支横移轨道,垫实垫牢,调整前支腿高度并穿轴销牢。放下后支腿支撑起纵导梁,拆除后托装置与纵导梁的连接,并降低至最低高度,启动其驱动装置,移至副中支腿后方。将中支装置上层轮箱用 U 形螺栓与纵导梁下弦固接,解除下层轮箱与横移轨道的固定装置,过孔完毕。如图 7-100 所示。

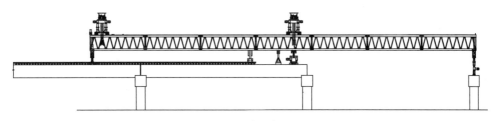

图 7-100 过跨示意图(五)

(5)施工技术要点

1)电机运行前必须在减速机中加 32 号轻型机油。

2)检查电气开关,使开关指令与轮箱的运行方向一致。

3)检查各螺栓连接处是否有松动的现象,高强度螺栓必须用扭矩扳手,达到预紧力。

4)变换轮箱运动方向时,必须让机构完全停止时,再反向启动。

5)架桥机喂梁时,切记将 $\phi 90$ 的支腿定位销轴插入支腿调节孔中使油缸不受力。

6)主梁就位后必须及时进行翼板及横隔板间的钢筋连接和湿接缝混凝土的浇筑。只有其设计强度达到 95% 后,方可在其上运梁。运梁设备在桥上行驶时必须使设备重量落在梁肋上。

7)板就位后,其两端支座应对位,板与支座必须密合,且安装平稳,支点处必须接触严密牢固。

8)定期检查钢丝绳有无损伤、绳夹螺栓是否拧紧、电气接线是否正确、液压系统是否有漏油现象、各机械和机构部分是否有卡滞现象、各转动部位漏油情况。

9)现场设专人指挥,做到信号统一,吊装指挥人员上下使用登高车,对所有操作人员发出的停止信号,均要立刻停止作业。

10)在一幅桥梁预制梁架设完成后,架桥机退回起始位置,根据架梁顺序向左侧或者右侧移动架桥机,再进行下一幅桥梁预制梁的架设工作。

7. 注意事项

(1) 梁体起吊前，相应的边角应用型钢加工专用器具保护或用橡胶皮带衬垫保护，梁体构件应兜底捆绑，保证梁板水平，受力均匀、牢靠，起吊速度要均匀、平稳。构件下放时，必须低速轻放，禁止忽快忽慢和忽然制动。梁体禁止斜拉、斜吊。

(2) 梁体的吊点位置在满足安装的条件下，尽量靠近梁体设计支承点位置，并采取可靠措施，使施加的预应力不产生负弯矩，对梁体产生不利影响。

(3) 梁体吊装作业时，当六级风、雾天能见度低于 50m、降雨时等恶劣气候均应停止施工。一切起重设备在每次使用前应经检查并试运转，以保证安全可靠。电动卷扬机在雨季须有足够的防雨设施。

(4) 架桥机纵向运行轨道要求两侧轨顶高度对应水平，保持平稳；前、中、后支腿各横向运行轨道要求水平，并严格控制间距，轨道必须平行，连接牢靠，两端均设置止挡装置；以上钢轨要求接头平顺、轨距正确、支垫平稳牢固。架桥机悬伸对位、纵向移梁、横向携梁行走、边梁换钩架设、液压设备的支垫及操作等事项，严格按架桥机操作规程施工。

(5) 架桥机架梁施工时，要经常注意安全检查，每架设一孔必须进行一次全面安全检查，发现问题要停止工作并及时处理后才能继续架梁施工。

(6) 悬臂纵移时，上部 2 台起吊天车必须后退，前起吊天车退至后支腿处，后起吊天车退至后支腿和后顶高支腿中间。

(7) 梁体架设完毕后，对梁体纵向和横向钢筋进行焊接，确保梁体稳定。

(8) 架梁后应做好两个临边方向的防护，在架设完的每跨梁的外侧按间距 2m，布设 $\phi 48mm$ 的长 1.5m 的纵向钢管，并在距离钢管底 25cm 处，设置扫地杆，横向间距 50cm，钢管与钢管之间的连接采用卡扣连接，并在钢管内侧挂设防抛网。

(9) 运梁车运送梁体需过桥时，必须行走于桥跨中心，且下方梁体隔板钢筋需连接到位，并在过跨处铺垫钢板及方木，以保证其顺利通过。

8. 箱梁连接稳固

(1) 每片箱梁在安装后，应在箱梁两侧用圆木或钢管进行支撑，防止梁体因偏心而倾覆，本项工作特别重要，要高度重视。

(2) 同一跨中相邻两片箱梁用每 2m 用钢筋焊接固定，使其成为整体，以增加箱梁的横向和纵向稳定性，随架随焊。

(3) 同一联内，相邻跨的箱梁在箱梁端头采用 4 根桥面钢筋进行焊接固定，焊接要求两面焊接，其焊接长度不得低于钢筋直径 $5d$，且焊缝平整饱满，焊接每片梁全部结束后，方可进行下片架设安装。

9. 安全防护搭设

(1) 每跨梁安装完成后，立即做周边防护和湿接缝防护。

(2) 周边防护采用钢管架搭设加密目网；横管采用 2 排间距 0.6m 钢管，纵向采用 1.2m 高间距 2m 的钢管，钢管与防撞护栏预埋钢筋绑扎牢固。

(3) 湿接缝防护采用挂兜网，兜网两端挂在桥面预埋钢筋，兜网纵向搭接不小于 30cm，横向宽出湿接缝 30cm。

(4) 桥头防护用宣传板、警示标志进行围挡，以免闲人进入。

10. 上下通道搭设

在架桥机向下一桥跨移动时，需先在下一桥跨盖梁上做好支腿安装准备工作，每个盖梁上预留挂安全绳的预埋钢筋；上下盖梁采用登高车或钢爬梯，钢爬梯搭设如下：

（1）钢爬梯采用标准梯笼，梯笼外观尺寸为 3m×2m，高 2m。梯笼各杆件全部采用栓接，便于安装和拆卸。梯笼如图 7-101 所示。

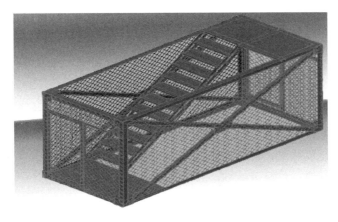

图 7-101　标准梯笼示意图

（2）根据盖梁高度调节爬梯的高度，爬梯安装前需对底座进行处理，下层采用毛渣或砖渣回填夯实，厚度 50cm；上层浇筑 15cm 厚 C20 混凝土，并布设卡扣，防止梯笼滑移。

（3）在底座周围挖排水沟，防止积水现象。

（4）将出口标准节吊装在底座上（出口向外），水平校准，保证安装后的出口标准节垂直度在 0.5% 之内。

（5）安装标准节，清理螺孔，确保螺孔与螺栓直径相配，且将连接螺栓全部紧固到位。

（6）检查栓接质量，排查安全隐患。

（7）安全爬梯安装完成后报安全专监进行验收，验收合格后方可使用。

7.2.2　吊车安装

1. 施工工艺流程（图 7-102）

2. 安装准备

（1）市政工程吊车进场之前，必须完成对道路两旁的清理工作，其中包括人行道电杆，围挡和空中电缆的清理，直到满足吊车作业条件。

（2）吊车进场后应通知现场工长、安全员及设备管理员，吊装前对汽车式起重机的作业环境、吊具、钢丝绳等进行检查，满足要求后方可进行吊装作业。

（3）项目技术负责人应对吊装工人、信号工、吊车操作司机

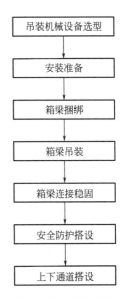

图 7-102　箱梁吊车安装流程图

进行技术交底。

(4) 在开始吊装前,将影响吊装施工的周围树木、障碍物等进行清除,为箱梁吊装做前期准备工作。

(5) 在吊索具选择时,应根据起吊设备的重量对照各种型号钢丝绳的允许应力确定其型号及直径。

(6) 起重机进场前,必须提供起重机的出厂检测报告、年检报告、产品说明书。

(7) 起重机司机、信号工、司索工必须持证上岗,身体健康。

(8) 为分散吊车支腿压力,宜进行地基处理或采用路基箱来垫吊车支腿。

3. 吊装机械设备选型

根据箱梁的起吊高度、起吊重量和吊装场地条件来选择其中吊装机械设备。

(1) 吊车选型

由于预制箱梁节段通常在20m以上,故选择吊车安装时,基本都采用双机抬吊,在吊车选型上,在满足实际最大吊装半径、最大吊装高度的基础上,选择最不利吊装工况来进行吊车型号选型计算,计算公式如下:

单机承担重量 $T_1 \geqslant (0.5Q_1 + Q_2 + Q_3) \times K_2 \div (1 - K_1)$ (7-6)

式中 Q_1——箱梁吊装重量(t),按照最大起吊重量考虑;

Q_2——捆绑的钢丝绳重量(t);

Q_3——起重机吊钩自重(t);

K_1——双机抬吊的折减系数;

K_2——起吊后的动载系数,取1.1~1.2。

说明:由于采用了双机抬吊,考虑在抬吊过程中的拉扯,双机抬吊折减系数可按照20%考虑,动载系数按照1.2考虑。

根据计算的单机承担重量T_1,查吊装设备起重性能表,选取在对应吊装高度和吊装半径的额定起重量$T_2 \geqslant T_1$的设备。

(2) 钢丝绳选用

钢丝绳根据吊重进行选取并计算复核,复核计算公式如下:

$$F_1 = n \times k_1 \times G / n \times k_2 \times k_3 \times \sin\alpha$$ (7-7)

式中 F_1——每根钢丝绳承受拉力(kN);

k_1——动荷载系数,取1.08;

G——最大起吊重量(kN);

n——吊装钢丝绳根数;

k_2——不均匀受力系数,取0.82;

k_3——钢丝绳使用安全系数,取8;

α——钢丝绳与构件夹角(°)。

根据计算得到的钢丝绳拉力F_1,选择破断拉力总和$F_2 \geqslant F_1$的钢丝绳。

(3) 箱梁捆绑

箱梁吊装捆绑采用单绳兜吊的方式,钢丝绳与箱梁交角应控制在45°~60°,吊点宜设置在距离梁端部1~3m位置,梁底及翼板与吊装钢丝绳接触位置设置橡胶垫,防止钢丝绳对箱梁造成磨损,箱梁捆绑示意图如图7-103所示。

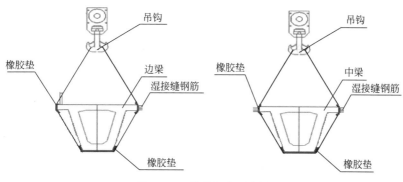

图 7-103 箱梁捆绑示意图

(4) 箱梁吊装

1) 试吊

拖车运梁至安装施工位置,用钢丝绳兜住梁体,起吊至离运梁车 2~3cm 进行试吊,检查吊机运转是否正常,试吊无问题后继续起吊并同步缓慢转向,吊机吊梁至盖梁顶面,徐徐下降就位,并校核、以保证位置准确。

2) 正式吊装

箱梁起吊稳定后,拖车离场,吊车按照预先设定安装位置,在正确指挥下,逐步旋转至指定安装位置,安装过程中保证箱梁湿接缝宽度和中心与支座中心对齐。桥梁在支座上方对位调整位置时,桥梁两端各 2 名起重人员,待技术人员查看对位情况,确认可以安放桥梁时方可落下桥梁。位置找平时,对不平的位置,可采用砂浆处理后方可安放桥梁。确定到位后,立即安排电焊工对安放在盖梁上的梁体侧面钢筋和端头钢筋进行临时连接,两片梁连接不少于 5 处,确保梁体不移动后取掉吊索。首跨吊装时,两台吊车均站在吊装跨盖梁后方,从一侧往另一侧依次安装就位,如图 7-104 所示。

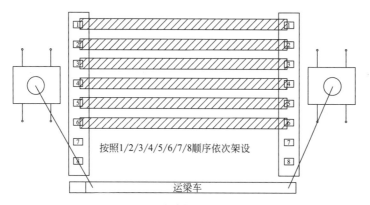

图 7-104 首跨箱梁吊装示意图

除收尾跨外其他跨箱梁架设时,一台吊车站在吊装跨内,另一台站在吊装跨外盖梁后方,从一侧往另一侧依次安装就位,如图 7-105 和图 7-106 所示。

尾跨与倒数第二跨同时收跨,一台吊车站在吊装跨内,另一台站在吊装跨外盖梁后方,从一侧往另一侧依次安装就位,如图 7-107~图 7-111 所示。

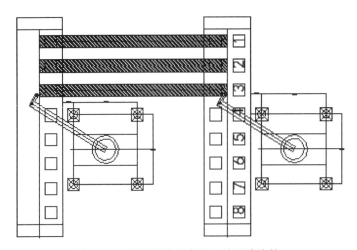

图 7-105 箱梁吊装示意图（首尾跨除外）

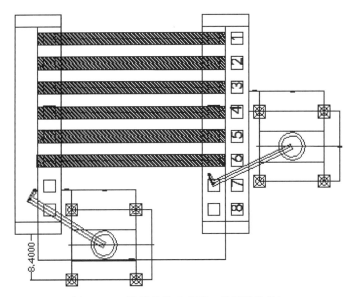

图 7-106 箱梁吊装示意图（首尾跨除外）

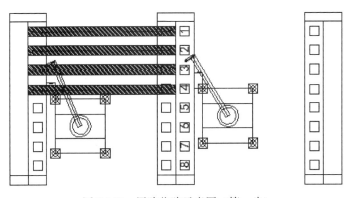

图 7-107 尾跨收跨示意图（第一步）

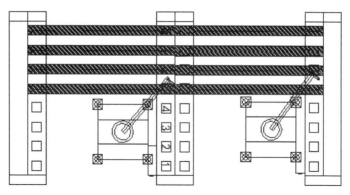

图 7-108　尾跨收跨示意图（第二步）

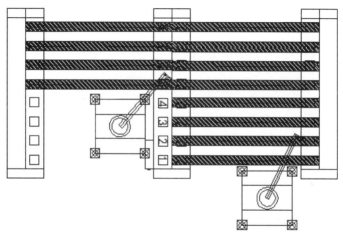

图 7-109　尾跨收跨示意图（第三步）

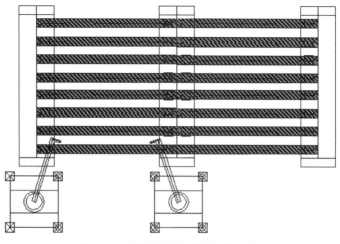

图 7-110　尾跨收跨示意图（第四步）

图 7-111 箱梁吊装实例

7.2.3 湿接缝施工

1. 测量放线

为保证箱梁顶面高程符合设计要求,测量人员对湿接缝进行复核梁顶面高程,如果安装误差较大,影响了桥面铺装厚度及湿接缝预埋钢筋对接,需及时调整。

2. 钢筋制作

应满足 4.1.4 小节中相关要求。

3. 钢筋绑扎

在施工时要预先调整箱梁的预埋筋,保证钢筋平直及顶面保护层满足设计要求,绑扎时要严格按照设计图纸进行,首先绑扎横向连接钢筋,绑扎时一定要与箱梁预埋钢筋套绑扎牢固,在一条直线上,以利于水平钢筋的绑扎。

焊接时保证钢筋的焊接长度,单面焊不小于 $10d$,双面焊接不小于 $5d$,焊缝要饱满。穿水平筋时要按照图纸位置进行,确保位置的准确,绑扎水平筋一定要保证水平、线形顺直、间距均匀。

4. 模板安装

为便于加工,箱梁湿接缝建议采用木模板,采用方木及对拉杆固定。模板在使用之前,进行自检并校核几何尺寸、强度等各项指标,各项指标自检合格后报检监理工程师抽检,抽检合格后,再进行下道工序施工。

模板安装时,先在湿接缝两侧箱梁顶面上放置 10cm×10cm 的方木。采用 6cm×8cm 的纵横背肋方木为模板提供支撑,纵横设置间距不得大于 60cm,模板与背楞方木用钉子钉紧后,在横桥向背楞上钻孔穿对拉杆,然后在对拉螺杆顶部穿横向钢管,再将钢管放置在箱梁顶方木上,调整对拉杆螺栓,使湿接缝模板紧贴于箱梁翼板下。底模以每边伸入箱梁翼缘板 20cm 为宜。

木模板与混凝土接触的表面需刨光且保持平整光洁。木模板接缝处粘贴双面胶防止漏浆。安装时拼接缝应平整、顺直、严密,应避免出现错缝现象。木模板与混凝土接触的表面需刨光且保持平整光洁。模板安装完成后,开始对杂物清除,避免影响质量。湿接缝模板安装示意图如图 7-112 所示。

图 7-112 湿接缝模板安装示意图

5. 浇筑混凝土

浇筑混凝土前应清理干净模板上方杂物,不得有积水、锯末、施工碎屑和其他附着物质。

混凝土振捣采用小型插入式振动器,振动器的移动距离在 50~70cm 范围内,插入点按 50cm×50cm 的行列式布置。

振捣时注意振捣棒插入混凝土的间距、深度与作用时间,振捣器插入时尽可能垂直插入混凝土中,快插慢拔;上层混凝土的振捣要在下层混凝土初凝前进行,并且插入下层 5~10cm 左右。每一振点的振捣持续时间宜为 20~30s。

混凝土振捣密实标准:以混凝土不再下沉、无气泡冒出、表面泛浆为准。

对湿接缝混凝土进行二次抹面,第一次抹面在混凝土振捣平整后进行,第二次抹面在混凝土近初凝时进行,以防早期无水引起表面干裂。

混凝土的浇筑工程应连续进行,在浇筑及静置过程中,应采取措施防止产生裂缝。对混凝土的沉降及塑性干缩产生的表面裂纹,应及时处理。

6. 拆模及养护

拆模时不得损坏周围的混凝土,也不可造成模板的松动或变形。模板拆卸宜使用专门的工具,严禁使用大锤强击拆卸模板。拆下的模板应将粘附的砂浆清除干净,并矫正局部损坏。

浇筑完成后,应用浸湿的土工布或塑料薄膜等覆盖,至少养护 7d。养护期间应经常洒水,使其保持湿润并避免碰撞和振动。

7.3 上部钢结构安装

7.3.1 钢箱梁安装

1. 施工工艺流程(图 7-113)
2. 基础处理

钢箱梁焊接形成整体前,需在钢箱梁节段端部设置临

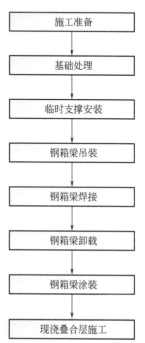

图 7-113 钢箱梁施工工艺流程

时支撑，临时支撑基本都为落地式，根据钢箱梁吊装计算分析中所需的地基承载力，对基础进行处理，可分以下两种情况：

（1）当临时支撑基础位于软弱基础上方时，采用在地面清表后夯实或压路机压实，浇筑混凝土的方法，但该种基础处理方法不经济，不建议采用，可采取铺设路基箱的方式对临时支撑基础进行加固。如图 7-114 所示。

图 7-114　临时支撑基础处理示意图（软弱地基）

（2）当临时支撑基础条件较好时，在对基础进行平整后，可采取直接在临时支撑下方垫设路基箱的方法，也可在临时支撑下方设置一块钢板，四周采用膨胀螺栓与路面固结，以减小临时支撑对地面的压力。如图 7-115 所示。

图 7-115　临时支撑基础处理示意图（坚固地基）

3．临时支撑安装

（1）考察和测量

临时胎架安装前，对实地进行考察和测量，首先对安装基础不符合要求的，事先进行平整、加铺钢板或路基箱，然后根据桥梁中心线、胎架轴线和节段的划分，用全站仪确定临时胎架的纵横坐标及标高。格构式临时支撑胎架构造与临时支撑断面示意如图 7-116 和图 7-117 所示。

第7章 构件安装

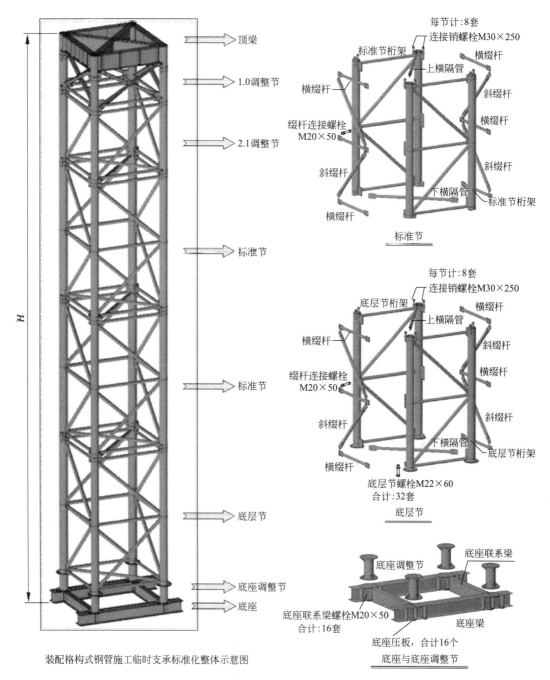

图 7-116 格构式临时支撑胎架构造示意图

（2）沉降观测点设置

为防止基础和临时支撑可能会发生不均匀沉降，在每一组临时胎架的每个格构柱固定位置做好标记，作为沉降观测的测量点，在钢箱梁安装前对临时支架整体进行一次观测沉降记录。

（3）临时胎架调节

临时胎架采用调节段（高度为 500mm 左右）与千斤顶进行调节，主要用于钢箱梁吊

193

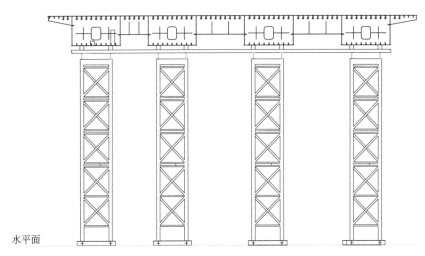

图 7-117 临时支撑断面示意图

装时,调节钢箱梁标高和安装结束后进行钢箱梁整体卸载。

(4) 临时胎架防撞

胎架的两侧根据实际施工现场需要,分别设置防撞装置如水马或锥形桶,在特殊和重要路段设置反光防撞桶,同时还在一定距离内加设砂袋墙,砂袋墙高 1m。以避免车辆直接撞击支架。如图 7-118 所示。

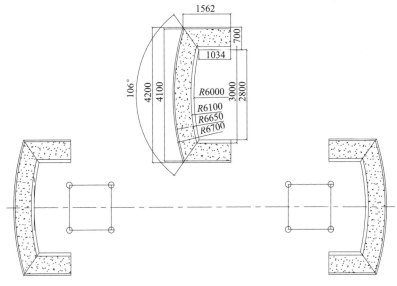

图 7-118 临时胎架防撞示意图

(5) 胎架布设位置示意

胎架布置于分段对接口的中部支撑,形成简支结构,每组胎架分若干个独立标准胎架,之间可使用型钢连接。如图 7-119 和图 7-120 所示。

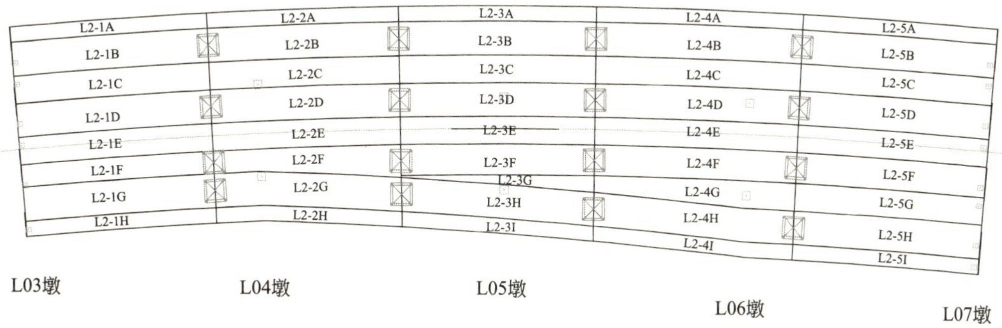

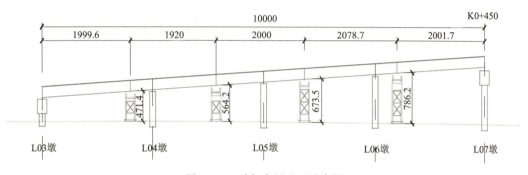

图 7-119　胎架布置面示意图

图 7-120　胎架布置立面示意图

4. 安装准备

（1）进场要求

1）根据安装进度将单节桥段运至现场，到场后，按随车货运清单核对桥段与编号是否相符、构件是否配套。如发现问题，制作厂应迅速采取措施，更换或补充构件，以保证现场急需。

2）单桥段进场按日计划精确到每件的编号，单桥段最晚在吊装前两天准备完备，并充分考虑安装现场的堆场限制，尽量协调好安装现场与制作加工的关系，保证安装工作按计划进行。

3）单桥段的标记应外露，以便于识别和检验，注意单桥段装卸的吊装、堆放安全，防止事故发生。

4）单桥段进场前与现场联系，及时协调安排好堆场、卸车人员、机具。构件运输进场后，按规定程序办理交接、验收手续。

（2）单节桥段验收要求

现场构件验收主要是焊缝质量、桥段外观和尺寸检查及制作资料的验收和交接，质量控制重点在钢结构制作厂。经检查，缺陷超出允许偏差范围的构件，在现场进行修补，满足要求后方可验收，需满足表 7-4 的规定，对于现场无法进行修补的桥段应送回工厂进行返修。

构件验收及缺陷修补   表 7-4

序号	验收项目	验收工具、验收方法	拟采用修补方法
1	焊缝错边、气孔、夹渣	目测检查	焊接修补
2	多余外露的焊接衬垫板	目测检查	去除
3	现场焊接剖口方向角度	对照设计图纸	现场修正
4	桥段截面尺寸	卷尺	制作厂重点控制
5	桥段长度	卷尺	制作厂重点控制
6	桥段表面平直度	水准仪	制作厂重点控制
7	加工面垂直度	水平尺	制作厂重点控制
8	桥段运输过程变形	全站仪、经纬仪	变形修正
9	桥段吊耳	目测检查	补漏或变形修正
10	表面防腐油漆	目测、测厚仪检查	补刷油漆
11	表面污染	目测检查	清洁处理
12	质量保证资料与供货清单	按规定检查	补齐

5. 吊装设备选择

（1）吊耳选用

吊耳宜选择 Q345 材质钢板，并进行吊耳强度验算，以钢箱梁吊耳为例，进行计算说明，吊耳尺寸如图 7-121 所示。

吊耳与梁段间采用全熔透焊接，吊装最重梁段为 80t，最危险截面为吊耳上部，其受力面积 $A=(170-55)\times 32=3680\mathrm{mm}^2$，吊耳受力值为 $F_1=200\mathrm{kN}$，剪应力为 $\sigma=F_1/A=200\div 3680=54\mathrm{MPa}<|\sigma|=276\mathrm{MPa}$，吊耳满足使用要求。

（2）钢丝绳选用

钢丝绳应根据吊重进行选取并计算复核，复核计算公式如下：

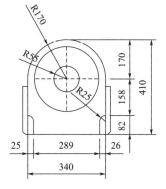

图 7-121 吊耳尺寸示意图

$$F=nkG/4k_1k_2\sin\alpha \qquad (7-8)$$

式中　F——钢丝绳的钢丝破断拉力总和（kN）；

　　　n——动荷载系数，取 1.08；

　　　k——动荷载系数；

　　　G——最大起吊重量（t）；

　　　k_1——不均匀受力系数，取 0.82；

　　　k_2——钢丝绳使用安全系数，取 8；

　　　α——钢丝绳与构件夹角（°）。

(3) 安装设备选择

吊装设备选择时，应根据吊装重量、吊装半径、吊装方法查设备参数表，合理选择吊装设备，并进行验算。

6. 钢箱梁吊装

(1) 试吊

在进行钢箱梁吊装之前，有必要对钢箱梁进行试吊运行检验。试吊前，组织人员对吊机及钢箱梁进行全面检查，准备工作全部到位后，选定较好的天气进行试吊。

在吊装钢箱梁前，进行试吊运行试验，目的是检测验证选定的汽车式起重机在各种工况下的吊重能力，为钢箱梁的吊装施工提供可靠的技术保证；检测吊装系统及各项工作是否运行正常，尽量做到在正式吊装前发现问题及排除故障，保证吊装安全；检查吊装人员实际操作水平，避免因人为因素造成吊装事故。

试吊主要是检测吊机在各种工况下的稳定性，确保吊装的安全可靠。观测的项目包括吊机在各种受力状态下的稳定性、提升设备是否正常运行、钢箱梁吊耳受力是否正常等。

(2) 正式吊装

1) 吊装绑扎

钢箱梁的吊装绑扎为四点绑扎吊装形式，吊装前应仔细检查卡环、吊钩是否符合要求，确认无误后方可吊装。钢箱梁吊装绑扎示意图如图 7-122 所示。

图 7-122　钢箱梁吊装绑扎示意图

2) 吊装就位

钢箱梁由平板车运至起吊区，绑扎后拉设溜绳，将钢箱梁缓慢吊至就位位置上方，对准已上一节段钢箱梁上做好的基准线，徐徐落钩，使钢箱梁安全落于胎架上。在就位过程中，应避免对胎架的振动冲击，确保节点定位精度。横向吊装流程如下：

第一步：吊装横向第一节段箱室示意图如图 7-123 所示。

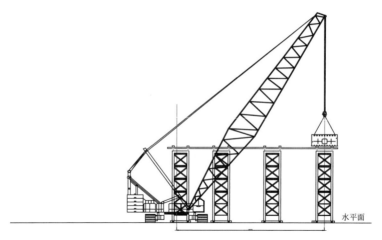

图 7-123 安装示意图（第一步）

第二步：吊装第一节段翼缘板示意图如图 7-124 所示。

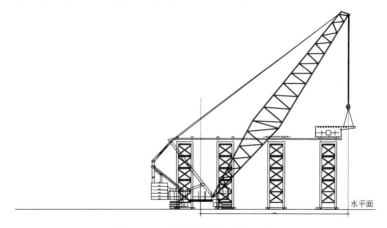

图 7-124 安装示意图（第二步）

第二步：吊装第二节段箱室示意图如图 7-125 所示。

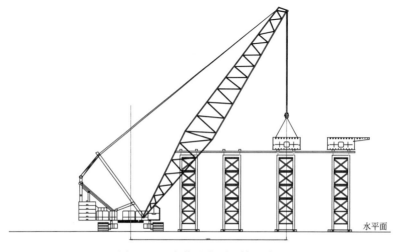

图 7-125 安装示意图（第三步）

第四步：吊装第一、二节段箱室间盖板示意图如图 7-126 所示。

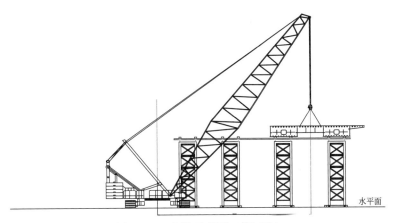

图 7-126　安装示意图（第四步）

第五步：吊装第三节段箱室示意图如图 7-127 所示。

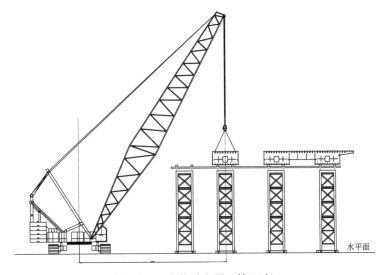

图 7-127　安装示意图（第五步）

第六步：吊装第二、三节段箱室间盖板示意图如图 7-128 所示。
第七步：吊装第四节段箱室示意图如图 7-129 所示。
第八步：吊装三、四节段箱室间盖板示意图如图 7-130 所示。
第九步：按照上述方法依次安装直至最后一节段箱室。
第十步：安装最后一节段翼缘板，完成箱梁横向安装示意图如图 7-131 所示。
第十一步：按照上述方法依次纵向完成所有钢箱梁的安装。

(3) 测量校正

钢箱梁就位后，借助在胎架上设置的调节和千斤顶，用全站仪测量三维坐标进行测量校正。

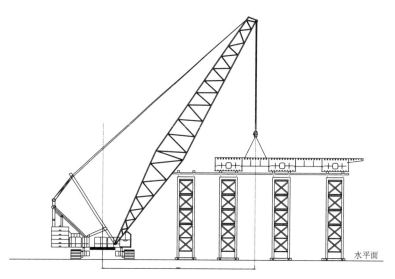

图 7-128　安装示意图（第六步）

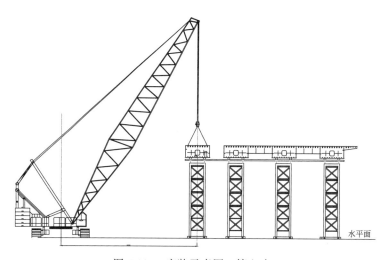

图 7-129　安装示意图（第七步）

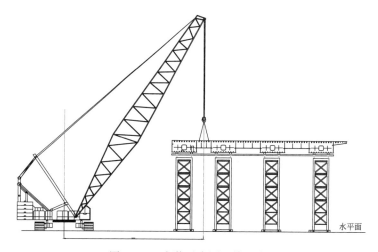

图 7-130　安装示意图（第八步）

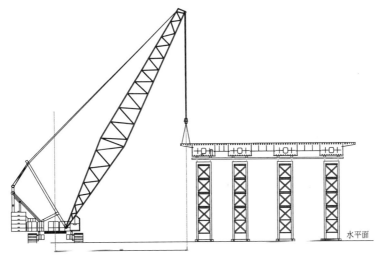

图 7-131　安装示意图（第十步）

(4) 临时加固

钢箱梁就位后经测量校正后，加设马板进行固定，待焊接完成后拆除马板。

(5) 安装误差消除措施

1) 误差来源及危害分析

在正常情况下钢结构安装误差来源于：构件在吊装过程中因自重产生的变形、因日照温差造成的缩胀变形、因焊接产生收缩变形。结构由局部至整体形成的安装过程中，若不采取相应措施，对累积误差加以减小、消除，将会给结构带来严重的质量隐患。

2) 钢结构安装误差消除具体办法

针对以上分析，消除安装误差，应当从安装工艺和施工测控两方面采取以下措施：

① 安装过程中，构件应采取合理保护措施。

由于在安装过程中，细长、超重构件较多，构件因抵抗变形的刚度较弱，会在自身重力的影响下，发生不同程度的变形。为此，构件在运输、倒运、安装过程中，应采取合理保护措施，如布设合理吊点、局部采取加强抵抗变形措施等，来减小自重变形，防止给安装带来不便。

② 在构件测控时，节点定位实施反三维空间变形。

钢构件在安装过程中，因日照温差、焊接会使细长杆件在长度方向有显著伸缩变形，从而影响结构的安装精度。因此，在上一安装单元安装结束后，通过观测其变形规律，结合具体变形条件，总结其变形量和变形方向，在下一构件定位测控时，对其定位轴线实施反向预偏，即节点定位实施反三维空间变形，以消除安装误差的累积。

③ 将对构件焊前焊后及施工过程中不间断测量控制，观测结果做好记录上报监理单位。为下道工序做好准备。

7. 钢箱梁焊接

(1) 焊接接头的形式

钢箱梁焊接接头形式主要有以下几种：

1) 挑臂与箱梁顶板纵向对接焊缝。

2) 挑臂下侧与箱梁纵向对接焊缝。

3）节段间壁板横向对接焊缝。

4）腹板横向对接和横隔板及嵌补段焊接。

（2）焊接材料的要求

1）焊材和辅材必须根据本工程焊接工艺试验合格结果及原材料复检合格报告，方可在本工程使用。

2）焊丝上的油、锈必须清除干净后方可使用。

3）焊剂中不允许混入熔渣和脏物。重复使用的焊剂小于60目的细粉粒的量不得超过总量的5%。

4）焊条、焊剂必须按焊接材料使用说明书的规定烘干后使用。

5）焊接材料应由专用仓库储存，按规定烘干、登记领用。当焊剂未用完时，应交回重新烘干。烘干后的焊条应放在专用的保温筒内备用。烘干后的焊接材料应随用随取，从保温箱取出的焊接材料超过4h，应重新烘干后再使用。

6）采用CO_2气体保护焊应满足防风、防雨条件，CO_2气体纯度应不低于99.5%，使用前需经倒置放水处理。

（3）焊接工艺的评定

1）现场焊接工艺的评定，根据本工程的设计节点形式、钢材材质、规格和采用的焊接方法、焊接位置、焊接工艺参数，制定焊接评定方案及作业指导书，按《公路桥涵施工技术规范》JTG/T 3650—2020的规定，施焊试件、切取试样，并由具有资质的检测单位进行检测试验。

2）焊接人员必须由持有权威部门颁布的合格证书的操作熟练焊工施焊。

3）评定试件焊接工艺合格后出具焊接工艺报告，合格后的焊接工艺适用于角焊缝及搭接焊缝。

4）焊接电流、电弧电压、收弧电流、收弧电压的对比调试，电源极性的核定，气体检验，核定气体流量，气体无泄漏。

5）通过焊接工艺的评定，得出最优的焊接参数，具体焊接时严格按照焊接工艺评定所得的焊接参数进行。

（4）焊接的顺序

现场焊接总体顺序为：先焊接纵向对接焊缝，后焊接节段之间一周环向对接焊缝。

钢箱梁间纵向拼接焊缝采用CO_2气保焊打底、埋弧焊填充盖面，在气保焊打底焊接时采用从中间往两边分段退焊法控制焊接变形，每一分段控制在500mm左右，埋弧焊遵循从起弧端向熄弧端焊接的顺序。

节段之间的一周环向对接焊缝，顶底板对接采用CO_2气保焊打底、埋弧焊填充盖面，腹板采用CO_2气保焊焊接。具体的焊接顺序如图7-132所示。

焊接横向对接焊缝时采用底板对接→顶板对接→箱梁内腹板对接→加劲肋嵌补对接→桥面系附属件等焊接的顺序进行焊接。

底板焊接从中间向两边分段、对称、同时施焊；腹板对称、同时施焊；顶板焊接从中间向两边分段、对称、同时施焊，盖板一端向另一端进行焊接。

（5）焊接方法

1）根据焊缝的焊接位置和操作方便进行焊接方法选择：

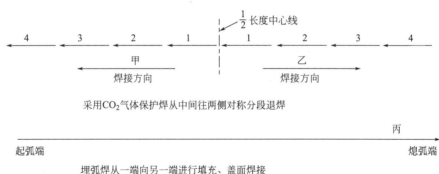

图 7-132 焊接顺序示意

① 尽量采用埋弧自动焊,即 CO_2 气体保护半自动焊打底,用埋弧自动焊盖面。

② 现场焊接顺序,根据先焊长焊缝、后焊短焊缝,先焊熔敷量大的焊缝、后焊熔敷量小的焊缝的原则,制定现场焊接的焊接顺序。

③ 桥段工地连接焊缝:先焊腹板的对接焊缝,后焊顶、底板的横向对接焊缝,最后焊 U 肋和嵌补段的焊缝。

2) 焊接要求

① 多层多道焊时,各层各道间的熔渣必须彻底清除干净。

② 角焊缝的转角处包角应良好,焊缝的起落弧处应回焊 10mm 以上。

③ 埋弧自动焊焊剂覆盖厚度不应小于 20mm,且不大于 60mm,焊接后应等焊缝稍冷却再敲去熔渣。如在焊接过程中出现断弧现象,必须将断弧处刨成 1:5 的坡度,搭接 50mm 施焊。

④ 不允许在焊缝以外的母材上随意打火引弧。

⑤ 施工人员如发现焊缝出现裂纹,应及时通知工艺员,查明原因后才能按工艺人员制定的方案施工。

(6) 无损检查

焊缝施焊 24h,经外观检验合格后,再进行无损检验。

1) 超声波探伤

焊缝超声波探伤标准按《焊缝无损检测 超声检测 技术、检测等级和评定》GB 11345—2013 执行,探伤结果评定按相关规范要求执行。焊缝超声波探伤范围和检验等级见表 7-5。

焊缝超声波探伤范围和检验等级　　　　表 7-5

序号	焊缝质量等级	探伤比例	探伤范围	板厚(mm)	检验等级
1	Ⅰ、Ⅱ级横向对接焊缝	100%	全长	10~80	B
2	Ⅰ级纵向对接焊缝				
3	Ⅱ级纵向对接焊缝		焊缝两端各 1000mm		
4	Ⅰ级全熔透角焊缝		全长		

2) 射线探伤

按《公路桥涵施工技术规范》JTG/T 3650—2020 及本设计图纸的规定,对接焊缝除按规定进行超声波探伤外,还应按接头数量的 20%(不少于一个焊接接头)进行射线探伤。

焊缝的射线探伤应符合《焊缝无损检测 射线检测》GB/T 3323—2019 的规定，射线透照技术等级采用 B 级，焊缝内部质量应达到 Ⅱ 级。采用射线探伤的焊缝，当发现超标缺陷时应加倍检验。

射线探伤的缺陷评定应符合下列规定：

① 圆形缺陷评定

圆形缺陷用评定区进行评定，评定厚度不大于 25mm 时，评定尺寸为 10mm×10mm，评定厚度大于 25mm 时，评定尺寸为 10mm×20mm。

评定圆形缺陷时，应将缺陷尺寸换算成缺陷点数。缺陷点数换算表 7-6 的规定。

缺陷点数换算表 表 7-6

缺陷长径(mm)	≤1	>1—2	>2—3	>3—4	>4—6	>6—8	>8
点数	1	2	3	6	10	15	25

评定厚度不大于 25mm、缺陷长径不大于 0.5mm 和评定厚度大于 25mm、缺陷长径不大于 0.7mm 的缺陷可以不计点数。

圆形缺陷的评定见表 7-7，满足表中要求的判为合格，不满足表中要求的判为不合格。

圆形缺陷的评定表 表 7-7

评定区(mm)	10×10			10×20
评定厚度(mm)	≤10	>10—15	>15—25	>25
允许缺陷点数的上限	3	6	9	12

圆形缺陷长径大于 $t/2$ 时，评为不合格。

焊接接头内不计点数的圆形缺陷，在评定区内不得多于 10 个。

② 条形缺陷评定

条形缺陷的评定见表 7-8，满足表中要求的判为合格，不满足表中要求的判为不合格。

条形缺陷的评定表（单位：mm） 表 7-8

评定厚度 t	允许单个条形缺陷尺寸上限	不允许条形缺陷总长
$t≤12$	4	在平行于焊缝轴线的任意直线上，相邻两缺陷间距均不超过 $6L$ 的任何一组缺陷，其累计长度在 $12t$ 焊缝长度内不超过 t
$t>12$	$t/3$	

注：表中 L 为该组缺陷中最长者的长度。

不合格的缺陷应予返修，返修区域修补后，返修部位及补焊受影响的区域，应按原探伤条件进行复验。

8. 钢箱梁卸载

（1）卸载前准备工作

钢箱梁整体卸载前准备工作如下：

1）各联整体箱梁焊接工作完成，并报监理及第三方检测部门对焊接质量进行检查验收，提交焊接过程资料及检测资料。

2）整体成桥的线形测量检查时，要附安装和焊接过程中的测量检测数据，检查合格并有测量工程师签字确认后，将整体成桥的线形测量数据报监理公司审核确认，合格后方能进行钢箱梁的卸载工作。

3）在施工胎架位置，寻找位置安放测量仪器及测量，要求尽量与胎架持平，宜选用未安装桥梁的桥墩顶部。

4）核实、检查安装前的标示点是否清楚，便于卸载过程中对点。

5）钢箱梁卸载前要进行整体线性测量，符合设计要求后，方能进行卸载。

6）正式卸载前要先解除支座约束。

（2）卸载实施

卸载时，在钢箱梁纵腹板位置正下方的每组支撑体系的横梁上，单个胎架上设置4台30t千斤顶，千斤顶布设在横梁的1/3、2/3位置。

在测量胎架上架设好全站仪，卸载前再复核整个桥面的线形监测点，确保满足图纸要求的线形，并做好记录。再在地面上用水准仪监测支撑体系的沉降状况，观测是否在均匀变化，记录测量数据。

然后将支撑体系上的所有千斤顶同时顶紧，用气焊切割开支撑体系横梁上的支撑，切割点与横梁距离至少要大于20mm，以免割伤横梁。每次切割约使支撑下降3cm，分次切割，直至梁段不再下降为止。

切割过程中用全站仪监测每个监测点，同时监测支撑体系的沉降是否均匀，若变化不均匀要立即停止所有操作，对不均匀沉降支架的基础进行加固处理后，再继续施工。若支架沉降满足要求，再复核这一区域的成桥线形，微调千斤顶使其满足设计和规范的要求，然后将支撑体系上的所有调节支撑都切割下来。

每个卸载区域卸载时要统一指挥，操作者听口号，步调一致，均匀卸力。按纵横两个方向分级同步卸载，横向卸载由桥梁中心向两侧悬挑部分卸载，遵循结构本身内力传递的特点，卸载点要对称，纵向卸载由两桥墩处向跨中卸载。卸载过程要缓慢，不可一次到位，应使各组支撑体系都处于受荷状态。卸载过程中：一要对桥面支撑体系点进行严格的沉降观测，及时汇报各检测点的数据；二要观测上箱梁顶板上设置的监测点，确保成桥的线形。梁卸载示意图如图7-133所示。

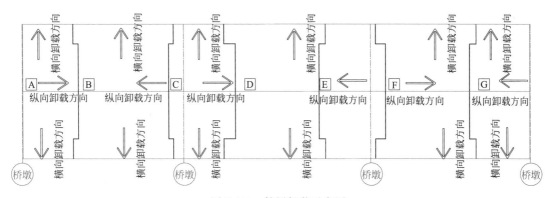

图7-133 箱梁卸载示意图

9. 钢箱梁涂装

（1）表面清理、焊缝打磨

首先检查面漆的外观，涂层检测不合格或遭到损伤破坏及搁墩处的漏涂或损伤，要及时按要求涂装修补。对表面焊缝进行打磨清理，用清洁剂或溶剂等清洗除去基体表面的油垢、油脂、可溶性盐、锈、氧化皮等及其他污物，对基材进行手动除锈表面处理，表面处理达规定的 Sa2.5 级，并在涂刷底漆前用干净的压缩空气吹去灰尘。表面处理质量达到干燥、无灰尘、无油脂、无污垢、无锈斑及其他包括可溶性盐类在内的污染，符合《公路桥涵施工技术规范》JTG/T 3650—2020 规范要求。

吊装、拼接过程中油漆损伤部位采用手工电动除锈装置打磨至 Sa2.5 级，再按涂装体系涂装各层涂料。主要使用工具、材料：铁砂纸、刮刀、铲刀、钢丝刷，清洗剂、有机溶剂、电砂轮机等。

（2）涂装施工

1）涂装条件要求

现场施工技术负责人员和具体操作的施工人员，必须全面控制施工条件满足工艺要求。根据当天的现场气候及其他条件，决定施工、停工、返工、指导施工和处理特殊问题。要求如下：

① 涂装前除锈达到要求的除锈等级，即不低于 Sa2.5 级。

② 涂装气温在 10～35℃ 之间，湿度应控制在 80% 以下。

③ 有雨、雾、雪、霜时或灰砂飞扬场合不允许施工。

④ 涂装钢材表面温度高于露点 3℃ 以上，风力不大于 3 级。

⑤ 喷涂的空气要干净、无油、无水，涂料黏度要合适。

⑥ 注意多组分油漆的熟化期及使用期。

2）涂装方式及方法

补涂位置以空气喷涂及刷涂为主。整体涂装时全部采用高压无气喷涂及空气喷涂，涂料常温干燥固化。

（3）质量要求与检测

涂装材料应兼有耐候、防腐蚀、美化结构等多种功能。防腐使用期应满足图纸要求。

检测内容包括外观检查、厚度检查和涂层结合强度（粘合力）等。先自检合格后，请监理工程师和业主检测，合格后方可进行下一道工序。

面漆要求平整、均匀、清洁，漆膜无气泡、裂纹，无流挂、脱落、漏漆等缺陷。面漆颜色与设计要求样板一致。

涂料的质量要提前由监理工程师组织进行实验检测，一定要符合业主质量要求，并由涂料提供商提供质量保证。

（4）注意事项

1）喷涂油漆时不能进行电焊施工，且喷涂部位各个工序已验收完成，不锈钢栏杆已按要求采取保护措施。

2）连接件及接缝等部位的涂装处理应按要求细致（优先）处理。

3）使用的电力机械工具，如空压机、高压无气喷涂机、电源、空气净化装置等装置及其配套装置，操作前要进行安全及是否正常运行检查，要规范操作、定期检查。

4）要保持喷涂环境的通风与清洁。

5）要注意防毒、防火、防爆、防漏电、防伤害、防事故、防污染。

6）注意对油漆及稀释剂等进行质量检查和妥善保管。

7.3.2 现浇叠合层施工

1. 施工工艺流程（图7-134）
2. PBL开孔钢板定位、试拼

根据深化设计时，PBL开孔钢板在各个节段顶面的相对位置，在各节段顶面划线，放样PBL开孔钢板位置和孔洞起始位置。PBL开孔钢板试拼根据"局部到整体"的原则，分两个节段进行。第一阶段，节段范围内试拼，每个节段PBL开孔钢板放样结束后，进行该节段顶面所有PBL开孔钢板的试拼，确保PBL开孔钢板与顶板接触吻合；开孔位置吻合；第二阶段，节段间试拼，在钢箱梁节段试拼阶段，进行PBL开孔钢板在节段间试拼，确保节段连接后，PBL钢板孔洞位置在节段间吻合。PBL开孔钢板试拼根据深化设计时分类加工的原则进行，避免混用。

3. PBL开孔钢板焊接

PBL开孔钢板的焊接在加工厂进行，由于板薄，焊接时容易产生各焊接变形。为了减小焊接变形，PBL开孔钢板采用CO_2气体保护半自动焊焊接。采取对称、分散、同方向的

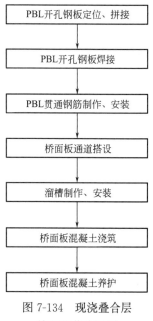

图7-134 现浇叠合层施工工艺流程图

焊接方法，先在PBL钢板两端点焊固定，再由中到边对称向两边施焊。开孔钢板与钢结构焊接前，应进行焊接工艺评定试验，合格后方可正式实施。PBL钢板焊接时，严格按放样位置进行，核对钢板位置和孔洞位置。

4. PBL贯通钢筋制作、安装

PBL贯通钢筋制作前，先统计叠合梁桥面板宽度，整理、归纳数据，统计出各种桥面宽度值的顺桥向长度。桥宽渐变段宽度值按区间值统计，顺桥向每0.48m（5排孔洞）作为一组宽度，每组以区间最大值作为下料长度，以便下料。

由于PBL开孔钢板间距较小，间距区间值通常在175~400mm，钢板孔径60mm。受操作面和边侧板影响，钢筋只能从梁顶斜向下穿入孔洞，较大直径的钢筋无法在弹性变形状态下穿越PBL钢板，因此在图纸会审时应对贯穿钢筋进行复核，选用小直径钢筋作为PBL贯通钢筋，横向通长布置。

PBL贯通钢筋根据桥面板宽度在钢筋加工棚进行制作，关键点在于钢筋下料。PBL钢板的每个孔洞的2根钢筋接头互相错开，错开长度不小于0.5m（连接区段长度）。中间段落钢筋采用原材接长，在两侧根据所需长度下料。目的在于，控制PBL钢板的每个孔洞的钢筋接头在同一连接区段内接头钢筋面积不超过50%，从而确保整联叠合梁PBL贯通钢筋的接头在同一连接区段内接头钢筋面积不超过50%。根据桥宽数据统计进行下料，分类堆放。

在钢箱梁拼装焊接完成、拆除临时支墩后，进行PBL贯通钢筋安装。先将分类加工的PBL贯通钢筋摆放到对应部位。PBL贯通钢筋穿孔时，2人一组，一人持拉钩拉住钢筋前端，对准钢板孔洞，控制钢筋前进方向；另一人握住钢筋后端，水平力推送钢筋前进。钢筋穿入位置选取箱室间剪力键间距较大处，以减小PBL贯通钢筋弯曲半径，避免出现

非弹性变形。PBL贯通钢筋穿孔后，检查并调整钢筋接头位置，焊工班开始钢筋接头焊接。

PBL贯通钢筋采用马凳筋支撑，确保钢筋位于PBL开孔钢板的孔洞中心，以保证混凝土粗骨料顺利进入孔洞内、均匀包裹PBL贯通钢筋。马凳筋可采用HPB300级φ8钢筋制作，马凳筋高度55mm，沿PBL贯通钢筋方向每2m左右设置1个马凳筋，马凳筋设置在两个PBL开孔钢板之间，距开孔钢板不小于8cm，以免影响混凝土粗骨料进入孔洞。马凳筋底部与钢箱梁顶板点焊固定，马凳筋顶部与PBL贯通钢筋点焊牢靠。PBL钢筋安装如图7-135和图7-136所示。

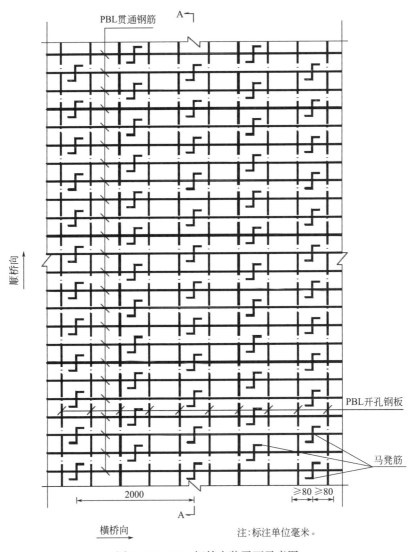

图7-135 PBL钢筋安装平面示意图

PBL贯通钢筋安装焊接完成，预埋防撞护栏钢筋，再进行桥面板钢筋和泄水孔等预埋件安装。

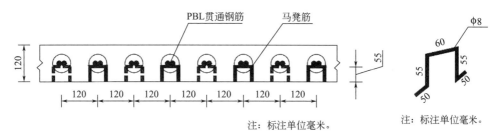

图 7-136 PBL 钢筋安装剖面示意图及马凳筋示意图

5. 桥面板通道铺设

桥面板通常采用钢纤维混凝土，易堵塞混凝土输送泵，所以混凝土运输车直接上桥面采用溜槽浇筑。混凝土运输车直接在桥面板碾压，易破坏钢筋。在保护桥面板钢筋的前提下，为解决顺桥向运输问题，在桥面板钢筋上方铺设钢板作为施工通道。通道在混凝土浇筑前铺设完成，纵向贯通。

通道宽度 3m，采用 3000mm×2000mm×20mm 钢板铺设，钢板不搭接，平接缝即可。通道设置于道路中心线附近，通道中心线与两箱室间中心线重合，确保主要荷载由两个箱室共同承担。施工通道如图 7-137 和图 7-138 所示。

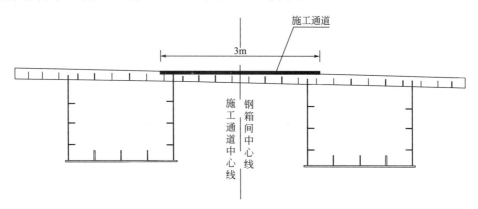

图 7-137 施工通道横断面图

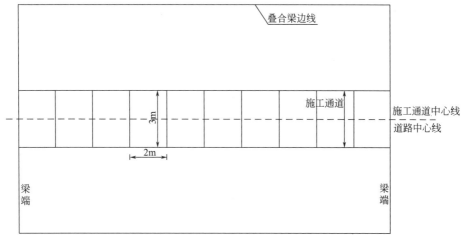

图 7-138 施工通道平面示意图

施工通道钢板铺设，汽车起重机在桥下施工便道上进行吊装作业。施工通道钢板吊装示意图如图7-139所示。

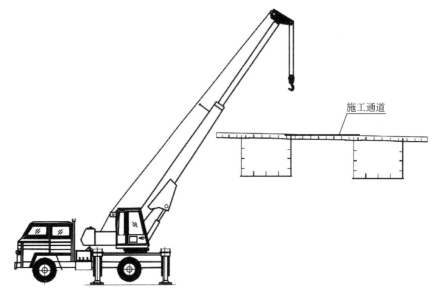

图7-139 施工通道钢板吊装示意图

6. 溜槽制作、安装

混凝土横向输送采用溜槽完成。混凝土在溜槽流动距离最远达到10m，混凝土运输车出料口离地高度最大仅1.8m左右，若要混凝土在小高差范围内顺畅完成长距离流动，需减小溜槽表面摩擦系数，对溜槽进行专门设计。为确保溜槽轻便、耐用，采用薄彩涂钢板和钢筋制作，溜槽单节长度3m、宽度30cm。溜槽用直径16~25mm的钢筋边角料焊接成骨架，骨架上铺设1mm彩色涂层钢板，横断面为蝶形。溜槽示意图如图7-140所示。

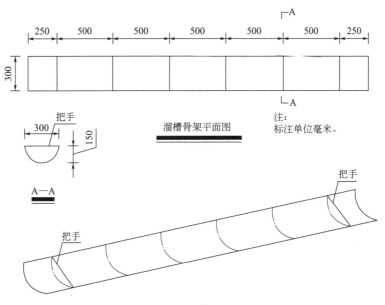

图7-140 溜槽示意图

溜槽可采用φ48.3×3.6mm 的 Q235 普通钢管搭设简易支架固定，倾斜度须控制好，确保溜槽平顺。溜槽搭设示意图如图 7-141 所示。

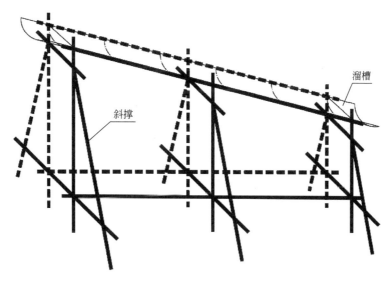

图 7-141 溜槽搭设示意图

7. 桥面板混凝土浇筑

桥面板混凝土为 C40 钢纤维混凝土，重点应控制好工作性、和易性和流动性，在确保和易性良好的情况下，坍落度宜偏大。混凝土应流动性良好、无泌水现象，初始坍落度宜为 220±20mm，坍落扩展度宜为 600±50mm，坍落度 1h 损失率宜不大于 10%。由于钢纤维混凝土坍落度损失较快，应控制好混凝土从出厂到施工现场浇筑的时间，混凝土运输车数量与浇筑速度匹配即可，混凝土不应在现场长时间等待。混凝土浇筑应在气温较低时进行，叠合梁的桥面板整联一次浇筑完成，工作面尽量多，以缩短浇筑时间。为保证纤维在混凝土中的分散性及均匀性，钢纤维在拌合站搅拌，先与水泥、粗细骨料等干拌均匀后再加水搅拌。考虑钢纤维混凝土坍落度损失较快，且叠合梁未形成，承受较少施工荷载，混凝土运输车单次装运量不超过 12m³。

混凝土振捣采用插入式振捣棒配合平板式振捣器进行，以平板式振捣器为主。防撞护栏位置和泄水孔周边等平板式振捣器无法进入的位置，采用插入式振捣棒。

混凝土运输车倒车进入桥面运输通道，根据浇筑的进行，运输车辆逐渐往回行驶。待浇筑完一车，下一车再倒入运输通道。混凝土浇筑期间，叠合梁上不得停留其他施工机械，在同一跨内，混凝土运输车不得多于 1 台。溜槽随混凝土的浇筑进行移位，运输通道钢板随混凝土的浇筑完成逐步拆除，汽车起重机在桥下施工便道吊下通道钢板。

（1）若钢混叠合梁相邻两端上部结构都已完成，具备运输条件时，混凝土运输车从两端倒车进入运输通道，整体从中间跨往边跨进行混凝土浇筑，以缩短混凝土浇筑时间；每跨浇筑时，先浇筑跨中位置，再浇筑跨端位置。①整联若为奇数跨，则整体分两阶段浇筑。第一阶段浇筑中间跨，起始点位于中间跨的跨中位置。中间跨混凝土的浇筑，注意控制桥面荷载，不得两台运输车同时往两端浇筑，应浇筑完一车后，另一侧的运输车再上桥浇筑。直至中间跨浇筑完成，开始第二阶段浇筑，两侧同时浇筑。②整联若为偶数跨，则两侧同时浇筑即可。两端运输阶段施工如图 7-142～图 7-144 所示。

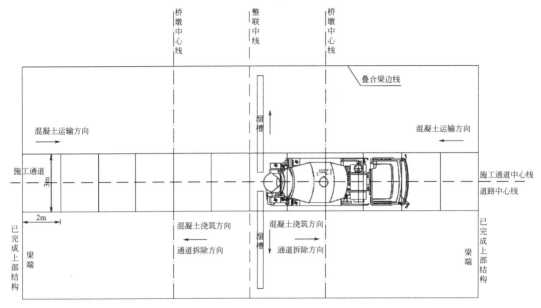

图 7-142　两端运输第一阶段平面示意图（中间跨浇筑）（一）

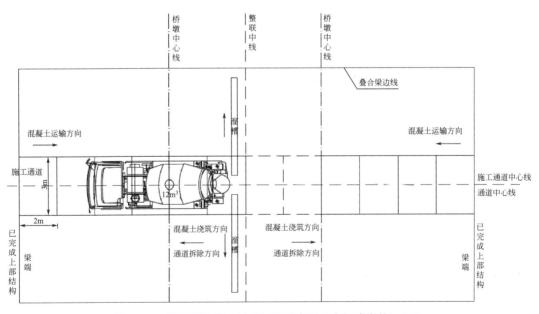

图 7-143　两端运输第一阶段平面示意图（中间跨浇筑）（二）

（2）钢混叠合梁仅一端具备运输条件时，混凝土运输车从已完成上部结构端上桥，倒车进入另一端边跨。混凝土浇筑整体"由远到近"进行。每跨浇筑时，先浇筑跨中位置，再浇筑跨端位置。单端运输平面示意图如图 7-145 所示。

8. 桥面板混凝土养护

叠合梁桥面板厚度小、面积大、构造复杂，加上 PBL 开孔钢板、PBL 贯通钢筋的设

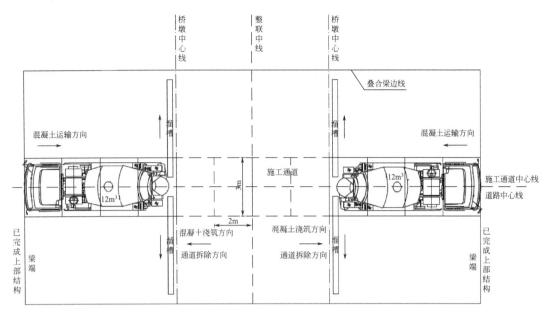

图 7-144　两端运输第二阶段平面示意图（两侧同时浇筑）

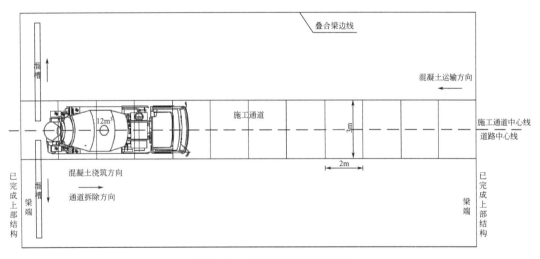

图 7-145　单端运输平面示意图

置，严重影响了混凝土浇筑振捣和流动性，浇筑难度增大。且桥面板多采用钢纤维混凝土，混凝土单次浇筑量较大，混凝土浇筑效率较低、持续时间长，若在浇筑完成后再养护，先浇筑的混凝土必然开裂。考虑桥面板混凝土的特殊情况，采用塑料膜覆盖养护，混凝土收面后及时覆盖塑料膜，随混凝土的浇筑进行。保温保湿养护7d以上，混凝土达到85%设计强度后，方可开放交通。

7.4　附属设施构件安装

桥梁附属设施中常用预制构件为预制防撞墙，对于与梁体一起整体预制的防撞墙，现场与梁体一同吊装即可,不做过多叙述,本书主要对与梁体分开预制、安装防撞墙进行介绍。

1. 施工工艺流程(图 7-146)
2. 施工准备

(1)调整梁体预留钢筋位置,对锈蚀的预留钢筋进行除锈,便于后期焊接。

(2)梁体预制阶段,在梁顶预埋临时固定拉杆螺栓,其伸出梁面长度需考虑铺装层厚度及工作长度。

(3)提前将预制防撞墙垫块放置在拟安装位置下方,对预制防撞墙形成支垫,预留防撞墙后浇高性能结合带空间。

(4)对预制防撞墙安装位置进行测量放线,并进行标记,提前准备防撞墙安装阶段的真缝填塞材料。

3. 预制防撞墙安装

预制防撞墙在生产阶段提前在防撞墙顶预埋了吊点,运输至现场后,预先将防撞墙垫块放置到位,然后直接采用吊车起吊至安装位置,吊车型号根据吊装最大节段重量和吊装条件(吊装半径、吊装高度等)计算选用,当采用单机起吊时,应保证防撞墙构件与吊装钢丝绳夹角不应小于 45°,吊装应匀速缓慢,将构件吊装至安装点上方一定高

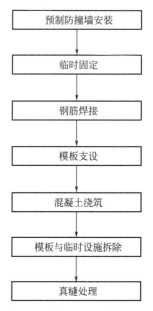

图 7-146 附属设施安装流程图

度后再缓慢下降,人工辅助安装到位。预制防撞墙侧面应设置缆风绳,通过拉设缆风绳对防撞墙的水平位置进行调整,防撞墙安装调整到位后,完成临时固定前,吊车应始终保持吊装状态,不得提前解除吊钩。值得注意的是,防撞墙应在桥面两侧同步对称安装,防止桥面受力不均造成失稳。

4. 临时固定

防撞墙的临时固定,可参考装配式建筑中预制墙板临时固定的方法,通过设置斜向拉杆对防撞墙进行拉设。斜向拉杆间距应按照设计要求执行,当无设计要求时,斜向栏杆间距不宜大于 1.5m,边上一道斜向拉杆距离防撞墙端部不宜大于 1.0m。斜向拉杆与梁面连接节点可采取与预制墙板临时固定下节点相同的连接方式,在斜向拉杆预防撞墙连接的上节点处,可采取将吊点钢筋与斜向拉杆焊接固定,或是在防撞墙内侧单独设置拉结点。预制墙板临时固定示意图及预制防撞墙临时固定示意图如图 7-147 和图 7-148 所示。

5. 钢筋焊接

在后浇结合带位置,预制防撞墙钢筋与梁体预留钢筋采用焊接连接,在安装阶段需严格控制防撞墙安装精度,保证防撞墙钢筋与梁体预留钢筋贴合,对于个别未贴合的钢筋,在防撞墙安装完成后,可适当调整防撞墙钢筋。钢筋焊接方式及长度应符合设计要求,当设计无要求时,双面焊焊接长度不小于 $5d$(d 表示焊接钢筋直径),单面焊焊接长度不小于 $10d$,钢筋焊接完成,做好隐蔽工程验收,准备支设模板及浇筑混凝土。预制防撞墙钢筋构造示意如图 7-149 所示。

第7章 构件安装

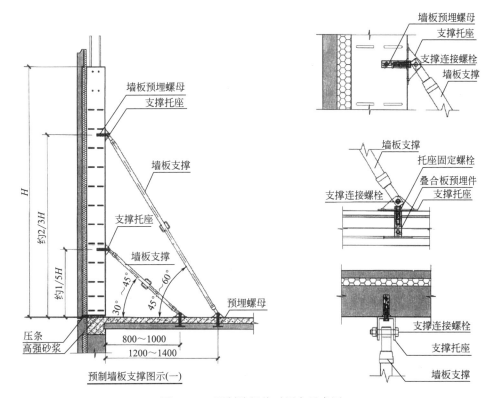

图 7-147 预制墙板临时固定示意图

图 7-148 预制防撞墙临时固定示意图

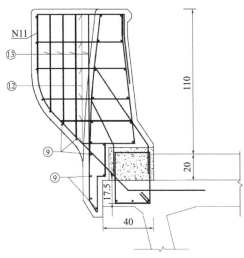

图 7-149 预制防撞墙钢筋构造示意图

6. 模板支设

预制防撞墙后浇结合带模板选用 15cm 厚木模板，由于模板高度较低，受力简单，因此可选择小尺寸模板来进行裁剪，节约资源。模板采用在梁顶植筋的方式对模板进行限位固定，模板内侧采用钢筋进行内撑，内撑钢筋可与梁体钢筋进行点焊固定。固定钢筋间距按照 0.5m 进行控制，模板接缝位置、模板与梁顶接触位置采用胶带或泡沫胶进行封堵，模板拆除后及时清除。在本阶段，还应在预制防撞墙节段间填塞泡沫板等材料，防止真缝被后浇混凝土堵塞。

7. 混凝土浇筑

在模板支设完成后，后浇结合带形成了封闭空间，混凝土不具备浇筑条件，施工图中通常会在防撞墙预制段留设浇筑孔，现场通过浇筑孔进行浇筑，也可以通过在模板上搭设槽口的方式进行浇筑，同时由于混凝土无法振捣，后浇结合带混凝土基本采用高性能自密实混凝土，现场无需振捣。后浇带浇筑完成后，同时完成预留浇筑孔的浇筑。

8. 模板与临时设施拆除

当设计文件中对模板和临时支撑拆除混凝土强度有要求时，按设计文件执行；当设计文件中无要求时，后浇带混凝土强度达到 75% 时可拆除后浇带模板，达到 100% 时可拆除临时支撑，模板拆除完成后，及时处理临时支撑埋件。

9. 真缝处理

清除预制防撞墙节段间填塞材料，将真缝清理干净后，按照施工图要求内嵌填塞材料，进并行防水封堵，具体做法参照施工图。

第 8 章

质量检查及验收

8.1 混凝土结构

8.1.1 下部结构

1. 一般规定

(1) 采用专业厂家预制并现场装配式施工的桥墩构件,进场及安装的质量验收可参照《成都市预制拼装桥墩生产、施工与质量验收技术导则》。

(2) 作为施工质量检查、验收的基础,预制拼装桥墩墩柱、盖梁应划分为分部工程或子分部工程。

(3) 检验批应分为进场构件检验批、安装与连接检验批。分部工程、分项工程以及检验批划分可参照表 8-1。

预制拼装桥墩分部(子分部)分项工程及检验批划分　　表 8-1

分部工程(子分部工程)	分项工程	检验批
墩、台及系梁	预制墩、台、系梁	每个构件节段
	安装与连接	每个墩柱
盖梁	预制盖梁	每个构件节段
	安装与连接	每个盖梁

(4) 施工单位代表应驻厂监督生产过程,驻厂质量检验资料应随构件进场,混凝土预制构件进场后应进行构件实体检验。

检验数量:按照设计要求。若设计无要求时,全数检查。

检验方法:混凝土回弹、钢筋扫描、尺寸量测。

(5) 预制构件临时固定措施应符合设计、专项施工方案的要求及相关技术标准的规定。

检查数量:全数检查。

检查方法:观察检查、检查施工记录或设计文件。

(6) 根据设计文件要求进行的混凝土预制构件结构性能检验应在见证下进行,承担结构性能检验的单位应具有相应资质。

(7) 预制构件拼装前应进行匹配拼装。

（8）预应力分项工程质量检查及验收应符合设计要求及国家现行有关标准。

（9）对新技术、新材料、新工艺应按设计要求做构件结构性能检验。

2. 生产质量

（1）主控项目

1）按混凝土预制构件进场批次检查其合格证、出厂检验报告，钢筋套筒与高强度无收缩水泥灌浆料组合体系性能应经过国家专业检测部门试验检测，并应提供形式检验报告；按标准图集批量生产的构件还应提供结构性能检验报告。混凝土预制构件的标识应完整。

检查数量：全数检查。

检查方法：检查质量证明文件、观察。

2）混凝土预制构件的外观质量不应有严重的缺陷，且不能影响结构性能和安装、使用功能的尺寸。

检查数量：全数检查。

检查方法：观察、尺量；检查质量证明文件。

3）混凝土预制构件的混凝土强度应符合设计要求。

检查数量：全数检查。

检查方法：检查标准养护及同条件混凝土强度试验报告、非破损检测。

4）混凝土构件的粗糙面的质量应符合设计要求。

检查数量：全数检查。

检查方法：观察。

5）混凝土预制构件中主要受力钢筋数量及保护层厚度应满足国家现行标准及设计文件的要求。

检查数量：全数检查。

检查方法：非破损检测。

6）混凝土预制构件的实体检验结果不满足设计要求时，应委托具有相应资质等级的检测机构按国家有关标准的规定进行检测，检测结果不合格时，应由原设计单位核算并确认；对满足结构安全和使用功能的检验批，可予以验收。

（2）一般项目

1）混凝土预制构件的外观质量不宜有一般缺陷。对已经出现的一般缺陷，应按技术处理方案进行处理，并重新检查验收。

检查数量：全数检查。

检查方法：观察、检查技术处理方案。

2）混凝土预制构件的尺寸偏差及检验方法应符合表8-2的要求。

混凝土预制构件的尺寸偏差及检验办法　　　　表8-2

项目		允许偏差(mm)	检验频率		检验方法
			范围	点数	
长度	墩柱	±5	每个构件	2	用钢尺量，两侧各1点
	盖梁	+20，-10	每个构件	2	用钢尺量，两侧各1点

续表

项目		允许偏差(mm)	检验频率		检验方法
			范围	点数	
宽度	墩柱	±5	每个构件	2	用钢尺量,两侧各1点
	盖梁	+10,0	每个构件	3	用钢尺量,两端及中间各1点
高(厚)度	墩柱	±10	每个构件	2	用钢尺量,两侧各1点
	盖梁	±5	每个构件	3	用钢尺量,两端及中间各1点
表面平整度	墩柱	3	每个构件	2	2米靠尺和塞尺量
	盖梁				—
侧向弯曲	墩柱	H/750	每个构件	1	沿构件全长(全高)拉线,用钢尺量
	盖梁	L/750			
预留孔	中心线位置	2	每个构件	4	尺量
	孔尺寸	±2			
预留插筋	中心线位置	2	每个构件	4	尺量
	外露长度	±5			
键槽	中心线位置	5	每个构件	4	尺量
	长度、宽度、深度	±5			

检查数量：全数检查。

检查工具：钢尺、靠尺、塞尺、垂球。

3. 安装与连接

(1) 主控项目

1) 钢筋套筒灌浆连接的灌浆应饱满密实。

检查数量：全数检查。

检查方法：检查灌浆施工质量检查记录。

2) 施工现场钢筋套筒灌浆连接及浆锚搭接用的灌浆料强度应满足设计要求。

检查数量：灌浆料拌浆时应制取试件，对应每个拼接部位制取不少于3组40mm×40mm×160mm的长方体试块，分别测试1d、3d和标准养护28d龄期抗压强度。

检查方法：检查灌浆料强度试验报告及评定记录。

3) 钢筋采用焊接连接时，其接头质量应符合《钢筋焊接及验收规程》JGJ 18—2012的规定。

检查数量：按《钢筋焊接及验收规程》JGJ 18—2012的有关规定确定。

检查方法：检查质量证明文件、施工记录、焊接工艺检验报告及平行试件的检验报告。

4) 钢筋采用机械连接时，其接头质量应符合《钢筋机械连接技术规程》JGJ 107—2016的规定。

检查数量：按《钢筋机械连接技术规程》JGJ 107—2016的有关规定确定。

检查方法：检查质量证明文件、施工记录、形式检验报告、连接工艺检验报告及平行试件的检验报告。

5) 构件底部接缝砂浆垫层强度应满足设计要求。

检查数量：砂浆在拌浆时应制取试件，对应每个拼接部位制取不少于 3 组边长 70.7mm 的立方体试块，分别测试 1d、3d 和标准养护 28d 龄期抗压强度。

检查方法：检查坐浆材料强度试验报告及评定记录。

6) 施工完成后，构件外观质量不应有严重缺陷或一般缺陷。

检查数量：全数检查。

检查方法：观察检查，检查处理记录。

(2) 一般项目

预制拼装桥墩结构安装完毕，预制构件的位置、尺寸偏差应符合设计要求；当设计无具体要求时，应符合表 8-3 的规定。

构件安装位置和尺寸允许偏差及检验方法　　　表 8-3

项目		允许偏差（mm）	检验频率		检验方法
			范围	点数	
轴线位置	墩柱	10	每个墩柱、盖梁	2	经纬仪及尺量
	盖梁				
顶面高程	墩柱	±10	每个墩柱、盖梁	1	水准仪测量
	盖梁				
相邻间距	墩柱	±5	每个墩柱	1	钢尺量
垂直度	墩柱	≤0.3%H 且不大于 15	每个墩柱、盖梁	2	经纬仪测量或垂线、尺量，纵横向各 1 点
	盖梁	≤0.3%H 且不大于 10			
相邻节段间错台	墩柱	3	每个接头	2	钢板尺和塞尺，纵横向各 1 点
	盖梁				
支座垫石预埋件位置	中心线位置	10	每处	2	尺量
接缝宽度	墩柱	≤5	每个接头	2	尺量
	盖梁				

检查数量：按每个墩柱、盖梁划分检验批，全数检查。

8.1.2 上部结构

1. 主控项目

(1) 结构表面不得出现超过设计规定的受力裂缝。

检查数量：全数检查。

检验方法：观察或用读数放大镜观测。

(2) 安装时结构强度及预应力孔道砂浆强度必须符合设计要求，设计未要求时，必须达到设计强度的 75%。

检查数量：全数检查。

检验方法：检查试件强度试验报告。

第8章 质量检查及验收

2. 一般项目

(1) 预制梁、板允许偏差应符合表 8-4 的规定。

预制梁、板允许偏差　　　　　　　　　　表 8-4

项目		允许偏差（mm）		检验频率		检验方法
		梁	板	范围	点数	
断面尺寸	宽	0 −10	0 −10	每个构件	5	用钢尺量，端部、$L/4$ 处和中间各 1 点
	高	±5	—		5	
	顶、底、腹板厚	±5	±5		5	
长度		0 −10	0 −10		4	用钢尺量，两侧上、下各 1 点
侧向弯曲		$1L/1000$ 且不大于 10	$1L/1000$ 且不大于 10		2	沿构件全长拉线，用钢尺量，左右各 1 点
对角线长度片		15	15		1	用钢尺量
平整度		8			2	用 2m 直尺、塞尺量

(2) 梁、板安装允许偏差应符合表 8-5 的规定。

预制梁、板允许偏差　　　　　　　　　　表 8-5

项目		允许偏差(mm)	检验频率		检验方法
			范围	点数	
平面位置	顺桥纵轴线	10	每个构件	1	用经纬仪测量
	垂直桥纵轴线方向	5		1	
焊接横隔板梁相对位置		10	每处	1	用钢尺量
湿接横隔梁相对位置		20		1	
伸缩缝宽度		+10 −5		1	
支座板	每块位置	5	每个构件	2	用钢尺量纵、横各 1 点
	每块边缘高度	1		2	用钢尺量纵、横各 1 点
焊缝长度		不小于设计	每处	1	抽查焊缝的 10%
相邻两构件支点处顶面高		10		2	用钢尺量
块体拼装立缝宽度		+10 −5	每个构件	1	
垂直度		1.2%	每孔 2 片梁	2	用垂线和钢尺量

(3) 混凝土表面应无孔洞、露筋、蜂窝、麻面和宽度超过 0.15mm 的收缩裂缝。
检查数量：全数检查。

检验方法：观察、读数放大镜观测。

8.1.3 附属结构

1. 预制防撞墙生产

(1) 主控项目

1) 预制防撞墙外观质量不应有严重的缺陷，且不应影响结构性能和安装、使用功能的尺寸偏差。

检查数量：全数检查。

检查方法：观察、尺量；检查质量证明文件。

2) 预制防撞墙混凝土强度应符合设计要求。

检查数量：全数检查。

检查方法：检查标准养护及同条件混凝土强度试验报告、非破损检测。

3) 预制防撞墙中主要钢筋数量及保护层厚度应满足国家现行标准及设计文件的要求。

检查数量：全数检查。

检查方法：非破损检测。

(2) 一般项目

混凝土预制构件的外观质量不宜有一般缺陷。对已经出现的一般缺陷，应按技术处理方案进行处理，并重新检查验收。

检查数量：全数检查。

检查方法：观察、检查技术处理方案。

2. 预制防撞墙安装

(1) 主控项目

1) 装配式防撞护栏强度应符合设计要求，安装必须牢固、稳定。

检查数量：全数检查。

检查方法：观察、检查混凝土试件强度试验报告。

2) 施工完成后，构件外观质量不应有严重缺陷或一般缺陷。

检查数量：全数检查。

检查方法：观察、检查，处理记录。

(2) 一般项目

预制防撞墙允许偏差应符合表 8-6。

预制防撞墙允许偏差　　　　　　表 8-6

项目	允许偏差（mm）	检验频率		检验方法
		范围	点数	
直顺度	5	每 20m	1	用 20m 线和钢尺量
平面偏位	4	每 20m	1	经纬仪放线，用钢尺量
预埋件位置	5	每件	2	经纬仪放线，用钢尺量
断面尺寸	±5	每 20m	1	用钢尺量
相邻高差	3	抽查 20%	1	用钢板尺和钢尺量

续表

项目	允许偏差（mm）	检验频率		检验方法
		范围	点数	
顶面高程	±10	每20m	1	用水准仪测量

8.2 钢结构

8.2.1 钢箱梁制作

钢梁制作质量检验应符合下列规定：

1. 主控项目

（1）钢材、焊接材料、涂装材料应符合国家现行标准规定和设计要求。

全数检查出厂合格证和厂方提供的材料性能试验报告，并按国家现行标准规定抽样复验。

（2）高强度螺栓连接副等紧固件及其连接应符合国家现行标准规定和设计要求。

全数检查出厂合格证和厂方提供的性能试验报告，并按出厂批每批抽取8副做扭矩系数复验。

（3）高强度螺栓的栓接板面（摩擦面）除锈处理后的抗滑移系数应符合设计要求。

全数检查出厂检验报告，并对厂方每出厂批提供的3组试件进行复验。

（4）焊缝探伤检验应符合设计要求和《城市桥梁工程施工质量验收规范》CJJ 2 第14.2.6、14.2.8 和 14.2.9 条的有关规定。

检查数量：超声波，100%；射线，10%。

检验方法：检查超声波和射线探伤记录或报告。

（5）涂装检验应符合下列要求：

1）涂装前钢材表面不得有焊渣、灰尘、油污、水和毛刺等。钢材表面除锈等级和粗糙度应符合设计要求。

检查数量：全数检查。

检验方法：观察、用《涂覆涂料前钢材表面处理 表面清洁度的目视评定》GB/T 8923 规定的标准图片对照检查。

2）涂装遍数应符合设计要求，每一涂层的最小厚度不应小于设计要求厚度的90%，涂装干膜总厚度不得小于设计要求厚度。

检查数量：按设计规定数量检查，设计无规定时，每 $10m^2$ 检测5处，每处的数值为3个相距50mm测点涂层干漆膜厚度的平均值。

检验方法：用干膜测厚仪检查。

3）热喷铝涂层应进行附着力检查。

检查数量：按出厂批每批构件抽查10%，且同类构件不少于3件，每个构件检测5处。

检验方法：在15mm×15mm涂层上用刀刻划平行线，两线距离为涂层厚度的10倍，两条线内的涂层不得从钢材表面翘起。

2. 一般项目

1) 焊缝外观质量应符合《城市桥梁工程施工质量验收规范》CJJ 2—2008 第 14.2.7 条规定。

检查数量：同类部件抽查 10%，且不少于 3 件；被抽查的部件中，每一类型焊缝按条数抽查 5%，且不少于 1 条；每条检查 1 处，总抽查数应不少于 5 处。

检验方法：观察，用卡尺或焊缝量规检查。

2) 钢箱梁制作允许偏差应符合表 8-7 的规定。

钢箱梁制作允许偏差 表 8-7

项目		允许偏差（mm）	检查频率		检验方法
			范围	点数	
梁高	$h \leq 2$	±2	每件	2	用钢尺量两端腹板处高度
	$h > 2$	±4			
跨度 L		±(5+0.15L)			用钢尺量两支座中心距，L 按米计
全长		±15			用全站仪或钢尺量
腹板中心距		±3			用钢尺量
盖板宽度 b		±4			用钢尺量
横断面对角线长度差		4			用钢尺量
旁弯		3+0.1L			沿全场拉线，用钢尺量，L 按米计
拱度		+10 −5			用水平仪或拉线用钢尺量
支点高度差		5			用水平仪或拉线用钢尺量
腹板平面度		$\leq h/250$，且不大于 8			用钢板尺和塞尺量
扭曲		每米≤1，且每段≤10			置于平台，四角中的三角接触平台，用钢尺量另一角与平台间隙

3) 焊钉焊接后应进行弯曲试验检查，其焊缝和热影响区不得有肉眼可见的裂纹。

检查数量：每批同类构件抽查 10%，且不少于 3 件；被抽查构件中，每件检查焊钉数量的 1%，但不得少于 1 个。

检查方法：观察、焊钉弯曲 30°后用角尺量。

4) 焊钉根部应均匀，焊脚立面的局部未熔合或不足 360°的焊脚应进行修补。

检查数量：按总焊钉数量抽查 1%，且不少于 10 个。

检查方法：观察。

8.2.2 钢箱梁安装

钢梁现场安装检验应符合下列规定：

1. 主控项目

（1）高强度螺栓连接质量检验应符合《城市桥梁工程施工质量验收规范》CJJ 2—2008 第 14.3.1 条第 2、3 款规定，其扭矩偏差不得超过±10%。

检查数量：抽查5%，且不少于2个。

检查方法：用测力扳手。

(2) 焊缝探伤检验应符合《城市桥梁工程施工质量验收规范》CJJ 2—2008 第14.3.1 第4款规定。

2. 一般项目

钢梁安装允许偏差应符合表8-8的规定。焊缝外观质量检验应符合《城市桥梁工程施工质量验收规范》CJJ 2—2008 第14.3.1条第6款的规定。

钢梁安装允许偏差　　　　　　　　表8-8

项目		允许偏差(mm)	检查频率		检验方法
			范围	点数	
轴线偏位	钢梁中线	10	每件或每个安装段	2	用经纬仪测量
	两孔相邻横梁中线相对偏差	5			
梁底标高	墩台处梁底	±10		4	用水准仪测量
	两孔相邻横梁相对高差	5			

8.2.3 钢箱梁焊接

1. 主控项目

(1) 焊接材料与母材的匹配应符合设计文件的要求及国家现行标准的规定。焊接材料在使用前，应按其产品说明书及焊接工艺文件的规定进行烘焙和存放。

检查数量：全数检查。

检验方法：检查质量证明书和烘焙记录。

(2) 持证焊工必须在其焊工合格证书规定的认可范围内施焊，严禁无证焊工施焊。

检查数量：全数检查。

检验方法：检查焊工合格证及其认可范围、有效期。

(3) 应按《钢结构焊接规范》GB 50661的规定进行焊接工艺评定，根据评定报告确定焊接工艺，编写焊接工艺规程并进行全过程质量控制。

检查数量：全数检查。

检验方法：检查焊接工艺评定报告，焊接工艺规程，焊接过程参数测定、记录。

(4) 设计要求的一、二级焊缝应进行内部缺陷的无损检测，一、二级焊缝的质量等级和检测要求应符合表8-9的规定。

一级、二级焊缝质量等级及无损检测要求　　　　　　　　表8-9

焊缝质量等级		一级	二级
内部缺陷超声波探伤	缺陷评定等级	Ⅱ	Ⅲ
	检验等级	B级	B级
	检测比例	100%	100%

续表

焊缝质量等级		一级	二级
内部缺陷 射线探伤	缺陷评定等级	Ⅱ	Ⅱ
	检验等级	B级	B级
	检测比例	100%	20%

注：二级焊缝检测比例的计数方法应按以下原则确定：工厂制作焊缝照焊缝长度计算百分比，且探伤长度不小于200mm；当焊缝长度小于200mm时，应对整条焊缝探伤；现场安装焊缝应按照同一类型、同一施焊条件的焊缝条数计算百分比，且不应少于3条焊缝。

（5）焊缝内部缺陷的无损检测应符合下列规定：

1）采用超声波检测时，超声波检测设备、工艺要求及缺陷评定等级应符合《钢结构焊接规范》GB 50661—2011 的规定。

2）当不能采用超声波探伤或对超声波检测结果有异议时，可采用射线检测验证，射线检测技术应符合《焊缝无损检测 射线检测 第1部分：X和伽玛射线的胶片技术》GB/T 3323.1—2019 或《焊缝无损检测 射线检测 第2部分：使用数字化探测器的X和伽玛射线技术》GB/T 3323.2—2019 的规定，缺陷评定等级应符合《钢结构焊接规范》GB 50661的规定。

2. 一般项目

（1）焊缝外观质量应符合表8-10的规定：

检查数量：承受静荷载的二级焊缝每批同类构件抽查10%，承受静荷载的一级焊缝和承受动荷载的焊缝每批同类构件抽查15%，且不应少于3件；被抽查构件中，每一类型焊缝应按条数抽查5%。且不应少于1条；每条应抽查1处，总抽查数不应少于10处。应符合表8-11的规定。

检验方法：观察检查或使用放大镜、焊缝量规和钢尺检查，当有疲劳验算要求时，采用渗透或磁粉探伤检查。

无疲劳验算要求的钢结构焊缝外观质量要求　　表8-10

检验项目	焊缝质量等级		
	一级	二级	三级
裂纹	不允许	不允许	不允许
未焊满	不允许	≤0.2mm+0.02t 且≤1mm,每100mm长度焊缝内未焊满累计长度≤25mm	≤0.2mm+0.02t 且≤1mm,每100mm长度焊缝内未焊满累计长度≤25mm
根部收缩	不允许	≤0.2mm+0.02t 且≤1mm,长度不限	≤0.2mm+0.02t 且≤1mm,长度不限
咬边	不允许	≤0.05t 且≤0.5mm,连续长度≤100mm,且焊缝两侧咬边总长≤10%焊缝全长	≤0.1t 且≤1mm,长度不限
电弧擦伤	不允许	不允许	允许存在个别电弧擦伤
接头不良	不允许	缺口深度≤0.05t 且≤0.5mm,每1000mm长度焊缝内不得超过1处	缺口深度≤0.1t 且≤1mm,每1000mm长度焊缝内不得超过1处

续表

检验项目	焊缝质量等级		
	一级	二级	三级
表面气孔	不允许	不允许	每50mm长度焊缝内允许存在直径<0.4t且≤3mm的气孔2个,孔距应≥6倍孔径
表面夹渣	不允许	不允许	深≤0.2t,长≤0.5t且≤20mm

有疲劳验算要求的钢结构焊缝外观质量要求　　　　　　表8-11

检验项目	焊缝质量等级		
	一级	二级	三级
裂纹	不允许	不允许	不允许
未焊满	不允许	不允许	≤0.2mm+0.02t且≤1mm,每100mm长度焊缝内未焊满累计长度≤25mm
根部收缩	不允许	不允许	≤0.2mm+0.02t且≤1mm,长度不限
咬边	不允许	≤0.05t且≤0.3mm,连续长度≤100mm,且焊缝两侧咬边总长≤10%焊缝全长	≤0.1t且≤1mm,长度不限
电弧擦伤	不允许	不允许	允许存在个别电弧擦伤
接头不良	不允许	不允许	缺口深度≤0.1t且≤1mm,每1000mm长度焊缝内不得超过1处
表面气孔	不允许	不允许	直径小于1.0mm的,每米不多于3个,间距不小于20mm
表面夹渣	不允许	不允许	深≤0.2t,长≤0.5t且≤20mm

(2) 对于需要进行预热或后热的焊缝,其预热温度或后热温度应符合国家现行标准的规定或通过焊接工艺评定确定。

检查数量:全数检查。

检验方法:检查预热或后热施工记录和焊接工艺评定报告。

8.2.4 钢箱梁涂装

1. 一般规定

(1) 钢结构涂装工程可按钢结构制作或钢结构安装分项工程检验批的划分原则划分成一个或若干个检验批。

(2) 钢结构普通防腐涂料涂装工程应在钢结构构件组装、预拼装或钢结构安装工程检验批的施工质量验收合格后进行。钢结构防火涂料涂装工程应在钢结构安装分项工程检验批和钢结构防腐涂装检验批的施工质量验收合格后进行。

(3) 采用涂料防腐时,表面除锈处理后宜在4h内进行涂装,采用金属热喷涂防腐时,钢结构表面处理与热喷涂施工的间隔时间,晴天或湿度不大的气候条件下不应超过12h,雨天、潮湿、有盐雾的气候条件下不应超过2h。

(4) 采用防火防腐一体化体系(含防火防腐双功能涂料)时,防腐涂装和防火涂装可以合并验收。

2. 防腐涂料涂装

（1）主控项目

1）涂装前钢材表面除锈等级应满足设计要求并符合国家现行标准的规定。处理后的钢材表面不应有焊渣、焊疤、灰尘、油污、水和毛刺等。当设计无要求时，钢材表面除锈等级应符合表 8-12 的规定。

钢材表面除锈等级要求　　　　　表 8-12

涂料品种	除锈等级
油性酚醛、醇酸等底漆或防锈漆	St3
高氯化聚乙烯、氯化橡胶、氯磺化聚乙烯、环氧树脂、聚氨酯等底漆或防锈漆	Sa21/2
无机富锌、有机硅、过氯乙烯等底漆	Sa21/2

2）当设计要求或首次采用某涂料和涂装工艺时，应按《钢结构工程施工质量验收标准》GB 50205—2020 的规定进行涂装工艺评定，评定结果应满足设计要求并符合国家现行标准的要求。

检查数量：全数检查。

检验方法：检查涂装工艺评定报告。

3）防腐涂料、涂装遍数、涂装间隔、涂层厚度均应满足设计文件、涂料产品标准的要求。当设计对涂层厚度无要求时，涂层干漆膜总厚度：室外不应小于 150μm，室内不应小于 125μm。

检查数量：按照构件数抽查 10%，且同类构件不应少于 3 件。

检验方法：用干漆膜测厚仪检查。每个构件检测 5 处，每处的数值为 3 个相距 50mm 测点涂层干漆膜厚度的平均值。漆膜厚度的允许偏差应为 25μm。

4）金属热喷涂涂层厚度应满足设计要求。

检查数量：平整的表面每 10m² 表面上的测量基准面数量不得少于 3 个，不规则的表面可适当增加基准面数量。

检验方法：按《热喷涂涂层厚度的无损测量方法》GB/T 11374—2012 的有关规定执行。

5）金属热喷涂涂层结合强度应符合《热喷涂 金属和其他无机覆盖层 锌、铝及其合金》GB/T 9793 的有关规定。

检查数量：每 500m² 检测数量不得少于 1 次，且总检测数量不得少于 3 次。

检查方法：按《热喷涂 金属和其他无机覆盖层 锌、铝及其合金》GB/T 9793—2012 的有关规定执行。

6）当钢结构处于有腐蚀介质环境、外露或设计有要求时，应进行涂层附着力测试。在检测范围内，当涂层完整程度达到 70% 以上时，涂层附着力可认定为质量合格。

检查数量：按构件数抽查 1%，且不应少于 3 件，每件测 3 处。

检验方法：按《漆膜划圈试验》GB/T 1720—2020 或《色漆和清漆 漆膜的划格试验》GB/T 9286—1998 执行。

检查数量：按构件数抽查 10%，且同类构件不应少于 3 件。

检验方法：用铲刀检查和以《涂覆涂料前钢材表面处理 表面清洁度的目视评定 第 1

部分：未涂覆过的钢材表面和全面清除原有涂层后的钢材表面的锈蚀等级和处理等级》GB/T 8923.1—2011 规定的图片对照观察检查。

（2）一般项目

1）涂层应均匀，无明显皱皮、流坠、针眼和气泡等。

检查数量：全数检查。

检验方法：观察检查。

2）金属热喷涂涂层的外观应均匀一致，涂层不得有气孔、裸露母材的斑点、附着不牢的金属熔融颗粒、裂纹或影响使用寿命的其他缺陷。

检查数量：全数检查。

检验方法：观察检查。

3）涂装完成后，构件的标志、标记和编号应清晰完整。

检查数量：全数检查。

检验方法：观察检查。

3. 连接部位涂装及涂层缺陷修补

（1）主控项目

1）在施工过程中，钢结构连接焊缝、紧固件及其连接节点的构件涂层被损伤的部位，应编制专项涂装修补工艺方案，且应满足设计和涂装工艺评定的要求。

检查数量：全数检查。

检验方法：检查专项涂装修补工艺方案、涂装工艺评定和施工记录。

2）钢结构工程连接焊缝或临时焊缝、补焊部位，涂装前应清理焊渣、焊疤等污垢，钢材表面处理应满足设计要求。当设计无要求时，宜采用人工打磨处理，除锈等级不低于 St3 级。

检查数量：全数检查。

3）高强度螺栓连接部位，涂装前应按设计要求除锈、清理，当设计无要求时，宜采用人工除锈、清理，除锈等级不低于 St3 级。

检查数量：全数检查。

4）构件涂层受损伤部位，修补前应清除已失效和损伤的涂层材料，根据损伤程度按照专项修补工艺进行涂层缺陷修补，修补后涂层质量应满足设计要求并符合本标准的规定。

检查数量：全数检查。

检验方法：漆膜测厚仪和观察检查。

（2）一般项目

钢结构工程连接焊缝、紧固件及其连接节点，以及施工过程中构件涂层被损伤的部位，涂装或修补后的涂层外观质量应满足设计要求并符合本标准的规定。

检查数量：全数检查。

检验方法：观察检查。

4. 防火涂料

（1）主控项目

1）防火涂料涂装前，钢材表面防腐涂装质量应满足设计要求并符合标准的规定。

检查数量：全数检查。

检验方法：检查防腐涂装验收记录。

2) 防火涂料粘结强度、抗压强度应符合《钢结构防火涂料》GB 14907—2018 的规定。

检查数量：每使用 100t 或不足 100t 薄涂型防火涂料应抽检一次粘结强度；每使用 500t 或不足 500t 厚涂型防火涂料应抽检一次粘结强度和抗压强度。

检验方法：检查复检报告。

3) 膨胀型（超薄型、薄涂型）防火涂料、厚涂型防火涂料的涂层厚度及隔热性能应满足国家现行标准有关耐火极限的要求，且不应小于 $200\mu m$。当采用厚涂型防火涂料涂装时，80% 及以上涂层面积应满足国家现行标准有关耐火极限的要求，且最薄处厚度不应低于设计要求的 85%。

检查数量：按照构件数抽查 10%，且同类构件不应少于 3 件。

检验方法：膨胀型（超薄型、薄涂型）防火涂料采用涂层厚度测量仪，涂层厚度允许偏差应为 -5%。厚涂型防火涂料的涂层厚度采用符合标准的方法检测。

4) 超薄型防火涂料涂层表面不应出现裂纹；薄涂型防火涂料涂层表面裂纹宽度不应大于 0.5mm；厚涂型防火涂料涂层表面裂纹宽度不应大于 1.0mm。

检查数量：按同类构件数抽查 10%，且均不应少于 3 件。

检验方法：观察和用尺量检查。

（2）一般项目

1) 防火涂料涂装基层不应有油污、灰尘和泥砂等污垢。

检查数量：全数检查。

检验方法：观察检查。

2) 防火涂料不应有误涂、漏涂，涂层应闭合，无脱层、空鼓、明显凹陷、粉化松散和浮浆等缺陷。

检查数量：全数检查。

检验方法：观察检查。

第 9 章

安全保证措施

9.1 安全目标

(1) 无因工死亡事故，无因工重伤事故。
(2) 无拆迁工程事故和设备安装工程重伤以上（含重伤）事故。
(3) 无触电、物体打击、高空坠落、高支模坍塌等。事故。
(4) 无重大机电设备事故、重大交通事故及火灾事故。
(5) 无因施工造成地表沉陷而导致交通中断、通信中断、漏水、漏气等重大事故。
(6) 无人身中毒事故和环境事故。
(7) 员工岗前安全培训、操作技能培训率100％。
(8) 成立安全保障小组。

9.2 安全管理

(1) 加强对安全工作的统一领导，坚持"管生产必须管安全"的领导原则。建立健全安全保证体系，贯彻国家、当地关于安全生产和劳动保护的一系列规定，定期不定期地进行安全检查，召开安全生产会议，研究项目安全生产工作，发现问题，及时处理解决。

(2) 逐级签订安全生产责任承诺书，班组签订安全生产责任书、工人签订安全质量承诺卡，明确职责范围与安全目标，制定有针对性的安全措施，达到全员参加，全面管理，充分体现"安全第一、预防为主、综合治理"的方针。建立"横向到边、纵向到底"的安全生产保证体系和管理格局。

(3) 项目部设置专项安全管理领导职位。同时项目部实行"一师两员"制度，配备安全工程师和专职安全员、安全协管员，人员配置数量应符合国家法律法规要求及行业相关规定。

(4) 严格执行特种作业人员管理，应按照安全生产监督管理局有关规定办理，特种作业人员应由安全生产监督管理局主持考核和发证；同时进场再进行培训后上岗制度，参加岗位培训并考核合格后，才能进场上岗作业，并把其特种作业证件进行登记备案，同时报监理审核。特种作业包括：起重工、信号工、焊工、电工、架子工等。

(5) 项目部制定各项管理制度和保障措施，从组织、制度、思想、经济、措施各方面形成整体保障体系。

（6）建立健全各级各类人员、职能部门和员工的安全生产责任制，做到安全第一的位置不变，一级对一级负责。项目经理是项目安全生产管理第一责任人，对项目的安全生产负有全面责任；其余人员按照各自分工负有相关安全责任。

（7）项目建立健全体系要素管理制度和职能分配表，将体系要素管理职能具体分配到个人，实现责任制落实真正到人。

9.3 安全生产管理制度

9.3.1 安全教育与培训

（1）加强职业安全宣传教育，学习管理体系文件、各项安全生产法令和规章制度，使各级领导和广大职工群众真正认识到安全生产的重要性、必要性，懂得安全生产的科学知识，牢固树立安全第一的思想。

（2）电工、焊工、架子工、起重工等特殊工种除进行一般的安全教育外，还须经过本工种的安全技术教育，经考核合格发证后，方能独立操作，对从事有尘毒危害作业的人员，要进行尘毒危害防治知识的教育。

（3）调换工作岗位、新进场工人，要对其进行新技术操作和新岗位的安全教育，未经教育不得上岗操作。

（4）班组每周开展"班前讲话"活动，班前宣讲安全操作规程、安全防护知识，告知施工生产中的安全隐患，执行相应的防范措施，并对违规违纪的行为进行批评教育。

9.3.2 安全检查

按照定期检查、突击检查和特殊检查相结合的安全检查形式，查思想、查管理、查制度、查现场、查隐患、查事故处理等。

项目部成立由项目经理为首，业务部门有关人员参加的安全检查组织，建立安全检查制度，有计划、有目的、有准备、有整改、有总结、有处理地进行检查。检查时间为每周一下午，并召开安全例会，会后有检查落实。

季节性变化、节假日前后等应组织一次检查，并实行领导值班制度，对检查中发现的安全问题，按照"三不放过"的原则制订整改措施，并限期进行整改，保证"管生产必须管安全"的原则真正落实。

9.3.3 安全考核及奖惩

项目部成立安全生产考核领导小组，实行对领导、各部门、所有管理人员、班组负责人、安全协管员等每季度考核一次，考核前由被考核对象写出书面总结，报考核领导小组评议，领导小组根据书面总结和平时履职情况，对考核结果进行公示。

9.4 职业健康安全目标

（1）不发生生产性人身死亡事故。

（2）不发生3人以上群伤事故。

（3）不发生火灾、机械设备、车辆交通事故。

(4) 不发生生产性重伤事故。

(5) 从业人员轻伤事故控制在 0.3 人/亿元产值以内。

(6) 无职业病、中毒事故。

9.5 不同危险源预防及保障措施

9.5.1 模板施工

(1) 模板存放时，两块大模板应采取板面对板面的存放方法。没有支撑或自稳角不足的大模板，要存放在专用的堆放架上或者平堆放，不得靠在其他模板或物件上，严防下脚滑移倾倒。

(2) 模板起吊前，应检查吊装用绳索、卡具是否完整有效，经检查无误后方可起吊。模板起吊时应做到稳起稳落，就位准确，禁止用人力搬动模板。

(3) 模板支撑系统安装必须有操作平台、上下梯道和防护栏杆等附属设施，如有损坏及时修理。

(4) 在大风情况下，根据安全规定，不得作高空运输，以免在拆除过程中发生模板间或与其他障碍物之间的碰撞。

(5) 模板安装好后，浇筑混凝土前必须组织稳定性、牢固性的安全检查和净空尺寸等技术性检查。

9.5.2 高处作业

(1) 所有进入施工现场的人员必须戴好安全帽，并按规定配戴劳动保护用具、安全带等安全工具。

(2) 作业人员不得穿拖鞋、高跟鞋、硬底易滑鞋进入施工现场。

(3) 从事架子施工的人员，取得特种作业操作证方能持证上岗。模板施工时，高度超过 2m 的架子要由架子工去完成。

(4) 施工作业搭设的扶梯、工作台、支架、护身栏、安全网等，必须牢固可靠，并经验收合格后方可使用。支架工程符合《建筑施工高处作业安全技术规范》JGJ 80—2016 等规定要求。

(5) 作业用的料具放置稳妥，小型工具随时放入工具袋，上下传递工具时，严禁抛掷。支架拆除时，经安全员检查同意后方可根据方案拆除，并按自上而下顺序进行，严禁将架杆、扣件、模板等模板向下抛掷。

9.5.3 施工用电

(1) 施工现场临时用电按《施工现场临时用电安全技术规范》JGJ 46—2016 的要求，结合施工现场实际情况实施。

(2) 施工现场用电实行三相五线制和双级漏电保护措施，做到用电设备"一机、一闸、一漏、一箱"。配电箱电器组件应完整可靠，开关要标明用途。每台电气设备应有各自专用的开关箱，必须一机一闸，采用两级漏电保护。分配电箱与开关箱中的漏电保护器的额定漏电动作电流和额定动作时间应合理配合，具有分级分段保护的功能。漏电保护器须按产品说明书安装、使用、校核。

(3)施工现场的电线采取加钢套管埋地或架空、挂设方式铺设，并在使用过程中随时检查，确保绝缘良好；电缆沿墙布置时，须搭设支架（支架上固定绝缘子，严禁使用金属裸线作绑线）。

(4)电气设备和线路必须绝缘良好，电线不得与金属物绑在一起，各种用电机具必须按规定接地接零，并设置单一开关，临时停电或停工休息时，必须拉闸加锁。

(5)电焊机的一次线长度小于5m时，二次线使用专用线缆。多台电焊机同时工作时，禁止使用公用回路。

(6)动力、照明线路分路设置，采用接零保护，保护零线应单独敷设，不作他用，接地电阻小于4Ω，每个电箱做好接零保护；分配电箱与开关箱的距离小于30m，设置在干燥、通风、易于维修处。

(7)临时用电工程的安装、维护、拆除工作必须由持证电工操作，操作时配备相应的劳防用品，严格遵守操作规程，非电工禁止私自乱动电气设备，电器设备出现故障必须由电工处理。

(8)在雨期施工过程中，安装电气设备前摇测绝缘阻值，并定期检查电气设备的运行情况。

(9)夜间施工时，必须配备足够的照明设备，保证现场施工过程照明。严禁在照明不足的情况下施工。夜间施工时，指派专人进行旁站监督。

9.5.4 起重吊装

(1)吊车司机、信号指挥人员必须持特种作业证件上岗。

(2)吊车进场须经项目部指派有关人员对机械进行使用前的验收工作，平时应对运行情况做好检查。

(3)对专业的操作人员进行操作规程教育，进行安全技术交底，督促机械人员做好定期检查、保养及维修工作，并做好运转保养记录。

(4)起重区域与其他区域必须严格划分，严禁混用。

(5)作业前，应检查起重吊装所使用的起重机滑轮、吊索、卡环等，应确保其完好，符合安全要求。电动机械设备必须有保护接零，随机开关灵敏可靠。

(6)起重作业人员必须穿防滑鞋、戴安全帽，高空作业应配挂安全带，并应系挂可靠和严格遵守高挂低用。

(7)吊装作业区四周应设置明显的标志，严禁非操作人员入内，夜间施工必须有足够的照明。

(8)材料的捆绑必须由专业的起重工进行，吊装离地前必须经起重工再次检查确认后方可进行起吊，起吊后下方作业人员以及机械设备需进行临时躲避。

(9)起吊作业人员应由专人统一指挥，起重要熟练，掌握不同作业安全要求，其他工作人员分工明确，起重作业前必须严格检查起重设备各部件的可靠性、安全性，并进行试吊。

(10)各种起重机具不得超负荷使用。

(11)遇到六级以上的大风和其他特殊情况吊装作业应立即停止。

(12)起吊作业前应由安全工程师进行现场专项安全技术交底，无交底严禁进行吊装。

(13) 构件吊装前应对起重机传动部分运转一次，检查各操作系统是否正常，同时检查所有起重索具是否符合规定。

(14) 起重机的行走通道、停车位置应事先检查、整修、加固，以满足起重机的工作稳定要求。

(15) 在起重机有效工作半径和有效高度范围内不得有障碍物。

(16) 起吊时速度要均匀，构件要平稳，专人指挥，通行信号，做到紧密配合、动作协调一致、慢提轻放，禁止忽快忽慢、突然制动。

(17) 严格遵守"十不吊"规定，六级以上大风或大雨等恶劣天气应停止施工。

9.5.5 交通组织

1. 宏观交通组织思路

区域交通组织遵循"远分流、近管控"的原则，通过交通管限措施（单行、禁限、信号控制等）和交通诱导措施，引导区域内公路交通量合理分流至其他平行通道，均衡区域交通压力，以减少施工路段的交通压力，避免交通瓶颈的拥堵；调整区域内公交运行路线，保障施工期间公交的正常运行，减少交通出行压力。

2. 微观交通组织思路

(1) 通过在施工路段合理设置施工围挡区域，优化道路空间布置，最大化道路通行能力，保障慢行空间；对施工道路沿线精细化组织交通，实现人流和车流安全、有序地通行。

施工期间通疏解道路提前与交管部门备案，并通过广播、电视、宣传单等途径向社会进行通告，争取民众支持，优化绕行路线，减少区域内车流量。

(2) 交通疏解临时道路的修筑位置，大多位于现状道路的人行道或者绿化带范围内，施工前需要对绿化带内绿化植物进行移植，随后将杂填土清除至设计高程，保证辅路与既有道路路面平顺连续，然后对基底进行碾压处理土，压实度保证90％以上，严格按照施工规范要求施工，保证辅路施工的质量。施工时做好路基地基处理，不良地基必须严格处理，以保证路基稳定性及路面耐久性。

(3) 标识标牌清晰醒目，其数量及设置地点满足交管部门要求。并设置交通疏解员，在施工过程中对施工区域周边进行施工导流和指引，保证现场周边道路交通秩序。

第10章 潜在研究方向

我国一些桥梁的部分构件已采用预制拼装施工工艺，但针对桥梁的全预制技术所开展的研究不多，在实际工程应用中不广泛。目前，桥梁上部结构多采用预制梁及钢结构的施工工艺，当下部结构施工完成时，将预制梁、钢结构吊装至桥址处进行安装。预制梁之间的横向联系采用现浇湿接缝形成整体。由于湿接缝及钢结构焊缝的施工属于高空作业，操作空间很小，钢筋、钢结构的焊接和立模均较为困难，施工质量难以保证。

10.1 节点连接技术研究

预制混凝土结构中，连接方式决定了结构整体的稳定性，包括全预制桥梁中承台、墩柱、盖梁、预制梁、桥面板等构件之间的连接方式。目前，承台与墩柱、墩柱与盖梁应用最多的为灌浆套筒连接方式，预制梁、桥面板多采用湿接缝连接方式。灌浆套筒连接方式，对灌浆套筒压浆的密实度、强度等的试验检测为潜在研究方向。

10.2 拼装设备技术研究

全预制拼装式桥梁在梁片吊装设备上，技术已经非常成熟。现有的钻孔桩机、旋挖桩机等在成孔垂直度、防塌孔、施工周期等方面均无法满足桩径较大的预制桩施工，必须进行该方面技术的改良和研究，才可以达到全桥装配式施工目标。

构件安装（如墩柱、盖梁、梁片等拼装时）受外界因素（如大风、场地、高压等）影响，精确定位难等问题也一直困扰装配式施工，如何进行精确定位及吊装成为今后的潜在研究方向。

10.3 结构分析研究

装配式桥梁结构与混凝土现浇结构相比，预制拼装结构的整体性稍差，在抗震性能方面不如整体现浇的混凝土结构。预制柱除了必须进行使用阶段的强度计算外，还必须按照吊装、运输时的实际受力情况和混凝土的实际强度进行吊装和运输时的强度和裂缝宽度验算。目前，无论是有限元方法还是简化计算方法，仍有待进一步通过试验研究。

10.4　空心盖梁研究

截至目前装配式盖梁施工，后场一般设置于距离工地较远的地方，沿线所有桥梁均应满足装配式盖梁运输承载力需求。大件运输需选择主干道进行运输，对道路及沿线桥梁要求比较高。减轻盖梁重量可以有效地解决道路运输、现场吊装、精度控制等技术难题。制作空心盖梁后注浆施工技术是目前装配式盖梁施工潜在研究方向。

10.5　钢混叠合梁连接研究

在现有钢混叠合梁施工工艺中，叠合板与钢结构的连接采用全锚定及 PBL 件进行有效连接，但是锚定连接效果不是特别明显，且施工难度较大，PBL 件施工钢筋连接难度较大。如何进行施工简易化、可靠性较稳定的施工技术成为潜在研究对象。

10.6　连接位置试验检测方法研究

在现有装配式桥梁施工中，混凝土之间的连接不管采用套管、承插、注浆波纹管等何种方式，对灌入套管内、承插槽内、波纹管内等部位的灌浆料的密实度、后期强度等均无法进行试验检测，只能进行数据分析及对比。如何对该部位进行试验检测，寻求可靠的检测方法成为潜在研究对象。

10.7　预制桥梁吊装施工技术研究

墩柱与承台安装时，如何保证墩柱与承台间坐浆料的密实性、如何对墩柱的垂直度进行校正、如何保证墩柱的标高、如何对墩柱进行临时固定是实现承台与墩柱拼装施工的主要技术问题。此外，墩柱超过一定长度后，为方便运输、吊装施工等，需要分 2 个或者多个节段进行预制，然后在施工现场进行相互拼装，墩柱节段拼装时，后一节墩柱相对地面具有一定的高度，墩柱校正时受力点不容易设置，也不容易进行临时固定。

参考文献

[1] 宁英杰. 桥梁装配式施工技术 [M]. 北京：人民交通出版社，2018.
[2] 刘红卫，冯海江. 装配式桥梁设计 [M]. 北京：科学出版社，2012.
[3] 陈记豪. 装配式桥梁上部结构加宽设计与加固研究 [M]. 北京：科学出版社，2016.
[4] 刘鑫，刘晓晨. 装配式混凝土结构施工技术 [M]. 北京：中国建筑工业出版社，2019.
[5] 张金树，王春长. 装配式建筑混凝土预制构件生产与管理 [M]. 北京：中国建筑工业出版社，2017.
[6] 陈文元，戴安全. 装配式建筑与设备吊装技术 [M]. 北京：中国建筑工业出版社，2018.
[7] 宋亦工. 装配整体式混凝土结构工程施工组织管理 [M]. 北京：中国建筑工业出版社，2017.
[8] 张帅，程保全，曾鹏飞. 装配式桥梁的过去和未来 [J]. 住宅与房地产，2018，No.504（19）：260.